Alexander Sembdner

Stadt und Universität Leipzig im späten Mittelalter

Beiträge zur Leipziger Universitäts- und Wissenschaftsgeschichte (BLUWiG)

Reihe B

Band 17

UNIVERSITÄT LEIPZIG

Alexander Sembdner

Stadt und Universität Leipzig im späten Mittelalter

EVANGELISCHE VERLAGSANSTALT
Leipzig

Die Deutsche Bibliothek verzeichnet diese Publikation in der Deutschen Nationalbibliographie; detaillierte bibliographische Daten sind im Internet über ‹http://dnb.ddb.de› abrufbar.

Printed in Germany · H 7408

Das Buch wurde auf alterungsbeständigem Papier gedruckt.

Cover: Kai-Michael Gustmann, Leipzig
Satz: Alexander Sembdner, Leipzig
Druck und Binden: Hubert & Co., Göttingen

ISBN 978-3-374-02833-7
www.eva-leipzig.de

Vorwort der Reihenherausgeber

Die Leipziger Alma Mater konnte im Jahr 2009 auf sechshundert Jahre kontinuierlicher Universitäts- und Wissenschaftsentwicklung zurückblicken. Nach heftigen Auseinandersetzungen an der Universität Prag und dem Auszug zahlreicher Magister und Scholaren wurde die Leipziger Universität im Jahr 1409 gegründet, in einer Zeit vielfältiger Wandlungen und Umbrüche der spätmittelalterlichen Gesellschaft. Schon bald erlangte sie unter den Bildungseinrichtungen in Mitteldeutschland eine führende Position, die sie durch die Zeitläufe behaupten und ausbauen konnte. Ihre wissenschaftliche Ausstrahlung blieb über allen gesellschaftlichen und politischen Wandel und auch über die Diktaturen des 20. Jahrhunderts hinweg ungebrochen. Heute ist die Leipziger Universität die zweitälteste Institution ihrer Art in Deutschland.

Zur Vorbereitung des sechshundertsten Gründungsjubiläums wurde vom Akademischen Senat eine »Kommission zur Erforschung der Leipziger Universitäts- und Wissenschaftsgeschichte« berufen, unter deren fachlicher Leitung die für das Jubiläum betriebenen wissenschaftlichen Forschungen und Arbeiten angeregt und koordiniert werden sollen.

Ihrer Initiative entstammt auch das Vorhaben, zur Entlastung der geplanten Universitätsgeschichte in einer wissenschaftlichen Reihe die Forschungserträge zur Leipziger Universitäts- und Wissenschaftsgeschichte fächerübergreifend zusammenzufassen und sie einer interessierten Öffentlichkeit zu präsentieren. Die Reihe trägt den programmatischen Titel »Beiträge zur Leipziger Universitäts- und Wissenschaftsgeschichte« (BLUWiG). Sie ist in zwei Abteilungen gegliedert, von denen die eine (Reihe A) umfangreichere Monographien und Sammelbände, die andere (Reihe B) kleinere Abhandlungen enthält.

Durch die Reihe, die allen historischen Epochen und Themenbereichen einer 600-jährigen universitären Tradition offensteht, soll die für das Jubiläumsjahr vorgesehene Gesamtgeschichte der Leipziger Universität eine Vertiefung und Ergänzung erfahren. Das thematische Spektrum wird unter drei Leitgedanken aufgefächert: Es sollen Einzeluntersuchungen Aufnahme finden, die das universitäre Leben anschaulich machen sowie die Beziehungen der Universität zu Leipzig und zu Sachsen beleuchten. Ferner soll die Universität als »universitas«, als Rechts- und Personenverband, vorgestellt werden, und schließlich ist der Anteil der an der Leipziger Universität betriebenen Forschung innerhalb der einzelnen Fachgebiete und im Verhältnis zum wissenschaftlichen Erkenntnisfortschritt allgemein zu dokumentieren.

Die Herausgeber können dabei auf einer reichen historiographischen Tradition von Arbeiten zur Leipziger Universitäts- und Wissenschaftsgeschichte aufbauen. Stellvertretend sei hier auf die Forschungen zur 500-Jahr-Feier hingewiesen: Wesentliche Veröffentlichungs- und Editionsleistungen zur Geschichte der Universität haben anläßlich des Jubiläumsjahres 1909 unter anderem Georg Erler, Friedrich Zarncke und Karl Boysen vorgelegt. Diese Tradition gilt es fortzuführen und mit neuen Forschungen an den aktuellen Forschungsstand zur deutschen und europäischen Universitäts-, Wissenschafts- und Bildungsgeschichte anzuknüpfen.

Vorwort des Verfassers

Die vorliegende Studie entstand im Wintersemester 2009 als Magisterarbeit am Lehrstuhl für Sächsische Landesgeschichte der Universität Leipzig. Für die Drucklegung wurden Text und Anmerkungen leicht überarbeitet und ergänzt.

Mein besonderer Dank gilt meinem akademischen Lehrer, Herrn Professor Dr. Enno Bünz, der mich nicht nur durch den Besuch seines Hauptseminares mit der Universitätsgeschichte in Berührung gebracht, sondern auch die vertiefende Beschäftigung mit dem Thema „Stadt und Universität" angeregt hat. Die Entstehung der hier vorliegenden Studie ist maßgeblich seiner persönlichen und wissenschaftlichen Betreuung und Förderung zu verdanken. Ebenso danke ich Herrn Professor Dr. Dr. Detlef Döring für die Übernahme des Zweitgutachtens. Besonderer Dank geht auch an Herrn Professor Dr. Manfred Rudersdorf, der nicht nur unermüdlich auf die Realisierung der Drucklegung der hier vorliegenden Studie hingearbeitet, sondern mich auch während meines Studiums immer wohlwollend unterstützt hat.

Große Unterstützung erhielt ich auch von den Teilnehmern des Oberseminares von Herrn Professor Dr. Enno Bünz, in welchem ich Arbeitsstand und Erkenntnisse dieser Studie mehrfach vortragen durfte und zahlreiche Hinweise und Anregungen erhielt. Besonders danken möchte ich dabei Herrn Thomas Lang M. A. und Herrn Marek Wejwoda M. A., die mich in zahlreichen Detailfragen mit ihrem profunden Fachwissen unterstützt haben. Ebenso danke ich Herrn Friedrich Pollack, der die Kapitel meiner Magisterarbeit gegengelesen und einer eingehenden Kritik unterzogen hat.

Der „Kommission zur Erforschung der Leipziger Universitäts- und Wissenschaftsgeschichte" danke ich sehr für die Aufnahme dieser Studie in die von ihr herausgegebene Schriftenreihe. Besonders gedankt sei hierbei Herrn Sebastian Kusche M. A., der mir in der Drucklegungsphase unverzichtbare Hilfestellung leistete.

Meinen Eltern, Ute und Wolfram Sembdner, die mich während meines Studiums stets mit Verständnis und Unterstützung begleitet haben, ist dieses Buch in Dankbarkeit gewidmet.

Leipzig, im Oktober 2010

Inhaltsverzeichnis

Abkürzungsverzeichnis

ADB	Allgemeine Deutsche Biographie
bacc. art.	baccalarius artium
Bd./Bde.	Band/Bände
CDS	Codex Diplomaticus Saxoniae Regiae
d	Pfennig (denar, in Quellen)
d. Ä.	der Ältere
d. J.	der Jüngere
dt	dedit (in Quellen)
decr. dr.	decretorum doctor
EiStu	Einnahmestube Stadtarchiv Leipzig
fl (rh)	Gulden (florenus, in Quellen)
fol.	Folio/Blatt (bei Handschriften)
gr	Groschen (in Quellen)
HZ	Historische Zeitschrift
iur.can.dr.	iuris canonici doctor
iur.can.lic.	iuris canonici licenciatus
iur.utr.bacc.	iuris utriusque baccalarius
iur.utr.dr.	iuris utriusque doctor
iur.utr.lic.	iuris utriusque licenciatus
JHR	Jahreshauptrechnung
LB	Landsteuerbücher von 1499, 1502 und 1506
mag. art.	magister artium
mgro	magistro (in Quellen)
NASG	Neues Archiv für Sächsische Geschichte
NBL	Neubürgerliste
NDB	Neue Deutsche Biographie
pq	postquam (in Quellen)
prom.	Promotor
r	recto, Vorderseite (bei Handschriften)
RB	Ratsbücher
RepGer	Repertorium Germanicarum
RPG	Repertorium Poenitentiariae Germanicum
S	im Sommer immatrikuliert
sbto	sabbato (Samstag, in Quellen)
ß	Schock (5x12, in Quellen)
st	Stübchen (in Quellen)
StadtAL	Stadtarchiv Leipzig
TB	Türkensteuerbuch von 1481
v	verso, Rückseite (bei Handschriften)
W	im Winter immatrikuliert
ZHF	Zeitschrift für Historische Forschung

Abbildungsverzeichnis

Tabellenverzeichnis

1. Einleitung

1.1 Zum Thema

„Stadt und Universität (man könnte sagen: die beiden originellsten Leistungen des Mittelalters) haben miteinander zu tun – wer im Mittelalter nur die Geschichte von Kaisern, Päpsten und Mönchen sieht, der ist selber schuld.“[1]

Dieses „miteinander zu tun haben“ beschränkt sich dabei nicht einfach nur auf die ebenso triviale wie essentielle Feststellung, dass es ohne die Stadt keine Universität geben konnte und dies für die mittelalterliche Universitätsgeschichte ganz besonders gelten muss (die dafür prägnantesten Beispiele liefern die Urmodelle der europäischen Universitäten – Oxford einmal ausgenommen – mit dem urbanen Zentrum Frankreichs auf der einen und Norditaliens auf der anderen Seite).[2] Die Universität des Mittelalters ist ein durchweg urbanes Phänomen, nicht allein aufgrund der Möglichkeiten von Versorgung, Unterkunft und Schutz, die ein städtisches Umfeld den Magistern und Scholaren bot, sondern auch durch die damit verbundene Bereitstellung eines nötigen intellektuellen Rahmens innerhalb der Kommune, besonders unter deren Trägern – der städtischen Oberschicht. Diese mussten zwar nicht immer dafür sorgten, dass eine Universität entstehen (daran musste die Stadtgemeinde nicht unbedingt Anteil haben), vor allem aber, dass sie existieren konnte.[3] Dies beinhaltet die Verknüpfung einer Reihe von Opportunitäten, die für die „Kraftentfaltung“ einer Universität unabdingbar waren: neben den angesprochenen wirtschaftlichen Potenzen auch ein ausreichend großes Angebot an Studierwilligen, sowohl innerhalb des städtischen als auch des regionalen wie überregionalen Einzugsbereichs. Es ging also nicht nur um die Fähigkeit, eine vergleichsweise große Menge an Menschen mitunter auf einen Schlag versorgen zu können (im Eröffnungssemester der Universität Leipzig immatrikulierten sich zum Beispiel 369 Magister und Scholaren, für eine Stadt von rund 5.000 Einwohnern eine enorme Menge).[4] Es war vielmehr auch eine Frage des Wollens, einen (zum Teil vom Landesherrn in die Kommune verpflanzten) neuen „Kulturträger“ und Sozialfaktor wie die Universität in die eigene wirtschaftlich-soziale und geistig-intellektuelle „Sphäre“ zu integrieren. Schließlich erwuchsen durch eine Universität mit ihrer zuweilen sehr heterogenen – und vor allem oft sehr fremden – Klientel zweifellos auch Schwierigkeiten. Es ging ebenso darum, die Hohe Schule zur Entfaltung kommen zu lassen, sie aber gleichzeitig in die städtische Identitätsbildung mit einzubeziehen. Ohne die Bereitschaft der Bürger, eine Universität vor Ort zu dulden, mithin zu ertragen, aber vor allem das daraus entstehende Angebot an „Bildung“ und das damit verbundenen Prestige zu nutzen, konnte keine der „deutschen“ Universitäten des Spätmittelalters, wie auch Leipzig, für längere Zeit bestehen.

---

1 ESCH, Anfänge, 96; zur Universitätsgeschichte auch MORAW, 330–333, 337 f.

2 VERGER, Grundlagen; SCHWINGES, Universitätsgründung, 10 f.; DERS., University, 376. Gleichermaßen war auch das Studium weitgehend ein Phänomen der Stadtbevölkerung, vgl. DERS., Europäische, 137. Zu Paris und Bologna, BÜNZ, Gründung, 23–30.

3 STEINFÜHRER, Stadt, 25; BÜNZ, Gründung, 277; HOYER, Alltag, 259; DERS., Stadt, 160 f.; RÜEGG, Themen, 35; SCHWINGES, Universitätsgründung, 18, 29; THÜMMEL, 33.

4 HOYER, Gründung, 81, 84; KECK, 21; KUSCHE/STEINFÜHRER, 12; STEINFÜHRER, Stadt, 28.

Gleichzeitig war aber die so sehr auf die Stadt angewiesene – und mit ihr verwobene – Universität juristisch (was Gericht, Rechtssprechung, Steuer, Zölle, Wirtschaftsprivilegien usw. anbetraf) scharf von jener getrennt. Sie besaß ihren eigenen Rechtsbereich, ihre Mitglieder einen eigenen klerikalen bzw. fast-klerikalen Status, der sie von der Gerichtsbarkeit ausnahm, welcher ein Gutteil der städtischen Akteure des alltäglichen Lebens unterlag, mit denen ein Universitätsmagister oder ein Student zwangsläufig in Berührung kommen musste. Sie war eine eigene *universitas* innerhalb der städtischen *universitas*, von dieser getrennt und eigenständig, so formulierte es schon Magister Pillius Ende des 12. Jahrhunderts in Bologna.[5]

Durch dieses gleichzeitige Neben- und Ineinander von Stadt und Universität konnten Spannungen und Konflikte freilich nicht ausbleiben, ja sie waren fast schon zwangsläufig und es verwundert daher nicht, dass vor allem dieser Aspekt des städtisch-universitären Verhältnisses seinen Niederschlag sowohl in den Quellen als auch in der Forschung, besonders unter dem prägnanten Schlagwort von „town and gown", gefunden hat.[6] Doch allein darin dürften sich die Beziehungen zwischen einer Hohen Schule und der sie beherbergenden Kommune nicht erschöpft haben, andernfalls wäre, wie bereits angedeutet, einer jeden Universität nur eine relativ geringe Lebensspanne beschieden gewesen. Dass dies nicht der Fall war, zeigt auch das Beispiel Leipzig – eine Universität, die sich seit ihrer Gründung im Jahre 1409 auf eine ununterbrochene, nunmehr über 600 Jahre dauernde Kontinuität berufen kann.

Leipzig zeigt aber auch, wie sehr eine spätmittelalterliche Universität von günstigen Bedingungen abhing. Das Zusammenspiel einzigartiger Ereignisse führte dazu, dass nur wenige Monate nach der Prager Sezession bereits eine neue Universität in Leipzig gegründet werden konnte und schon im Oktober 1409, also vor der offiziellen Eröffnung am 2. Dezember, deren Lehrbetrieb, zumindest in der Artistenfakultät, funktionierte.[7] Zu diesen Ereignissen gehörte erstens der Auszug der deutschen Magister und Scholaren aufgrund des *Kuttenberger Dekrets* Anfang des Jahres 1409 aus Prag. Zweitens die sich gleichzeitig bietende Möglichkeit einer raschen Erlangung päpstlicher Privilegierung durch Alexander V. auf dem Konzil von Pisa[8] sowie drittens das schnelle Reagieren und Handeln der Landesherren in Abstimmung und Kooperation mit den auf der Suche nach einer neuen Heimstatt befindlichen Prager Magistern auf der einen und dem Leipziger Stadtrat auf der anderen Seite.[9] Deutlich zeigt sich die Fähig

---

5 BORST, 21 f. Dieses Argument nutzte Pillius vor allem, um Bologna endlich in Richtung Modena verlassen zu dürfen. Vgl. HOYER, Gerichtsbarkeit, 122; KINTZINGER, Studens, 40; KOLLER, 9; MIETHKE, Studenten, 68; THÜMMEL, 35; SCHLENKRICH, 16; WUSTMANN, Leipzig, 106.

6 Dieser Ausdruck geht auf den „Urvater" der modernen Universitätsgeschichte, Hastings RASHDALL zurück und wird auch heutzutage noch als Topos aufgegriffen, vgl. VERGER, Town; auch DENLEY, 744.

7 Nach HOYER, Gründung, 82 f. waren bereits im Gründungssemester 38 Magister und Doktoren in Leipzig, nach BÜNZ, Gründung, 58, nur 37 Prager Magister. Zur Universität Prag: MORAW, Prag; DERS., Verfassung, 334–336; BÜNZ, Gründung, 35–49.

8 Zum Kuttenberger Dekret BÜNZ, Gründung, 50–54, zu den Gründungsdokumenten der Leipziger Universität ebd. 71–79. Zu den Motiven landesherrlicher Universitätsgründungen auch SEIBT, 406–426; SCHWINGES, University, 377–379 und besonders SCHUBERT, Motive, 13–74.

9 Zu den Vorgängen vor und während der Gründung der Universität Leipzig jetzt grundlegend BÜNZ, Gründung, 55–80; vgl. BLECHER, 376 f.; CZOK, 55 f.; HELBIG, Leipzig, 7–15; HOYER, Gründung, 77–86; DERS., Universität, 10–12; SCHWINGES, Universitätsgründung, 16 f. Zum Vier-Fakultäten-Modell Leipzigs: BÜNZ, Gründung, 96–105; MIETHKE, Universitas, 508; SCHWINGES, Karrieremuster, 16.

keit und Bereitschaft der Stadt, die landesherrliche Gründung in ihren Mauern aufnehmen zu können: Leipzig hatte Anfang des 15. Jahrhunderts rund 5.000 Einwohner, bis Ende des Jahrhunderts wuchs deren Zahl auf rund 8.000 bis 8.500.[10] Die Stadt lag günstig an der Kreuzung mehrerer wichtiger Handelsstraßen (insbesondere der *via imperii* und der *via regia*), ihre Oberschicht wurde zunehmend durch den sich verstärkenden Handel und die Erschließung neuer Erzvorkommen im Mansfelder Land und Erzgebirge[11] wohlhabend, zugleich aber durch die in der Stadt abgehaltenen Märkte[12] gewiss auch bis zu einem bestimmten Grade – wenn man es so nennen möchte – „kosmopolitisch". Diese Eigenschaft konnte dem Zusammenleben mit Studenten unterschiedlichster Herkunft nicht abträglich sein, denn aufgrund der hohen Frequenz, die die Universität Leipzig aufwies (sie erbte gewissermaßen den Einzugsbereich der Universität Prag im östlichen Mitteleuropa), rangierte sie stets unter den besucherstärksten Hohen Schulen des Reiches, neben Köln, Wien und Löwen. Der Anteil der Studentenschaft an den Einwohnern der Stadt betrug rund sechs bis zehn Prozent, Magister und Scholaren mussten also ein alltäglicher Anblick gewesen sein.[13] Man fragt sich, wie die Universität es überhaupt geschafft hat, 2009 ihr 600-jähriges Jubiläum begehen zu können, wenn Folgendes der Wahrheit entsprochen hätte:

> „[...] so wird die Geschichte der Beziehung zwischen Stadt und Universität zu einer Kette von Kämpfen, Beschwerden, Auflagen, Verträgen, Friedensschlüssen und neuen Kämpfen, die wieder zu kraft- und erfolglosen Verträgen und Friedensschlüssen führten."[14]

Eben dieses Diktum Gustav Wustmanns gilt es zu entkräften, steht es doch in seiner Pauschalität geradezu idealtypisch für jene veraltete Vorstellung vom städtisch-universitären Verhältnis, welches sich allein in Streit und Schlägerei erschöpft habe. Dass die wechselseitigen Beziehungen zwischen diesen beiden Korporationen weit tiefer gingen und sie weit enger verbunden waren, soll in dieser Arbeit gezeigt werden. Dafür wurden nicht ohne Grund die „Anfangsjahre" dieser Beziehung ausgewählt, muss doch der Prozess der Genese einer Verflechtung von Stadt und Universität von Anfang an beleuchtet werden, um ihn besser verstehen zu können. Daher umfasst der Untersuchungszeitraum die ersten 130 Jahre des Bestehens der Alma Mater Lipsiensis, vom Gründungsjahr 1409 bis zum Jahr 1539, als im albertinischen Sachsen nach dem Tod Herzog Georg des Bärtigen die Reformation durch dessen Bruder Herzog Heinrich eingeführt wurde. Die diesem Wendepunkt der sächsischen Geschichte folg-

---

10 BÜNZ, Gründung, 68; HOYER, Wirtschaft, 54–71; HELBIG, Ständestaat, 375–387; KUSCHE/STEINFÜHRER, 25; STEINFÜHRER, Ratsbücher I, IX–XIII, XVII.

11 STEINFÜHRER, Albrecht, 216 f.; DERS., Kanzleiwesen, 168 f.; DERS., Ratsbücher I, XIV; DIETRICH, 198 f., 203 f. mit einer Auflistung reicher Leipziger; HOYER, Gerichtsbarkeit, 133; allgemein MORAW, Verfassung, 278 und passim; zum städtischen Wirtschaftsleben ISENMANN, Stadt, 341–401.

12 ZWAHR/TOPFSTEDT/BENTELE (Hrsg.); vgl. HOYER, Stadt, 167; DERS., Wirtschaft, 64 f.; STEINFÜHRER, Stadt, 29; DERS., Ratsbücher I, XXIII; DERS., Albrecht, 228–230; DIETRICH, 207; SCHIRMER, 114, 127; Messen beeinflussten den universitären Einzugsbereich, vgl. IMMENHAUSER, St. Gallen, 290–293.

13 HOYER, Stadt, 164; in Heidelberg rund fünf Prozent: MORAW, Heidelberg, 542.

14 Zit. n. WUSTMANN, Leipzig, 106; dies bereits ablehnend HOYER, Gerichtsbarkeit, 133.

enden Reformen, besonders durch Herzog Moritz von Sachsen und Rektor Caspar Borner, kennzeichnen scharf das Ende der mittelalterlichen Universität Leipzig.[15]

Die Stadt Leipzig musste also nicht nur fähig, sondern auch willens gewesen sein, die neue *universitas* geistig und intellektuell zu stützen.[16] Dies wird durch die Tatsache bestärkt, dass die Errichtung einer „Bildungsinstitution" schon vor der sich 1409 bietenden Möglichkeit einer Universitätsgründung angestrebt worden war. Bereits 1395 erlangte der Stadtrat ein päpstliches Privileg zur Errichtung einer eigenen Stadtschule[17], welches aber erst im Jahr 1512 umgesetzt wurde[18] (auch wenn dies wohl noch weit stärker mit Autonomiebestrebungen des Stadtrates gegen die kirchliche Vormachtstellung des Leipziger Thomasstifts zusammenhängen dürfte).[19]

Dass es nach der Gründung der Alma Mater Lipsiensis gute hundert Jahre lang nicht zur Aufrichtung einer eigenen Stadtschule kam, kann wohl vornehmlich damit erklärt werden, dass die Universität den Bedürfnissen der Leipziger Obrigkeit nach „Bildung" genügte (die Hohe Schule scheint als Träger einer Art „bildungstechnischer Grundversorgung" ausgereicht zu haben – von moderner „Bildungspolitik" war man ohnehin noch weit entfernt), wobei die neue Universität eine eigene Stadtschule substituierte.[20]

Damit sei ebenso angesprochen, dass es zu klären gilt, ob die Alma Mater bzw. einige ihrer Teile (ganz besonders die höheren Fakultäten) eben auch Teil der städtischen Identifikation wurden. War die Kommune (oder zumindest ihre obersten Repräsentaten, sprich der Stadtrat) „stolz" auf das Prestige, das eine Universität der sie beherbergenden Stadt einbrachte? Nahmen die städtischen Obrigkeiten Anteil an der Entwicklung der Hohen Schule, allen alltäglichen Widrigkeiten und Auseinandersetzungen zum Trotz?

Dies sei nun auch das eigentliche Thema dieser Arbeit: aufzuzeigen, wie es verwirklicht wurde, dass Stadt und Universität im späten Mittelalter nicht nur neben- sondern auch miteinander existiert haben. Diese Koexistenz konnte nur durch Vernetzung der führenden Personen beider Einrichtungen (also dem Stadtrat[21] auf der einen, den höheren Fakultäten auf der anderen Seite

---

15 Dazu HELBIG, Leipzig, 30–37.

16 Vgl. MORAW, Verfassung, 329.

17 CDS II 8, Nr. 106; vgl. STEINFÜHRER, Stadt, 29 f., 37; HOYER, Wirtschaft, 61.

18 CDS II 9, Nr. 377.

19 BÜNZ, Ratskapelle, 31–33; DERS., Gründung, 69–71, 286 f. Die Geschichte der Nikolaischule bedürfte ebenso einer modernen Darstellung. Zum Schulwesen allgemein auch GRAMSCH, Erfurter, 197, 200 u. passim; ebenso MORAW, Verfassung, 325–327; MÜLLER, Stadtschulen, 420 f.

20 HOYER, Probleme, 30; DERS., Gründung, 88; DERS., Stadt, 164 f.; KRAMM, Studien, 322; WRIEDT, Studium, 15; nach KECK, 22 hatte Leipzig in den Anfangsjahren der Universität keinen Nutzen durch die landesherrliche Gründung, die Stadt habe ihre Größe eher dem Handel als der Universität zu verdanken, anders sehen es KUSCHE/STEINFÜHRER, 12. Für Heidelberg sieht MORAW, Heidelberg, 551, Ähnliches. Die Universität diente anfangs eher als Lateinschule und die Universitätsmagister wareb meist nur bessere Lateinlehrer: DERS., Gelehrte, 248 f.

21 Zur Genese der städtischen Obrigkeit Leipzigs im Mittelalter: ERMISCH, 177; HOYER, Wirtschaft, 59; KRAMM, Streiflichter, 134 f.; DERS., Studien, 293 und passim; RACHEL, 3–5, 176; SCHMITT, 360; STEINFÜHRER, Rat, 12 f., 15 f.; DERS., Ratsbücher I, XVII–XXIII, XXX–XXXI; allgemein ISENMANN,

vonstatten gehen. Eben jene Koexistenz zumindest grob darzustellen, ist eines der Hauptanliegen dieser Arbeit und muss es auch sein, denn das städtisch-universitäre Netzwerk war wohl konstitutiver für das gemeinsame Zusammenleben als jeder Schiedsspruch des Landesherrn. Es soll aber auch der Alltag in einer Universitätsstadt beleuchtet und gezeigt werden, dass Universitätsgeschichte weit mehr ist, als eine Aneinanderreihung von Konflikten, auf die sich die Forschung bisher weitgehend beschränkt hat. Es steht also die Frage danach, wie Universitätsangehörige in der Stadt und mit den Einwohnern lebten und sich arrangierten, auch wie die Leipziger Bürger die Universität vor Ort nutzten, welchen Stellenwert diese besaß, ob und in welchem Maße das ihr innewohnende intellektuelle und kulturelle Kapital in Anspruch genommen wurde und zu guter Letzt die triviale Frage, warum die Universität Leipzig überhaupt Bestand hatte (jenseits aller Möglichkeiten, die der Landesherr zur Aufrechterhaltung seiner Landesuniversität besaß) und in welchem Ausmaß Stadt und Universität miteinander verschmolzen. Es stellt sich also die Frage inwiefern und warum Universitätsgeschichte auch Stadtgeschichte ist.

1.2 Forschungsstand und Quellenlage

Möchte man die Behauptung aufstellen, dass die Forschungsliteratur zum Thema der europäischen wie deutschen Universitätsgeschichte ähnlich unübersichtlich ist wie jene zur Stadtgeschichte, so ist dies mit Sicherheit keine Übertreibung, denn in der Tat ist die Zahl der Publikationen Legion, sowohl was Universität[22] als auch Stadt[23] im Mittelalter anbelangt. Die Berührungspunkte beider Forschungsfelder sind so zahlreich, dass nicht nur jeder für sich in einer eigenen Arbeit behandelt werden könnte, sondern dass auch die Vielfalt des Untersuchungsgegenstandes „Stadt und Universität" in zahlreichen Facetten bereits Niederschlag gefunden hat, ob in Sammelbänden[24] oder kleineren Spezialuntersuchungen.[25] Wie schon in Abschnitt 1.1 angedeutet, ist es dabei (wie in der Forschung zur Universitätsgeschichte schon lange bekannt) mit einer reinen Geschichte der Institutionen nicht getan, so dass bereits seit den siebziger Jahren des vorigen Jahrhunderts die Sozialgeschichte im Bereich der Untersuchung mittelalterlicher Hoher Schulen auf dem Vormarsch ist. Zuerst zu nennen sind dabei Peter Moraw[26] und dessen Schüler Rainer Christoph Schwinges,[27] sowie dessen Schülern,[28]

Stadt, 131–146; DERS., Gesetzgebung, 57–60, 72, 75, 256 und passim, auch zur Genese des städtischen Rechtsbereichs. Der Leipziger Rat bestand aus neun bis zwölf Mitgliedern plus Bürgermeister, mit einem dreijährigen Ratsturnus von einem „sitzenden" und zwei „ruhenden" Räten.

22 Klassiker wie RASHDALL oder KAUFMANN; vgl. auch PAULSEN, Gründung; bis hin zu Publikationen neueren Datums wie CLASSEN; MÜLLER, Geschichte; RÜEGG (Hrsg.); PATSCHOVSKY/RABE (Hrsg.).

23 MASCHKE, 1–44; STOOB (Hrsg.); BOOCKMANN, Stadt; ISENMANN, Stadt; vgl. DERS., Gesetzgebung; vgl. auch KRAMM, Studien oder die Beiträge in: SCHWINGES (Hrsg.), Neubürger.

24 MASCHKE/SYDOW (Hrsg.); MOELLER u. a. (Hrsg.); FRIED (Hrsg.); BENDER (Hrsg.); DUCHHARDT (Hrsg.); WYROZUMSKI (Hrsg.); COURTENAY/MIETHKE (Hrsg.); NANDRIN (Hrsg.); KNEFELKAMP (Hrsg.), GILLI u. a. (Hrsg.).

25 Wie etwa THÜMMEL oder MATHEUS; auch PIOVAN/SITRAN REA (Hrsg.).

26 MORAW, Sozialgeschichte; DERS., Aspekte; DERS., Prag; sowie DERS., Beiträge.

quasi den Enkelschülern Moraws, vorbei. Als ebenso verdienstvoll muss zudem Klaus Wriedt[29] genannt werden, dessen Untersuchungen der Wechselwirkungen zwischen Bürgertum, Stadtrat und Universitäten in Norddeutschland entscheidende Vorarbeit auch für diese Arbeit geleistet haben. Richtet man seinen Blick auf Leipzig, wird die Angelegenheit schon weitaus übersichtlicher, denn sowohl Stadt als auch Universität Leipzig vermissen bzw. vermissten bis vor kurzem noch eine große Gesamtdarstellung.[30] Besonders in Vorbereitung des Jubiläums 2009 ist jedoch eine ganze Reihe von Arbeiten zur Leipziger Universitätsgeschichte erschienen, ganz besonders ist jedoch auf die fünfbändige Jubiläumsfestschrift hin zuweisen.[31] Auch vorher ist die Forschung bezüglich der Universitätsgeschichte natürlich nicht untätig geblieben, als besonders verdienstvoll sticht hierbei das Schaffen Siegfried Hoyers hervor, vor allem gegenüber der älteren Forschung.[32] Zur Stadtgeschichte Leipzigs im späten Mittelalter sieht es hingegen etwas schlechter aus (obwohl auch in diesem Bereich anlässlich des Jubiläums der Ersterwähnung im Jahre 1015 weitere Forschung zu erwarten sein dürfte),[33] so dass wir uns auch hier auf ältere Literatur stützen müssen.[34] Erwartungsgemäß fast völlig unbearbeitet zeigt sich das Thema der Arbeit „Stadt und Universität im späten Mittelalter".[35] Eine stark prosopographisch orientierte Untersuchung zum Verhältnis von Stadt und Universität, wie sie etwa Robert Gramsch für die Erfurter Juristenfakultät vorgelegt hat, fehlt völlig.[36]

Beim Blick auf die Quellenlage muss zunächst festgehalten werden, dass eine Arbeit wie diese, die zu einem guten Teil (aber nicht nur) auf personengeschichtlichen Überlegungen fußt (siehe dazu den Abschnitt 1.3 zur Methode), sich natürlich auf jene Arten von Quellen stützen muss, welche in ausreichendem Maße Personendaten für ein klareres Bild von der Sozialstruktur der Universität Leipzig und ganz besonders ihrer Leipziger Besucher liefern, allen

27 SCHWINGES, Universitätsbesucher, ebenso zahlreiche Einzelbeiträge wie etwa DERS., Pauperes; DERS., Studentenbursen; aber auch Abseitiges wie DERS., Mückensenf oder DERS., Stiefel.

28 IMMENHAUSER, Bildungswege; HESSE, Amtsträger.

29 WRIEDT, Verwaltung; DERS. Stadtrat; DERS., Bürgertum; viele entscheidende Aufsätze sind gesammelt in: DERS. (Hrsg.), Schule und Universität.

30 Diese stellt mit ihrer umfassenden Darstellung der Universitätsgeschichte, der Fakultäten, Instituten und Gebäuden der Universität Leipzig innerhalb der deutschen Universitätsforschung eine einzigartige Ausnahme dar, uns hat dabei im besonderen BÜNZ, Gründung, zu interessieren.

31 GÖßNER (Hrsg.); DÖRING (Hrsg.); KUSCHE, Ego; HEIN/JUNGHANS. Auch die hier vorgelegte Studie ist Teil der Forschungsaktivitäten rund um das Jubiläum der Alma Mater Lipsiensis.

32 STÜBEL, Vergangenheit; FRIEDBERG; KECK.

33 Siehe dazu jetzt neu COTTIN.

34 Den besten Überblick liefert immer noch: STEINFÜHRER, Ratsbücher I; zur Frühgeschichte Leipzigs auch STEINFÜHRER/GRAF (Hrsg.). Verdienstvoll für die Stadtgeschichte ist Gustav WUSTMANN, nicht nur durch seine Schriften, sondern auch durch die Publikation stadtgeschichtlicher Quellen; Für die Struktur der städtischen Obrigkeit unverzichtbar: RACHEL; vgl. UNGER; HOYER, Wirtschaft. Allgemein zu sächsischen Städten im Mittelalter: ERMISCH; SCHLESINGER, Anfänge; DERS., Kirchengeschichte; BLASCHKE, Frühgeschichte; DIETRICH.

35 Abgesehen von Untersuchungen Siegfried HOYERS, ist auf den fast schon programmatischen Beitrag von STEINFÜHRER, Stadt, zu verweisen, Anregungen gibt SCHLENKRICH.

36 GRAMSCH, Erfurter; DERS., Universität.

voran die Matrikel der Universität,[37] gefolgt von Neubürger- und Ratslisten[38] sowie Steuerbüchern,[39] welche uns die handelnden Akteure im Verhältnis von Stadt und Universität nicht nur zunächst einmal namentlich nennen, sondern auch in ihrem sozialstrukturellen Gefüge klarer umreißen. Dies ist in der bisherigen Forschung fast vollständig ignoriert worden. Ebenfalls im Rückstand hinsichtlich ihrer Benutzung für die Universitätsgeschichte sind städtische Quellen wie Urkundenbücher[40] bzw. Ratsbücher,[41] wobei sich die bisherige Forschung größtenteils auf gedruckte Quellen zur Universität stützte.[42] Da in der Forschung vor allem aber der städtische Teil des Verhältnisses zwischen Universität und Stadt vernachlässigt wurde, muss auf diesen Aspekt besonderes Gewicht gelegt werden. Als reiche Fundgrube erweisen sich dabei die im Stadtarchiv Leipzig befindlichen Rechnungsbücher des Leipziger Rates, die zwar erst ab dem Rechnungsjahr 1471 einsetzen, trotzdem eine kräftig sprudelnde Quelle auch für die Universitätsgeschichte Leipzigs darstellen.[43]

---

[37] CDS II 16–18.

[38] MÜLLER, Neubürgerliste 1471–1501 (NBL I); und DERS., Neubürgerliste 1502–1556 (NBL II/1 und NBL II/2). Ratslisten zum Leipziger Stadtrat im Mittelalter bei STEINFÜHRER, Rat. Ergänzt wurde dies durch Einsicht weiterer Quellen, die prosopographische Daten zur Leipziger Klientel liefern konnten.

[39] Als hilfreich erweisen sich die durch WUSTMANN, Quellen I publizierten Steuerbücher: Harnischbuch von 1466 (HB), Türkensteuerbücher von 1481 und 1529 (TB I und TB II), Landsteuerbücher von 1499, 1502 und 1506 (LB I–III, auch als LB I/II, was heißt, dass sich die Spalten zu den Jahren 1499 und 1502 gegenüberstehen, dazu das Folgende). Die Publikation Wustmanns hat aber einige Nachteile. So fehlt ein Personenindex. Dieser ist zum Teil erstellt von STEINFÜHRER, Ratsbücher II, 666–691, allerdings nur bis zum Jahr 1500. Der Rest musste in Ergänzung dazu vom Verfasser selbst angelegt werden, um eine Benutzung überhaupt erst zu ermöglichen. Der zweite Nachteil sind Druckweise und Auswahlverfahren. So sind die Landsteuerbücher von 1499 und 1502, aus Gründen des Vergleichs, einspaltig nebeneinander gestellt, das von 1506 folgt zweispaltig, weshalb als Zitierweise zuweilen LB I/II auftaucht. Zudem wurde bewusst auf die in den Steuerbüchern ab 1481 aufgeführten Kolumnen „Hausgesinde“ und „Hausgenossen“ verzichtet (wie auch die der Stadt zugehörigen Dörfer gänzlich fehlen). Da in diesen Spalten aber möglicherweise auch in Bürgerhäusern wohnende Studenten verzeichnet sein könnten, wurden die Steuerbücher von 1481 bis 1529 in dieser Hinsicht noch einmal im Original durchgesehen. Für eine Beschreibung derselben WUSTMANN (wie oben), 65–73, 93–107, 151–163, für eine Auswertung der Leipziger Steuerbücher im Hinblick auf Universitätsangehörige: SEMBDNER; zu den Steuern auch SCHIRMER, 119, 170, 235 f., 239 f., 250; HELBIG, Ständestaat, 459.

[40] CDS II 8–10; BEIER/DOBRITZSCH.

[41] STEINFÜHRER, Ratsbücher (RB I und RB II); dazu DERS., Vorläufer.

[42] CDS II 11; Wichtig auch Friedrich ZARNCKE, zum einen in Hinblick auf die Leipziger Statutenüberlieferung: DERS., Statuten. Zum anderen lieferte er bereits einen Überblick über den Quellenbestand, dessen Bedeutung nicht hoch genug eingeschätzt werden kann: DERS., Quellen.

[43] StAL Jahreshauptrechnungen, Bde. 1 (1471/72) – 51 (1539/40) (im Folgenden: JHR; die Bde. 8 (1485/86 und 1486/87) und 10 (1489/90 und 1490/91) waren aufgrund von Benutzung nicht verfügbar, das Rechnungsjahr 1506/1507 ist verloren); zur Rechnungslegung STEINFÜHRER, Schriftlichkeit, 18 f. Eine angestrebte Einsichtnahme des „Liber actorum et tractatum inter Senatum et Universitatem“ wie er von ZARNCKE, Quellen, 629–636 beschrieben wurde, war leider nicht möglich, da dieses Buch wohl infolge von Kriegsschäden verloren gegangen sein muss (ich danke Frau Petra Hesse vom Universitätsarchiv Leipzig für die schnelle Beantwortung dieser Frage).

1.3 Zur Methode

Dass nicht immer bzw. eher selten „große Männer" Geschichte machen, ist bekannt. In einer Gesellschaft wie der des späten Mittelalters aber, die nicht durch staatliche Institutionen, sondern durch Personenverbände verschiedenster Art geprägt war, muss das Augenmerk auf jene Gruppen gelegt werden, deren Mitglieder im einzelnen dem Historiker vielleicht unbedeutend erscheinen, in ihrer Aggregation aber deutliche Wirkung entfaltet haben. Unser heutiges Wort „Universität" stammt von dem mittelalterlichen Begriff der „universitas", der Gesamtheit, ab, eben jener Gesamtheit aller Magister und Studenten („universitas magistrorum et scolarium"), die den Kern einer Universität bilden.[44] Im Mittelalter wurden jedoch alle Zusammenschlüsse von Personen mit gleichen Zielen und Absichten, die sich einer selbst gegebenen Satzung unterwarfen und sich so von ihrer Umwelt abgrenzen konnten, als „universitas" bezeichnet, seien es Handwerker oder etwa eine Stadtgemeinde. Innerhalb einer Stadt, dies wurde schon im Abschnitt 1.1 angesprochen, befanden sich also nicht nur eine oder zwei, sondern zahlreiche „universitates", so wie sich zum Beispiel auch „Bürger" von „Einwohnern" unterschieden, aufgrund bestimmter Leistungen und Verpflichtungen, an die sich bestimmte Rechte knüpften.[45]

Ebenso bestanden innerhalb des Komplexes, den wir heute als „Universität" bezeichnen, verschiedene „universitates" – „communities within communities"[46] – denn jede Fakultät, in Leipzig als Erbe Prags zudem noch jede Nation[47] und wenn man so will sogar jedes Kolleg waren für sich eigene Personenverbände. Bei dieser Zersplitterung in verschiedenste universitates konnte es nicht ausbleiben, dass Personen verschiedenen Gruppen gleichzeitig angehörten. Es ist bei der Beschäftigung mit dem Thema „Stadt und Universität" also wenig hilfreich, die Institutionen der Stadt bzw. Universität als die entscheidenden Akteure anzusehen.[48] Vielmehr muss gesehen werden, dass mehrere Perspektiven bzw. Perspektivmöglichkeiten nebeneinander, jedoch auf unterschiedlichen Ebenen bestehen und nur durch die Beachtung dieser Gleichzeitigkeit der Perspektiven, kann das volle Bild zur Geltung kommen. Ein Sohn eines Ratsmannes, welcher sich in einem bestimmten Jahr immatrikulierte, war Mitglied seiner eigenen Familie, auch der städtischen Oberschicht, gleichzeitig aber Mitglied der Gruppe von „Leipzigern" an der Universität ebenso wie Mitglied der Artistenfakultät und Mitglied der familia des Magisters, dem er sich angeschlossen und in dessen Burse er womöglich lebte

---

[44] Bünz, Gründung, 31; Classen, 285; Miethke, Universitas, 496 f.; Moraw, Sozialgeschichte, 47; Rüegg, Themen, 37; Wriedt, Probleme, 22.

[45] Schwinges, Neubürger; Isenmann, Bürgerrecht.

[46] Denley, 723–753.

[47] Zur Nationenverfassung Schumann und kritisch Hoyer, Probleme, 16 f.; vgl. auch ders., Gründung, 86; Bünz, Cristianus, 17; ders., Gründung, 82–88.

[48] Freilich keine erschreckend neue Erkenntnis, vgl. Wriedt, Probleme, 21 f., 29, auch wenn der Stadtrat als oberste städtische Gewalt seine Beschlüsse immer nur mit der Mehrheit des gesamten Rats bewilligte und durchführte, vgl. Isenmann, Stadt, 138. Ähnliches tat ja auch die Vollversammlung der Universität bzw. das Konzil, trotz allem spielen einzelne Akteure in diesen Systemen entscheidende Rollen.

usw.[49] Dass bei der Überschneidung dieser Zugehörigkeiten auch Austausch und Kommunikation zwischen den verschiedenen Ebenen, zwischen Mitgliedern verschiedener Gruppen, zum Beispiel über diesen „Kontaktmann" stattfinden konnte, ebenso wie individuelle Einstellungen handelnder (und womöglich später in der städtischen Verwaltung Verantwortung tragender) Akteure von den verschiedenen Zugehörigkeiten geprägt und im besten Falle diese fruchtbar miteinander verbunden wurden, darf als theoretische Grundannahme dieser Arbeit gelten.[50] Ein Ratssyndikus wird nicht alle seine Kontakte – etwa zur Juristenfakultät – abgebrochen haben, nur weil er in „städtische Dienste" gewechselt war.

Diese Gleichzeitigkeit der Perspektiven oder (wenn man mit soziologischen Begriffen arbeiten möchte) diese verschiedenen „Rollen"[51] sind es, die eine wissenschaftliche Beschäftigung mit dem Thema dieser Arbeit weit fruchtbarer machen werden als eine starre Konfrontation fürstlich privilegierter Institutionen, wie sie gerade die ältere Forschung praktizierte, also das Wirken und Handeln der verschiedenen Personengruppen die sich im Leipzig des 15. Jahrhunderts befanden, nicht ausschließlich gegeneinander (aber eben auch), sondern zumeist neben- oder miteinander. Diese so dargestellten Gruppen bleiben allerdings weitgehend gesichtslose Masse, wenn nicht anhand prosopographischer Forschung[52] versucht wird, ihre Wirkungsbereiche oder zumindest ihre verschiedenen Rollen, die sie in Stadt und Universität einnahmen, nachzuzeichnen und so ein exakteres Bild von den städtisch-universitären Beziehungen als bisher geschehen, abliefern zu können. Diese Überlegung führt dahin, dass man die „Verflechtungen" von Stadt und Universität auf der Ebene der Entscheidungsträger beleuchtet, das heißt auf der Ebene des städtischen und universitären Führungspersonals:

> „Der Formulierung dieser Frage liegt die These zugrunde, dass ein hohes Maß an personaler Verflechtung zwischen Universität und städtischer Oberschicht als Indikator für eine mögliche enge Bindung der Universität an die Stadt zu werten ist und auf diese Weise das, bisher eher die Unterschiede zwischen beiden Seiten betonende, Bild etwas differenzierter gestaltet werden kann."[53]

---

49 Der Patronageverband der familia (nicht nur universitär, sondern auch städtisch) dürfte für den Lebensweg eines Studenten entscheidender gewesen sein als etwa sein Abschluss, vgl. MORAW, Sozialgeschichte, 51; SCHWINGES, Karrieremuster, 16; DERS., Mückensenf, 21; DERS., Stiefel, 562 mit Beispiel; WRIEDT, Verwaltung, 26 f.; DERS., Studium, 13.

50 Ohnehin sollte sich prosopographische Untersuchung nicht nur in einer reinen statistischen Auswertung vorhandener Daten ergehen, die Frage nach „Personenbeziehungen und ihren Äußerungen im sozialen und politischen Bereich" erscheinen weit fruchtbarer, vgl. WRIEDT, Probleme, 20, das Zitat ebd. Ebenso war die Universität auch prädestiniert dafür, Freundschaften und Beziehungen zu schaffen, die sich für spätere Karrieren als nützlich erweisen konnten, vgl. MORAW, Sozialgeschichte, 54.

51 DAHRENDORF; Entgegengesetzt dem alltagstheoretischen Verständnis sollte dieser Begriff aber nicht so verstanden werden, dass die „Rolle" dem Akteur ein bestimmtes Handeln aufdiktiert, sondern, dass eine solche „Rolle" Handlungsmöglichkeiten bietet, welche der Akteur nach seinen Präferenzen auswählen und realisieren kann, vgl. auch WRIEDT, Probleme, 30 mit ähnlicher Überlegung.

52 PETERSOHN; WRIEDT, Probleme; STROMER; GRAMSCH, Erfurter, 23 (Anm. 61) für Einzelfallstudien und ebd. 209 f. für allgemeine Probleme.

53 Zit. n. STEINFÜHRER, Stadt, 34 f., ebd. auch für das Folgende.

Dabei darf nicht überraschen, dass vor allem die städtischen und universitären Führungsschichten ins Blickfeld geraten, da sie einen bestimmenden Faktor in den hier interessierenden Fragen darstellen und ihr Handeln eine weitaus höhere Überlieferungschance besaß.[54]

Als einfachster Weg, den personalen Verflechtungen nachzugehen, erscheint es, anhand der Matrikel der Universität Leipzig Angehörige Leipziger Ratsfamilien im Zeitraum von 1409 bis 1539 zu ermitteln. Der erste Schritt bestand darin, die in diesem Zeitraum im Rat vertretenen Ratsfamilien festzustellen.[55] Dabei wurden in Anknüpfung an die Überlegungen in 1.1 auch jene Familien mit einbezogen, welche bereits 1395 im Stadtrat vertreten waren, also bereits bei der Erlangung des Privilegs für die Nikolaischule (die Auszählung beginnend bei 1390[56]). Dies könnte einen Indikator nicht nur für die Akzeptanz der Hohen Schule, sondern auch für die aktive Rolle des Stadtrates bei deren Einrichtung darstellen (weiteres dazu in Abschnitt 3.1). Insgesamt kamen somit 187 Ratsfamilien in Betracht. In einem zweiten Schritt wurden anhand der Familiennamen (und der zu ermittelnden Angaben der regionalen Herkunft der teilweise nach Leipzig zugezogenen Kaufleute etc. im Rat) nach potentiellen Angehörigen in den Matrikeln gesucht.

Dadurch konnten immerhin 625 Personen (aus 128 Ratsfamilien) namentlich in den Matrikeln aufgefunden werden.[57] Als Nächstes wurde mittels Durchsicht städtischer und universitärer, wie auch komplementärer[58] Quellen versucht, Verwandtschaftsverhältnisse zu rekonstruieren, um so die in den Matrikeln auffindbaren möglichen Fälle zu identifizieren bzw. einer Ratsfamilie zuzuweisen. Dabei wurden recht strenge Kriterien angelegt. Eine einfache Namensgleichheit mit einem Ratsmann, der etwa zur selben Zeit im Rat saß, bedeutete noch

---

[54] STROMER, 39, wonach personengeschichtliche Forschung nur denjenigen Akteuren ein Gesicht gibt, denen eine „gewisse gesellschaftliche, kulturelle oder politische Relevanz zukam".

[55] Ein einfaches Unterfangen durch die von STEINFÜHRER, Rat (im Folgenen: Rat) bereits in katalogisierter Form geleistete Arbeit; vgl. für einen ähnlichen Ansatz auch GRAMSCH, Universität, 153.

[56] Dies vor allem deshalb, da sich mögliche Aus- und Einwirkungen auf Ratsgeschäfte und -beschlüsse nicht an einer bestimmten Jahreszahl festmachen lassen, gleichermaßen durfte das „Startjahr" für die Auswahl möglicher Ratsfamilien nicht zu früh angesetzt werden, um Verzerrungen auszuschließen.

[57] Keine Ergebnisse bei: Banczsch (Rat, Nr. 10), Cleinsdorff (Rat, Nr. 55), Craft (Rat, Nr. 61), Cratz (Rat, Nr. 63), Czweppman (Rat, Nr. 67), Duben (Rat, Nr. 70), Frost (Rat, Nr. 99, 100), Gerhard (Rat, Nr. 104), Gernolt (Rat, Nr. 105), Hersfelt (Rat, Nr. 131), Holczhusen (Rat, Nr. 134), Jechler (Rat, Nr. 145), Jesewitz (Rat, Nr. 146), Koling (Rat, Nr. 158), Kolkewitz (Rat, Nr. 159), Kran (Rat, Nr. 164), Legat (Rat, Nr. 173), Louchstete (Rat, Nr. 187), Menichen (Rat, Nr. 196), Muntze (Rat, Nr. 218, 219), Muselwinkel (Rat, Nr. 220), Naunhofer (Rat, Nr. 221), Nickin (Rat, Nr. 223), Nuschin (Rat, Nr. 233), Nuwendorff (Rat, Nr. 234), Ochse (Rat, Nr. 235), Pesna (Rat, Nr. 249), Rucken (Rat, Nr. 291), Saldinbutte (Rat, Nr. 295), Schreiber (Rat, Nr. 312), Selnicz (Rat, Nr. 323), Serwitcz (Rat, Nr. 324), Slisk (Rat, Nr. 327), Spis (Rat, Nr. 333), Stenger (Rat, Nr. 338), Steube (Rat, Nr. 339, 340), Stockart (Rat, Nr. 342), Storckewitz (Rat, Nr. 345), Storm (Rat, Nr. 346), Tuch (Rat, Nr. 370), Utthusen (Rat, Nr. 373), Vulrad (Rat, Nr. 375), Wachau (Rat, Nr. 377), Wagemeister (Rat, Nr. 378), Wandergern (Rat, Nr. 382), Waybel (Rat, Nr. 384), Zelschen (Rat, Nr. 403), Zerbst (Rat, Nr. 406), Zwenckau (Rat, Nr. 409).

[58] Wie etwa MÜLLER, Häuserbuch (im Folgenden: HÄUSERBUCH); BUCHWALD (Hrsg.), Matrikel Merseburg (im Folgenden: MATR. MERSEBURG); GEFFCKEN/TYKORINSKI, Stiftungsbuch (im Folgenden: STIFTUNGSBUCH); zudem die Allgemeine Deutsche Biographie und Neue Deutsche Biographie.

lange nicht, dass der Immatrikulierte sein Sohn oder irgendwie sonst mit ihm verwandt sein musste. Zeitgenossen mögen gewusst haben, wer der Sohn eines Nickel Moller oder der Neffe eines Johannes Fabri war, dem Historiker aber bleibt nur die genaue Prüfung der Quellen auf mögliche Hinweise. Willkürliches Herausgreifen und Zuordnen von Immatrikulierten zu möglichen Ratsfamilien hätte erheblich die aus diesen Überlegungen folgenden statistischen und inhaltlichen Ergebnisse verzerrt.

Somit wurden im Zeitraum von 1409 bis 1539 immerhin 206 Personen relativ sicher als Angehörige ratsfähiger Familien und/oder Ratsleute identifiziert, also rund ein Drittel.[59] Von den 128 noch „übrig gebliebenen" Familien wiesen damit insgesamt noch 76 einen Vertreter in der Grundgesamtheit der „Angehörigen ratsfähiger Familien"[60] – wie wir sie in Zukunft nennen wollen – auf, also gut 60 Prozent. Für besseres Verständnis und Benutzung, aber auch zur Verifizierung, wurde für diese 206 Personen jeweils ein kleines Biogramm und daraus ein Personenkatalog (Anhang II) erstellt. Auf diesen wird durch die der jeweiligen Person zugeordneten Nummer (in eckigen Klammern) hingewiesen.

Andererseits stellt sich aber auch die Frage nach einer anderen Grundgesamtheit, nämlich der der Leipziger allgemein. Wie verhält sich deren Frequenz in den 130 Jahren der Untersuchung an ihrer „Heimatuniversität"? Welche Art von Abschluss wird vornehmlich erlangt, wie ist das Sozialgefüge innerhalb der Leipziger Studentenschaft?[61] Dazu wurden alle Leipziger im Untersuchungszeitraum in den Matrikeln erfasst[62], wobei sich zum Teil die Schwierigkeit ergab, dass Personen zuweilen ohne Ortsangabe in die Matrikel eingetragen wurden. Wo dies in der meißnischen Nation geschah, könnte man davon ausgehen, dass es sich um Leipziger handelt, doch eine gewisse Fehleranfälligkeit bleibt bestehen. Deshalb wurden diese Fälle zur Verringerung statistischer Fehler ausgeschlossen (es sei denn, durch Quellenarbeit ergab sich die Herkunft doch noch), wodurch die Fallzahl von 1.653 auf 1.308 schrumpfte. Enthalten sind dagegen Kleriker, die mit ziemlicher Sicherheit den monastischen Einrichtungen in Leipzig angehört haben (ihre Anzahl beträgt lediglich 36). Insgesamt besitzen die „Leipziger" damit in den 130 Jahren des Untersuchungsumfanges im Schnitt einen Anteil an der Gesamtzahl der Immatrikulierten der Alma Mater Lipsiensis von 3,34 Prozent.

---

[59] Die Trefferzahl wäre vermutlich noch höher, hätte man die ungedruckten Ratsbücher nach 1500, die im Stadtarchiv Leipzig vorhanden sind, und andere Quellen mit einbezogen. Dafür war aber im Rahmen dieser Arbeit keine Zeit gegeben und hätte den Umfang der Arbeit sicherlich gesprengt.

[60] In Leipzig gab es nach KRAMM, Oberschichten, 129 kein „Patriziat", nach STEINFÜHRER, Ratsbücher I, XV zumindest kein abgeschlossenes, so dass wir hier auf diesen Begriff verzichten wollen, vgl. dazu GRAMSCH, Universität, 152 f.; ISENMANN, Stadt, 269–283; SCHILLING.

[61] Es ergeben sich also zwei Forschungsfelder, das eine folgt der Frage nach „Verflechtung" und „Vernetzung" von Kleingruppen, in diesem Falle städtischen und universitären „Oberschichten", das andere nach „Massenphänomenen" innerhalb größerer Gruppen (in diesem Fall also die immatrikulierten Stadtkinder, diese zweite Grundgesamtheit ist ebenso relevant wie die der Angehörigen ratsfähiger Familien): GRAMSCH, Erfurter, 18.

[62] Ich danke Herrn Thomas Lang, M.A. (Leipzig), der sich im Rahmen seiner Dissertation mit den Frequenzen der Universitätsbesuchern in Leipzig im späten Mittelalter beschäftigt, für die freundliche Bereitstellung der Daten für die Leipziger Studenten. Diese wurden noch ggf. um Jahr und Semester von Bakkalaureat und Magistertitel, sowie anderer Daten ergänzt.

Söhne ratsfähiger Familien waren natürlich auf gleichzeitig Leipziger (außer bei Angehörigen von Ratsfamilien, die erst nach Leipzig zugezogen waren), so dass 185 Angehörige ratsfähiger Familien unter den „Leipzigern" auftauchen, gut 14 Prozent also. Beide Gruppen wurden zudem um zusätzliche Informationen, etwa über Immatrikulationen an anderen Universitäten des Reiches[63], ergänzt. Die statistische Auswertung erfolgt im Abschnitt 3.1 dieser Arbeit.

Die bereits angesprochenen verschiedenen Perspektiven, die bei der Betrachtung eingenommen werden sollten, bestimmen auch den Aufbau der Arbeit. Dabei ist es hilfreich, sich die Begriffe von „Stadt" und „Universität" zu unterteilen, einmal in die untere Ebene der „breiten Masse", d. h. der Einwohner (Handwerker, Krämer, Gesellen usw.) auf der einen und der Studenten (vor allem der Artistenfakultät) auf der anderen Seite, sozusagen die entsprechende „Makroebene", die der jeweilige Begriff umfasst.[64] Die dazu komplementäre „Mikroebene" befindet sich freilich umgekehrt auf der oberen Ebene, also die städtischen wie universitären Entscheidungsträger: Ratsleute, Doktoren, Angehörige der oberen Fakultäten, besonders die Ordinarien der Juristen, Syndici usw.[65]

Schon allein durch diese kleine Modellüberlegung können verschiedene Untersuchungsperspektiven aufgezeichnet werden, will man sich etwa das Verhältnis von Stadt und Universität auf einer Art „Makroebene" betrachten (Wohnen, Versorgung, Rechtsbereiche, Alltagslebens, etc., dies bildet das Kapitel 2) oder umgekehrt das Verhältnis zwischen universitärer und städtischer Führungsspitze (Fragen der personell-familiären Verflechtung, der gegenseitigen Beeinflussung und Inanspruchnahme, Kontaktpflege etc., dies beinhaltet das Kapitel 4), sozusagen die „Mirkoebene". Dazwischen befindet sich eine Ebene „auf halbem Weg", die vor allem die Nutzung der Universität durch die Einwohner und besonders die Bürger, aber auch den Aufstieg von universitär geschulten Personen in städtische Dienste etc. beinhaltet. Dies beinhaltet das Kapitel 3. Freilich ergeben sich auch „diagonale" Beziehungen zwischen den einzelnen Ebenen (so z. B. wenn der Rat Einfluss auf Wohnen und Versorgung der Studenten nahm oder etwa Juristen und Mediziner Dienstleistungen für Einwohner der Stadt erbrachten).

---

63 Dies geschah hinsichtlich möglicher Verwandt- und Freundschaftsbeziehungen. Es wurden die Matrikel der Universitäten Basel, Erfurt, Frankfurt/Oder, Freiburg i. Breisgau, Greifswald, Heidelberg, Ingolstadt, Köln, Rostock, Wien und Wittenberg nach Leipzigern und möglichen „Angehörigen ratsfähiger Familien" durchgesehen. Matrikel von Universitäten außerhalb des Reiches wurden, aufgrund der schwierigen Überlieferungslage, nur zum Teil eingesehen. So taucht z. B. in den Matrikeln der deutschen Nation in Bologna kein einziger Leipziger auf, vgl. KNOD; SCHMUTZ, Rechtsstudenten. Zum Teil sind die Matrikel auch gar nicht überliefert, dass aber Leipziger in Italien studiert haben, zeigt schon ein Blick in den Personenkatalog dieser Arbeit.

64 KINTZINGER, Studens, 41, bezeichnet die Artisten gleich als „Fußvolk" der Universität, ähnlich SCHWINGES, Student, 196; DERS., Universitätsbesucher, 375; DERS. Europäische, 134, 143; DERS., Studentenbursen, 554; DERS., Stiefel, 550. Die von uns benutzten Begriffe Makro-, Mikro- und Mesoebene sollen keine soziologischen Handlungstheorien im Sinne etwa des bekannten „Coleman boat" – individuelles Handeln auf der Mikroebene bestimmt, über bestimmte Aggregationsregeln, das kollektive Handeln auf der Makroebene, zum Teil mit nicht-intendierten Folgen – aufzeigen. Diese Begriffe seien nur als Orientierung gedacht, um klar das „Oben" vom „Unten" und von der „Mitte" zu trennen.

65 Siehe als Vergleich etwa die Gesellschaftsstruktur Nürnbergs, dazu ISENMANN, Stadt, 249, vgl. auch MORAW, Verfassung, 282–286, SCHWINGES, Neubürger, 17 f.

2. Die „Makroebene“: Alltagsleben in einer Universitätsstadt des späten Mittelalters

2.1 Universitäre Gebäude und Wohnraum

2.1.1 Allgemeines zu Kollegien und Bursen

Augenscheinlichstes Merkmal für die Anwesenheit einer Universität in einer Stadt sind deren Gebäude. Oft Mischformen zwischen Repräsentativ- und Funktionsbau, prägen sie nicht zuletzt das Bild der sie beherbergenden Stadt und sind somit oftmals auch Teil einer angestrebten individuellen Darstellungsweise der Kommune. Im späten Mittelalter beschränken sich „universitäre“ Gebäude hingegen vollkommen auf den funktionalen Teil und zwar insbesondere was Wohn- (für Magister und Scholaren) wie Nutzraum (für Vorlesungen, Disputationen, Lektionen, auch Konzilsversammlungen etc.) anbelangte.[66] Diese Gebäude waren zudem innerhalb der Stadt verteilt, sie grenzten also an Bürgerhäuser, hatten deren Bewohner als Nachbarn, befanden sich nicht abgegrenzt außerhalb der städtischen Gesellschaft, sondern mitten unter ihr.[67] Ein abgeschlossener Komplex, eine Art „Campus“ war innerhalb der Stadtmauer ohnehin nicht zu schaffen[68] (sieht man einmal davon ab, dass auch in Leipzig ein gewisser Hang zur „Verdichtung“ in einem bestimmten Bereich der Stadt vorherrschte). Dies hätte eine Minderung der Obrigkeitsrechte der städtischen Verwaltung in ihrem eigenen Rechtsbereich in einem Ausmaß bedeutet, den wohl kein mittelalterlicher Magistrat hinzunehmen bereit war. Schon allein die Einrichtung von Kollegien und Bursen als den zentralen Einheiten der Verkörperung universitärer Existenz stellten einen Eingriff in die Rechtshoheit des Stadtrats dar, denn, ähnlich wie die Klöster, waren die universitären Gebäude allein dem eigenständigen universitären Recht unterstellt.

Ein Kolleg war zunächst einmal eine Stiftung (ob durch Landesherr, Stadt oder Privatperson), die für eine ausgewählte Anzahl von Empfängern, wenn man es so formulieren will, „besoldete Planstellen“ bereitstellte, deren Genuss meist mit der Verpflichtung auf Lehrtätigkeit verbunden war und somit den idealen Weg darstellte, akademische Tätigkeit in einer neu gegründeten Universität aufzurichten und am Leben zu erhalten. Schon bei der Gründung der Universität Leipzig im Jahre 1409 richteten die Landesherren Kollegienhäuser ein, das so genannte Große und das Kleine Kolleg, die zusammen Platz für 20 Magister boten. In den

[66] Dazu KUSCHE/STEINFÜHRER; auch BÜNZ, Gründung, 125–129.

[67] KUSCHE, Ego, 355–383, 401–407; Zur Nachbarschaft von universitären und städtischen Gebäuden: JHR 32 1520/21, fol. 183^{v}; JHR 37 1525/26, fol. 118^{v}: „Hans kesseler kandelgiesser tenetur alder schult noch vom hause an der Meyssner Bursa gelegen so er vom Rathe erkaufft [...]“.

[68] Der Plan des Erzherzogs Rudolf IV. in Wien einen eigenes quartier latin direkt unterhalb seiner Burg zu schaffen scheiterte, besonders da den Universitätsmitgliedern enorme Rechtsfreiheiten gegenüber der Stadt eingeräumt wurden, wie auch der Kommune durch Heraustrennen eines ganzen Viertels aus der Stadt zahlreiche Steuereinnahmen verlustig gingen, vgl. KOLLER, 13, 18–20; REXROTH, 17–21; STEINFÜHRER, Stadt, 26; BÜNZ, Gründung, 277 f.; ebenso UBL, der betont, dass trotz allem die Stadt nicht gegen die Universität gearbeitet, sondern diese gar noch gefördert habe.

Kollegienhäusern selbst galt die universitäre Gerichtsbarkeit bzw. teilweise auch noch die eigenständige Gerichtsbarkeit der Kollegien.[69]

Eine Burse hingegen war ein Zusammenschluss von Studenten unter einen Magister. Entscheidend dabei war der Zwang eines jeden Studenten, sich einem bestimmten Magister anzuschließen, zu dessen *familia* zu gehören, mit ihm Tisch, Wohn- und gegebenenfalls auch Schlafraum zu teilen.[70] Die studentischen Angehörigen der *familia* des Magisters hatten diesen dafür zu entschädigen, dass er ihnen Unterkunft, Verpflegung und (wohl am wichtigsten) Unterricht gewährte. Jene Form des Magisterzwangs, der nicht gleichzusetzen ist mit einem Bursenzwang[71] (nur weil die meisten dieser Magister eben in Bursen lebten), ermöglichte auch städtischen Einfluss auf jenes grundlegende Bedürfnis des Wohnens und der Versorgung. Denn Bewirtschaftung und Beköstigung einer großen Anzahl von Studenten war ein mehr oder minder rentables Geschäft, was sich nicht nur daran ablesen lässt, dass die meisten Magister so – neben ihren Hörer- und Prüfungsgeldern[72] – ihren Lebensunterhalt bestreiten mussten, sondern auch dadurch, dass nicht nur Bürger und Rat eigene Bursen betrieben, sondern dass zum Teil auch Studenten in Bürgerhäusern lebten (ein Anfang des 16. Jahrhunderts oft von Universitätsmagistern kritisierter Umstand).[73] Unerwähnt bleiben darf freilich nicht, dass auch in den Kollegienhäusern Studenten lebten, wohnten und studierten, jedoch ist vor allem für die Artistenfakultät, die die Hauptmasse der Studentenschaft stellte, das Bursenwesen charakteristisch.[74]

2.1.2 Bursen- und Kollegienwesen in Leipzig und städtischer Einfluss

In Leipzig selbst arbeiteten die Landesherren und die Stadt zusammen, um den aus Prag kommenden Magistern Wohnraum zu beschaffen.[75] Noch vor der offiziellen Gründung kaufte der Stadtrat, wohl auf Anregung der Landesherren, am 4. Juli 1409 ein Gebäude in der Peters-

---

69 KUSCHE, Stiftungen, 320 f.; DIES., Ego, 47–93, bes. 54–64 und 429 f.; KUSCHE/STEINFÜHRER, 15 f.; BÜNZ, Gründung, 105–107; BLECHER, 378, 390 f. (auch Kollegien waren Siegelführer); DENLEY, 732; SCHWINGES, Student, 201 f.; DERS., Studentenbursen, 538–540; WUSTMANN, Leipzig, 108 f., vgl. WRIEDT, Studium, 17.

70 FRIEDBERG, 23 f.; MORAW, Heidelberg, 47, 51; SCHLENKRICH, 12; SCHWINGES, Studentenbursen, 535–543; DERS. Student, 203–205; DERS., Mückensenf, 22 f.; WRIEDT, Studienförderung, 45–47; vgl. FUHRMANN, 272–274.

71 ZARNCKE, Statuten, 14, 332 (Nr. 41), 354 (Nr. 9); GRAMSCH, Erfurter, 204 f.; HOYER., Alltag, 239; DERS., Stadt, 162; KINTZINGER, Studens, 33 f. u. passim; KUSCHE, Ego, 387–392; KUSCHE/STEINFÜHRER, 21; SCHWINGES, Studentenbursen, 535–537; DERS., Stiefel, 557; TEWES, Raemsdonck, 33; DERS., Stadt, 1 f.; Nach STEINFÜHRER, Stadt, 32, wurde dieser Bursen/Magisterzwang durch Reformation und Verweltlichung aufgehoben.

72 BÜNZ, Gründung, 198–200.

73 HOYER, Universität, 26 f. Zur Wohnsituation in der Frühen Neuzeit: POHL, 221–223.

74 MATHEUS, 71–77; SCHULZE, 22; SCHWINGES, Studentenbursen, 543 f.; TEWES, Raemsdonck; DERS., Stadt, 10; WRIEDT, Studium, 10–12; DERS., Studienförderung, 46 f.

75 Mangelnder Wohnraum konnte leicht zu Spannungen und Konflikten führen, vgl. FERRUOLO, 27–29; GIEYSZTOR, 133 f.; THÜMMEL, 43 f.

straße für 20 Gulden Leibrente von den Eigentümern und stellte es den „Meistern der Künste" zur Verfügung.[76] Ebenso stellten die landesherrlichen Gründer zwei Gebäude für die von ihnen eingerichteten Kollegien zur Verfügung, das *collegium maior* (in der Ritterstrasse) und das *collegium minor* (anfangs direkt neben dem im Juli 1409 übertragenen Gebäude in der Petersstraße, ab 1456 in der Ritterstraße), in denen wohl schon vor offizieller Eröffnung des Studiums aus Prag kommende Magister und Studenten untergebracht waren.[77] Auch im Thomasstift und in der Nikolaikirche wurden lange Zeit Räumlichkeiten, etwa zu Versammlungen oder Vorlesungen, genutzt.[78] Zu den bestehenden Kollegien kamen 1423 noch das so genannte Liebfrauenkolleg[79] (*Collegium beatae Mariae virginis*), welches klar den von Schwinges postulierten Typus des „privaten Kollegs" darstellte, da die Stiftung für Angehörige der polnischen Universitätsnation (insbesondere Schlesier) eingerichtet worden war, sowie das wohl schon eher angedachte, aber erst 1426 realisierte St. Bernhardskolleg[80] des Zisterzienserordens

---

[76] WUSTMANN, Leipzig, 105, dieser Eintrag nach einem verloren gegangenem Schöffenbuch, zu diesem Gebäude ausführlich: KUSCHE/STEINFÜHRER 15–18, 22, 27; vgl. BEIER/DOBRITZSCH, 136 f.; BÜNZ, Gründung, 67 f.; CZOK, 55; FRANKE, 123 f., 128, 135 f., 143 f.; FRIEDBERG, 26–29; HOYER, Gründung, 81; DERS., Probleme, 11; DERS., Universität, 12; DERS., Stadt, 161 f.; DERS., Wirtschaft, 58; KUSCHE, Ego, 351–355; WUSTMANN, Leipzig, 115–119. Die Stadt überließ der Universität in den Anfangsjahren wohl auch einen Turm als Karzer. Nachdem 1413 bzw. 1419 der Rektor (CDS II 11, Nr. 11) und seine Bediensteten (ZARNCKE, Statuten, 54 f.) das Recht zur Inhaftierung von Studenten erhalten hatten („ius incarcerandi"), war ein Verwahrungsort anscheinend nötig: ZARNCKE, Quellen, 607 (Anm. 1); BÜNZ, Gründung, 290; HOYER, Gerichtsbarkeit, 125–127, 133; DERS., Stadt, 168; WUSTMANN, Leipzig, 106; vgl. JHR 24 1512/13, fol 34^{v}: „Item von der universitet darumb das ir der Rath den studenten thurm hat weyßenn und bewerffenn lasenn ingenommen ij ß xx gr".

[77] BÜNZ, Cristianus, 20; FRANCKE, 126–129; HOYER, Gründung, 82; KUSCHE/STEINFÜHRER, 16–18, 22, 27, 34; STEINFÜHRER, Stadt, 30; KUSCHE, Ego, 112–141 und passim; ebd. 333–345, 356–359, 360–365 zu Lage, Baugestalt und Nutzung des Großen, 345–347, 381–383 zum Kleinen Fürstenkolleg, 347–350, 359 f., 377–380 zum Liebfrauenkolleg.

[78] KUSCHE/STEINFÜHRER, 19.

[79] BÜNZ, Gründung, 113–115; KUSCHE, Ego, 164–175 und passim; KUSCHE/STEINFÜHRER, 22 f., 40.

[80] Das St. Bernhardskolleg taucht kaum in den Quellen auf, so dass der Alltag der studierenden Mönche im Dunkeln bleibt. Erwähnung findet es hinsichtlich der universitären Bierquoten, des Verbots für Bader in die Klöster der Stadt und das Kolleg zu gehen (was den Status als Ordenseinrichtung verdeutlicht: RB II, Nr. 2257), sowie einer Einigung zwischen Stadt und Universität über Totschlag in den Kollegien. Daneben ist es durch seine Lage bei der Stadtmauer ein Orientierungspunkt: JHR 29 1517/18, fol. 128^{v}: „Item der frawen die den schlag schleust bey dem collegio bernhardi [...]". Es taucht auf bei Beschwerden über den Rat aufgrund von Baumaßnahmen am oder beim Kollegiengebäude: CDS II 11, Nr. 328, JHR 33 1521/22, fol. 88^{r}: „Item veiten wideman vor vj stucke kuppfer haben gewegen xxxv lb dye Tachrennen bey S. Bernhards Collegio darmit zudecken und zubeschlagen liij gr" sowie – einmal – in den Jahreshauptrechnungen hinsichtlich von Geschenken durch den Rat, JHR 11 1492/93, fol. 204^{v}: „Sabbato postquam prisce [19. Januar 1493] den Monichen In Collegio Bernhardi ad prandium geschanckt [...] maluesier [...] [...] Reynfal [...] und [...] francken wein [...] facit xxiij gr vj d silbern." Dies dürfte entweder im allgemeinen Kontext der Ratsgeschenke an die Universität stehen oder aufgrund des monastischen Charakters geschehen sein (denn auch die Klöster der Stadt erhielten regelmäßig Geschenke). Alles in allem aber muss das St. Bernhardskolleg in dieser Untersuchung weitgehend außen

(in der Literatur oft als „Bernhardinerkolleg“ bezeichnet) hinzu, welche sich beide an der Ostseite des Brühls gegenüberlagen.[81]

Bursen hingegen fanden sich weit zahlreicher in der Stadt, zum Teil allerdings in der Nähe (oder gleich innerhalb) der Kollegiengebäude. Den größten Teil stellten dabei die Privatbursen der Magister, die oft nach ihrem Besitzer benannt waren. So gab etwa der Magister Henning Hildesen dem großen Kolleg 1429 eine zuvor wohl privat betriebene Burse.[82] 1427 hatte der Magister und spätere Dr. med. Nicolaus Schultz [159] vom Thomaskloster drei Häuser gekauft, um sie vermutlich als Bursen zu nutzen, ebenso gehörte ihm wahrscheinlich die Burse „Zum Einhorn“ in der Nikolaistraße.[83] Für das Thema dieser Arbeit interessant sind dabei zwei Typen von Bursen: Zum einen solche, die von Bürgern bzw. Ratsleuten privat betrieben wurden, zum anderen jene, die der Rat selbst unterhielt. Erstere sind etwa die „bursa regis“ des Burckart König [81] oder die „bursa hummelshain“[84] des Hans Hummelshain [67].

Auffällig ist, dass die Betreiber dieser Bursen zumeist auch selbst einen universitären Hintergrund besaßen und sei es nur, dass sie die Hohe Schule besucht hatten. Sie dürften also mit den Gepflogenheiten „studentischen Wohnens“ einigermaßen vertraut gewesen sein. Ob sie allerdings als Stadtkinder in einer Burse gewohnt hatten, ist eher fraglich bzw. unwahrscheinlich. Das Hauptanliegen der meisten „bürgerlichen“ Betreiber war vermutlich eine stille Teilhabe am Geschäft. Im Übrigen muss man sich von der Vorstellung lösen, das Bursengeschäft sei eine wahre Goldgrube gewesen und Kaufleute oder Stadtrat hätten sich übermäßig an den Studenten bereichert. Vielmehr war es für Bürger eine weitere Investitionsmöglichkeit, die vor allem für jene in Frage kam, die selbst bereits mit dem universitären Milieu in Berührung gekommen waren, anders als für Universitätsmagister, denen ein Großteil ihrer Einnahmen tatsächlich nur über den Bursenbetrieb zukam.[85]

---

vor bleiben, weitere Aufklärung dürften wohl die aktuellen Forschungen von Herrn Prof. Dr. Enno Bünz liefern, siehe BÜNZ, Altzelle; DERS., Gründung, 115–118; KUSCHE/STEINFÜHRER, 24, 31 f., 40; vgl. HOYER, Alltag, 244; DERS., Gründung, 89.

[81] Zu den Leipziger Kollegien insgesamt KUSCHE, Ego; auch BÜNZ, Gründung, 107–118; FRANCKE, 129–132; HOYER, Gründung, 89–91; DERS., Universität, 15 f.; DERS., Alltag, 239, 244; WUSTMANN, Leipzig, 108 f.

[82] ZARNCKE, Statuten, 183 (Nr. 42), 266 (Anm. 1); HOYER, Alltag, 241; Zu Leipziger Bursen auch SCHWINGES, Studentenbursen, 532 (Anm. 15, 16); BÜNZ, Gründung, 123–125; vgl. CDS II 11, Nr. 120.

[83] FRANCKE, 132; HOYER, Stadt, 162; DERS. Alltag, 241; KUSCHE/STEINFÜHRER, 25. Die Burse „Zum Einhorn“ gehörte zeitweilig dem jüdischen Hoffinanzier Kurfürst Friedrichs I., Abraham Esra, der sie 1438 verkaufte, dazu AUFGEBAUER, 132. Viele Universitätsmagister und -doktoren betrieben Bursen, wie etwa Dr. Valentin Schmiedeberg [153], Dr. Bernhardinus Braun (Rat, Nr. 37), Dr. Johannes Köchel [79], ebenso hatten die Universitätsnationen eigene Bursen, vgl. BÜNZ, Cristianus, 20; Kusche/Steiführer, 29 f.; WUSTMANN, Leipzig, 130.

[84] KUSCHE/STEINFÜHRER, 33. Sie wurde, wie auch die Bursen „Heinrici“ und „Solis“, in einer Beschwerde der Universität beim Stadtrat erwähnt: ZARNCKE, Quellen, 634; auch in einer Erbschaftssache von Johannes Hummelshain [67]: RB II, Nr. 1009; HOYER, Alltag, 242 f.; FRANCKE, 142 f.; Zur Heinrichsburse, die nach Konrad von Wimpina als Ort des Adels galt: KUSCHE/STEINFÜHRER, 32; SCHWINGES, Mückensenf, 26.

[85] Vgl. TEWES, Stadt, 1–3.

Dass die Unterhaltung von Bursen kein Selbstläufer war, zeigen schon die zahlreichen Schuldverschreibungen in den Jahreshauptrechnungen, die gleichermaßen Bürger[86] wie Universitätsangehörige[87] betrafen. Die Verflechtung von Stadt und Universität war beim Thema Wohnraum ohnehin unausweichlich, nicht nur da Universitätsangehörige, wollten sie sich ein Haus kaufen, dies oft bei Rat oder Kaufleuten taten oder bei jenen Geld aufnahmen, sondern auch für entsprechende städtische „Dienstleistungen“ (z. B. Wächtergeld etc.) aufzukommen hatten.[88]

Insgesamt dürften universitäre Gebäude und universitäres Wohnen von den Zeitgenossen als weniger exzeptionell und die sich daraus ergebenden Rechtsprobleme als weniger kompliziert angesehen worden sein, als es heutzutage erscheint.[89] Die Universität war keineswegs aufgrund ihrer rechtlichen Ausnahmestellung auch gleichermaßen ausgeschlossen vom alltäglichen Leben in der Stadt. Vielmehr erfährt das Bild des grundsätzlichen Widerspruchs zwischen Stadt und Universität eine weit reichende Normalisierung. Streit und Konflikte um Gebäude und Grundstücke zwischen Universitätsangehörigen und Stadtbewohnern[90] waren

---

86 Die Burse des Johannes Hummelshain [67] taucht bei dessen Schulden recht häufig auf: JHR 20 1508/09, fol. 201^{r}; JHR 21 1509/10, fol. 190^{v}: „Hans hummelshayn tenetur lautz vorigen buchß vij ß xxxix gr. Item anno xvc nono schoß vone der burßen vi marc facit xxxvi gr“; JHR 25 1513/14, fol. 183^{v}; JHR 28 1516/17, fol. 174^{v}: „[…] Item peyde schos vom erbe in der Ritterstrassen ader bursen vj marc facit xxxvj gr […]“; JHR 29 1517/18, fol. 174^{v}; JHR 30 1518/19, fol. 164^{v}; JHR 31 1519/20, fol. 167^{v}.

87 So etwa der Magister Christian von Ditmarschen, der wohl eine Burse auf der Neustraße betrieb: JHR 4 1477/78, fol. 118^{r}: „Meister Kirstiano tenetur von beydenn geschossen de Anno etc lxxvj^{o} iiii marc faciunt xxiiii gr [...] Er sal sich auch mit dem Rate umbe den von clafhammers hawße vortragen et de bursa halben […]; JHR 4 1478/79, fol. 251^{v}; JHR 5 1479/80, fol. 111^{r}; RB II, Nr. 1009; zu Christian von Dithmarschen: BÜNZ, Cristianus; andere Beispiele: Dr. Johannes Köchel [79]: JHR 20 1508/09, fol. 201^{v}; JHR 21 1509/10, fol. 191^{v}; JHR 22 1510/11, fol. 183^{r} oder Dr. Bernhardinus Braun, bei welchem sich zeigte, dass eine Burse auch eine Hypothek werden konnte: JHR 9 1487/88, fol. 123^{v}; JHR 14 1497/98, fol. 123^{v}; JHR 14 1498/99, fol. 244^{v}; JHR 15 1499/1500, fol. 110^{v}; JHR 15 1500/01 fol. 230^{v}: „Doctor Bernhardino Erben tenetur dem Rathe de anno xcvij^{mo} [...] von der burssenn und schewnen [...] x marc [...]. Idem tenetur de anno xcviij^{o} von der burssenn [...] vj marc [....]. Idem tenetur von disem jar von der Burssenn [...] vj marc faciunt xxxvj gr und xxx gr wechtergelt vor der Burssen drey jar.“; JHR 16 1501/02, fol. 131^{r}; JHR 16 1502/03, fol. 287^{r}. Zur „Bursa Bernhardini“ KUSCHE/STEINFÜHRER, 33.

88 Von städtischen Diensten befreit wurde etwa der Ordinarius Dietrich von Bocksdorf, der 1455 auf der Burgstraße Haus und Grundstück zwischen Thomaskloster und dem damals noch dort befindlichen Kleinen Kolleg erworben hatte: CDS II 8, Nr. 319, 345, 356; vgl. KUSCHE/STEINFÜHRER, 25, die dies als möglichen Hinweis auf eine von Bocksdorf betriebene Burse deuten.

89 Wenn etwa der Rat wie selbstverständlich auch die Kollegien bei Baumaßnahmen mit einbezog: JHR 16 1502/03, fol. 219^{r}–219^{v}: Item hansen kerchen vordungt zu graben zu dem wasser ruren auß dem grossen [219^{v}] Collegio in das fursten Collegio unnd zu unser liebnn frawen Collegien biß vor bawmeisters prenßdorff thore […]“; dazu auch KUSCHE, Ego, 403 f.

90 1527 gab es Streit zwischen der Artistenfakultät und dessen Nachbarn Peter Braun und dessen Ehefrau über eine Mauer zwischen beiden Grundstücken, welche die Brauns wohl für sich beanspruchten. Die Fakultät holte sich gleichsam die Hilfe des Rates in Form der Bürgermeister Abt [1], Morch [110] und Wiedemann (Rat Nr. 391), die der Fakultät bzw. Martin Lössel [95] und Magister Petrus Scorlerus den Besitz an ihrer Mauer bestätigten: CDS II 17, S. 605; vgl. auch CDS II 11, Nr. 198.

insofern nicht „systemimmanent“ durch die Überschneidung der beiden Seiten vorgegebenen Rechtsbereiche angelegt, sondern ebenso normal wie der alltägliche Nachbarschaftsstreit über den zu niedrigen Zaun, „do vber dy huner fligen.“[91]

Auch der Stadtrat betrieb mit der so genannten „bursa misnensis“ eine eigene Burse in der Nikolaistraße. Sie wird im Jahre 1463 erstmals erwähnt, ihre Einküfte waren dem Georgenhospital zugewiesen, dessen Spitalmeister auch die Aufsicht über die Burse besaß[92], wobei die gleichen Pflichten galten wie für die Magister in ihren Privatbursen.[93] Dass die städtisch-bürgerlichen Bursen zum guten Teil wirklich nur „Wirtschaftsunternehmungen“ waren, zeigt die 1495 erlassene Anweisung für eben jenen Verwalter, er möge, neben seiner Pflicht die Burse in Ordnung und Redlichkeit zu halten, „die zinse vleißig einbrengen“.[94]

Ein städtisches Element im „universitären Wohnraum“ anderer Art stellte auch das 1502 von Herzog Georg in Auftrag gegebene so genannte „Rote Kolleg“ (in den Quellen auch „neues Kolleg“) dar, welches als Ersatz für das von der Artistenfakultät an die Juristen abgetretene Pädagogium dienen sollte[95] und wohl 1515 bereitgestellt werden konnte[96] (der Rat wurde im Übrigen auch noch mit einem Gebäude der Juristenfakultät auf dem Peterskirchhof[97] entschädigt). Solcherlei Baumaßnahmen oder auch einfach nur Bereitstellungen von Gebäuden

---

91 CDS II 9, Nr. 387.

92 HOYER, Alltag, 241, 243; DERS. Stadt, 162; DERS., Wirtschaft, 62; KUSCHE/STEINFÜHRER, 32, 41.

93 Die Meißner Burse stand Anfang des 16. Jh. wohl des Öfteren leer und wurde 1533 verkauft. Für weitere Privatbursen: FRANCKE, 138–140; KUSCHE/STEINFÜHRER, 33; WUSTMANN, Leipzig, 130, 135; vgl. SCHWINGES, Studentenbursen, 532, 537 (bes. Anm. 39); HOYER, Alltag, 241.

94 RB II, Nr. 1583, es wurde auch verboten „daz man unzuchtige dyrnen uß- und einfure“. Freilich waren derartige „nicht-universitäre“ Unternehmungen, die jedem Bursenmagister potentielle „Kundschaft“ entzogen, nicht überall gerne gesehen: CDS II 11, Nr. 311: „[...] Dan eyn student vor funff grosschen bey einem magistro eyn wochen essen und trincken gehaben mag, aber die vortzerung die von den andern studenten yn der stadt auserhalb des gehorsams an alle preceptores bey den burgern und andernn unnotzlich geschicht, mag inen das gelt aus den beuteln zihen [...]“.

95 CDS II 11, Nr. 225, detaillierte Bauanweisungen für das neue Haus erfolgten 1504: CDS II 11, Nr. 248, die Übertragung auf die Artistenfakultät 1515: CDS II 11, Nr. 300; vgl. BÜNZ, Gründung, 314 f.; CZOK, 56; FRIEDBERG, 27; KUSCHE, Ego, 365–377; KUSCHE/STEINFÜHRER, 35–39; STEINFÜHRER, Stadt, 31; WUSTMANN, Leipzig, 117.

96 Die Jahreshauptrechnungen dokumentieren mehr oder minder den Baufortschritt: JHR 17 1503/04, fol. 74r [Steinmetze], fol. 100r [Maurer]; JHR 17 1504/05, fol. 253r, fol. 254v; JHR 20 1508/09, fol. 98v, fol. 99r, fol. 99v [Fenster und „fenedisch scheybenn“]; JHR 24 1512/13, fol. 87r; JHR 25 1513/14, fol. 82r, fol. 84v, fol. 85r; JHR 26 1514/15, fol. 86v; vgl. auch JHR 22 1510/11, fol. 128v; JHR 23 1511/12, fol. 92r; JHR 25 1513/14, fol. 117r; bereits 1513 beschwerte sich die Artistenfakultät, dass der Rat der Stadt Ansprüche auf das Gebäude erheben würde: CDS II 11, Nr. 295: „[...] unnd wiewol ein erbar radt eine mergkliche summa zue solchen baue dargelegt hat, ist das doch gescheen aus gemein guthe der stadt, kummet sunder tzweyffell der gantzen gemein zue gedey, besserunge unnd tzuenehmunge, dan die studenten unnd personen die sich im hauße enthaldenn ire habe unnd guthere gemeinem man zue guthe alhie vortzern, welchs billich ein erbar radt betrachten solde unnd nicht weittere tzinse ader besitzunge etzlicher habitacion begerenn unnd vonn uns fordernn. [...]“.

97 Welches wohl später abgerissen wurde: JHR 23 1511/12, fol. 130v; JHR 24 1512/13, fol. 85r.

für universitäre Zwecke durchlöcherten gleichsam die universitäre Rechtsautorität in einem bestimmten Ausmaß, da sich der Stadtrat oft genug gewisse jurisdiktionelle Vorrechte innerhalb der Gebäude vorbehielt.[98]

2.1.3 Studentisches Wohnen in Bürgerhäusern, Bürgersöhne in Bursen?

Ebenso stellt sich die Frage, wie das Wohnen von Studenten in Bürgerhäusern vonstatten ging. Bereits im Jahre 1432 und nochmals 1441 war vom Rektor – wohl aufgrund akutem Wohnraummangels – genehmigt worden, dass Universitätsangehörige außerhalb der Bursen wohnen durften, freilich nur unter Anschluss an einen approbierten Magister.[99] Folgt man den Beschwerden der einzelnen Fakultäten und Nationen Anfang des 16. Jahrhunderts im Zuge der Gutachten, die Herzog Georg von Sachsen einforderte, dann müssen Studenten in einer enormen Anzahl in Bürgerhäusern gewohnt haben (was für deren verderbte Moral, Unwissenheit und Delinquenz verantwortlich sei):

> „Auch stehen vill gesellen [Studenten] beynn burgern inn der stadt unnd bey den hantwergsleuten, dadurch dann ungezcogen unnd alßo vom studio, disputationibus, latinitate unnd guten sytten abgewendt unnd alßo dann auch die andern unnd fromen geßellen durch dieselbigen vorfurdt. Also auch den genieß, ßo etwann die magistri vonn domicellen unnd commensalibus gehabt, nehemen die burger unnd hantwergsleuthe in der stadt uns allen zcu nachteill unnd abbruch."[100]

Kontrastiert wird dieses Bild dadurch, dass sich in den Steuerbüchern (in den Kolumnen der „Hausgesinde" bzw. „Hausgenossen") nur im Türkensteuerbuch von 1481 „Studenten" finden lassen – obwohl die Steuerbücher zum Teil in die Zeit der angesprochenen Beschwerden fallen. Möglicherweise waren auch einige jener Personen, die nur mit Vornamen in der Kolumne „Hausgesinde" verzeichnet wurden, Studenten, aber diese sind damit kaum zu identifizieren. Möglicherweise wurden Studenten auch gar nicht mehr verzeichnet.

Sehen wir uns also die wenigen Fälle an, wie schon erwähnt finden sie sich im Jahr 1481: Zum einen entrichtet ein Mauritius Leßnetzer „pro duobus scolaribus" 2 Groschen, im glei-

---

[98] So bewilligte der Rat 1516 zwar, dass ein für Theologiestudenten bestimmtes Haus in der Ritterstraße von Wächtergeld, Schoss und anderen bürgerlichen Pflichten befreit sein sollte, die Gerichtsbarkeit über das Haus bewahrte er sich aber: CDS II 11, Nr. 305; STIFTUNGSBUCH, Nr. 37; GÖßNER, 154; RATAJSZCZAK, 96 (bes. Anm. 146); SCHLENKRICH, 12; STEINFÜHRER, Stadt, 31, wonach der Rat eine weitere räumliche Ausdehnung des universitären Rechtsbereiches nicht hinnehmen wollte.

[99] ZARNCKE, Statuten, 57 (Nr. 15 (1432)); CDS II 11, Nr. 30; FRIEDBERG, 23 f.; HOYER, Stadt, 162, DERS., Alltag, 242; DERS., Wirtschaft, 62; STEINFÜHRER, Stadt, 32. Nach FRIEDBERG, 32, hätten wohl auch viele Rechtsstudenten von der Genehmigung des Ordinarius, dass sie in der Stadt wohnen durften, gebraucht gemacht. Ähnliches in Wien, vgl. UBILEIN, 98.

[100] CDS II 11 Nr. 226, 228, 231, 232; 235 („Item were auch guth das die gesellen auss der stadt von den burgern ad collegia getrieben wurden, domithe sie zcucht und ere erlernethen unde nicht mit hantwergksleuthen umbgingen unde ursach hetten des nachts auss den heusern zcu lauffen."), 267; WUSTMANN, Leipzig, 129 f., 134.

chen Haus wohnt wohl zudem noch ein Handwerksgeselle.[101] Unter dem Hausgesinde des Cuntz Funcke [57] findet sich ebenfalls ein Student[102], dieser lebt nicht nur mit den Kindern des Hausherrn zusammen, sondern mit einer Köchin, Mägden und einem Hausknecht.[103] Letztlich entrichtet auch der Apotheker Georg Huter [72] „von einem schuler j gr", welcher aber als Hausgenosse aufgeführt wird.[104] Doch auch in den universitären Gebäuden wohnten nicht nur Studenten und Magister. Eine Köchin war z. B. in fast jedem Kolleg, wohl auch in so mancher Burse vorhanden.[105] War der Magister bereits verheiratet, saß zum Teil auch dessen Ehefrau am gemeinsamen Tisch (ein Umstand, der für viele Klagen sorgte).[106] Ebenso lebten in den Bursen und Kollegien auch Universitätsangehörige anderer Art, z. B. Buchdrucker und -binder und deren Gesellen, was vom Rat nicht gerne gesehen wurde, da sie dadurch universitäre Steuerprivilegien[107] genossen:

> „[...] dadurch vnsernn gnedigen herrn dem Rathe vnnd gemeyner Stat Ire [der Buchdrucker] pflicht entzcogen, Ist Irenn gnaden noch dem Rathe nicht leydelich, vnnd ist noth darein zusehenn vnnd zuuorordenn, welche mann vor studenten haldenn, die der freyheyt gebrauchenn sollenn, Nachdem offenbar ist, das sich der vil jnn collegien Bursen vnnd beweylen Inn mithusern alhir enthalden, keyne schulhendell ader lectiones hören, Sich auch vor Studentenn einteilss lange Zceyt gehalden haben, vnnd sindt doch der vniuersitet nichts vorwandt noch Immatriculyrt gewesst [...]"[108]

Auf der anderen Seite stellt sich auch die Frage, wo Stadtkinder wohnten. Nach den Statuten der Universität musste, wer den niedrigsten Grad des Bakkalaren erwerben wollte, mindestens ein Jahr in einer Burse oder einem Kolleg gewohnt haben, davon waren aber Stadtkinder wie auch Adlige ausgenommen, wie sie wohl auch grundsätzlich außerhalb einer Burse oder eines

---

101 TÜRKENSTEUERBUCH 1481, fol. 92v: „[...] vor ein lere Jungen j gr."

102 Ebd., fol. 94r: „Studenten j gr" (da nur ein Groschen entrichtet wird, dürfte es sich auch nur um ein Student handen). Es ist aber nicht Cuntz Funckes Sohn Johannes [58], dieser ist bereits in der Hauptkolumne vermerkt: „vor seyn son andres dt viii gr. Item vor den andern son und tochter dt ij gr".

103 Ebd.: „Junge mayt j gr, Alde fraw j gr, Kochynnij (!) j gr, hußknecht iij gr".

104 Ebd., fol. 149v, als Hausgesinde findet sich ein Lehrjunge und eine Magd

105 LANDSTEUERBUCH 1502, fol. 169r: „Steffan hawenschilt [...] dt. Ilse kuchin Im collegio iiij gr [...]"; ebd. fol. 172r: „Peter koppe [...] dt. Anna kuchin Im collegio iiij gr"; CDS II 11, Nr. 285: „[...] So ist nue der schweresten burden der tisch. Die eyne auß ursachen: Drei personen mussen die collegaten halten in der kost, eyn schengken als eyn eynkeuffer, eyn tertian und eyn köchin und hat der schengk wochenlich zcwen gr. lohns, macht des iars vier gülden ane was yhme der keller tregt, die köchin aber wochlich funff groschen etc. macht dreiczehn alte schogk. [...]", weitere Beispiele: CDS II 11, Nr. 204; RB II, Nr. 1175.

106 BÜNZ, Gründung, 164 f.; CDS II 11, Nr. 285: „[...] Wenn die beweipten collegaten den tisch mit den unbeweipten tragen wolten, wie im furstencollegio yhr zcwene so wyber haben alle burden keyne außgeschlossen gerne tragen ader die unbeweybten des tisches entperen konten wilchen sie von anbegin der universitet gehalten und haltenn mussen, ßo were dieser zcangk baldt vortragen, sie konnen des aber nicht andern wie es gelegen in diser stadt [...]"; in der Reform von 1502 griff denn auch Herzog Georg ein: CDS II 11, Nr. 225.

107 Bzw. auch unter universitärer Gerichtsbarkeit standen: RUDOLPH, 190.

108 ZARNCKE, Quellen, 633; ebd. 633 f. die recht lapidare Antwort von Seiten der Universität auf diesen Vorwurf; LANDSTEUERBUCH 1499, fol. 49v; BÜNZ, Gründung, 284 f.; HOYER, Stadt, 163.

Kollegs wohnen durften.[109] Ein Anschluss an einen Magister dürfte aber auf jeden Fall unumgänglich gewesen sein. Wo Verwandte eine eigene Burse betrieben bzw. die eigene Familie mit einem solchen Betreiber in engem Kontakt stand, mochten sich Stadtkinder dort eingefunden haben, jedoch fehlen dafür jegliche Belege. Dass Stadtkinder ohnehin einen gewissen Sonderstatus einnahmen (aufgrund dessen, dass sie in Leipzig ja nicht extra erst eine Wohnung benötigten wie die auswärtigen Studenten), zeigt auch eine Bestimmung der Universitätsreform durch Herzog Georg von Sachsen im Jahre 1498 (die erste Reform von 1496 erweiternd), wonach die Leipziger Studenten ausdrücklich davon ausgenommen wurden, ausschließlich in universitären Gebäuden wohnen zu müssen.[110]

Schon allein die Betrachtung des städtisch-universitären Verhältnisses auf der Ebene von Immobilien und Wohnraum relativiert die in der Forschung so gerne konstruierte Frontstellung zwischen den beiden *universitates* ein wenig. Freilich, Kollegienhäuser und zum Teil auch Bursen standen außerhalb städtischer Rechtssprechung und diese Gemengelage sorgte nicht selten für Konflikt (dazu detaillierter im Abschnitt 2.3), doch führte eben auch die enge Nachbarschaft beider Rechtsbereiche zu einer gewissen, jedoch nicht vollständigen Integration von Universitätsangehörigen in die städtische Gesellschaft, deren Distinktion vom „Rest" der Stadtbewohner sich womöglich allein nur noch auf ihren Statuts und ihre Rechtsansprüche gründete.[111] Indem Studenten in bürgerlichen Haushalten lebten, gemeinsam etwa mit Handwerksgesellen wohnten (und sich nicht nur mit diesen schlugen), allgemein ein städtisch-bürgerlicher Einfluss im universitären Wohnraum im Laufe des 15. Jahrhunderts und besonders Anfang des 16. Jahrhunderts immer mehr an Stärke gewann, desto eher werden Universitätsangehörige (freilich nicht alle unter ihnen) in den Augen der städtischen Zeitgenossen den Status der „gens estranges"[112] verloren haben.

Auf der anderen Seite ist jedoch zu betonen, dass sich gerade die „einheimischen" Studenten, Angehörige ratsfähiger Familien wohl besonders, von den „artistischen Massen" der Universität schon allein dadurch abgrenzen und somit auch sozial absetzen konnten, indem sie von der Pflicht in einer Burse oder einem Kolleg zu wohnen befreit waren. Dies mochte gerade in den Augen ihrer Kommilitonen, die oft relativ weit von zu Hause an einem ihnen fremden Ort in einer gänzlich fremden Umgebung (was auch zu Distinktionsversuchen etwa delinquenter Art führen konnte, dazu Abschnitt 2.3) studierten, als besonderes Privileg erscheinen.

2.2 Versorgung, Konsum und Wirtschaft

Versorgung ist ein zentrales Schlagwort in den städtisch-universitären Beziehungen und umfasst vielerlei Konnotationen.[113] Darunter fallen etwa der Kauf und Verkauf von Bier, Lebens-

---

[109] ZARNCKE, Statuten, 332: „[...] Item nullus admittatur ad examen vel temptamen in artibus, nisi ad minus per annum integrum in bursa vel collegio steterit, nisi filius civitatis fuerit vel alias adio habundans vel notabilis fuerit [...]"; vgl. ebd. 350, 400 f.; KUSCHE/STEINFÜHRER, 24.

[110] CDS II 11, Nr. 215; HOYER, Alltag, 245 f.

[111] KOLLER, 20 f.

[112] VERGER, Town, 252. Vgl. POHL, 216 f. zum Verhältnis in der Frühen Neuzeit.

[113] Oft war sie Anlass für Konflikte, aber durchaus auch Motivation eines Universitätsgründers, wie es bekannterweise in Basel (wo mit einem jährlichen Mehrumsatz von 20.000 Gulden durch die Studenten

mitteln, aber auch Kleidung, Schreibwaren, Büchern und vielen anderen alltäglichen Dingen, welche eben oft nur in einem ausreichend großen bzw. wirtschaftlich potenten städtischen Umfeld zu erwerben waren. Gerade die wirtschaftlichen Abhängigkeiten der Hohen Schule von ihrer Umgebung zeigen, wie wenig eine Universität ohne eine Stadt existieren konnte.

2.2.1 Bier und andere Lebensmittel

Studentische Spottlieder erzählen gern von den Nöten, die den Scholaren während seiner Studienzeit bedrängten, besonders in Sachen des leiblichen Wohls.[114] Ob dies wirklich eine allgemeine Tatsache war oder nur ein Klischee, sei dahin gestellt.[115] Im Grunde entsprach ein eher karger Speiseplan ohnehin dem gewünschten klosterähnlichen Charakter einer Burse oder eines Kollegs.[116] Der Student sollte sich idealiter mehr seinem Studium und dem Streben nach Wissen und Wissenschaft hingeben als dem Esstisch. Sicher, beide Bilder zeitigen nur extreme Idealbilder, die Realität dürfte sich dazwischen befunden haben.

Die Versorgung der Kollegien bzw. Studenten mit Bier war ein bedeutendes Streitthema zwischen Stadt und Universität.[117] Vor allem entzündete sich dieser an dem fürstlich garantierten Privileg der Kollegien, dass diese auswärtiges, d. h. nicht in Leipzig gebrautes Bier[118] zollfrei

---

in der Stadt geworben wurde) geschah: RÜEGG, Themen, 36; MATHEUS, 67; SIEBER, Studenten, 123; SCHUBERT, Motive, 27; vgl. HYDE, 14, 19; zur Wirtschaft spätmittelalterlicher Städten MORAW, Verfassung, 292–299; zum Bedarf SCHWINGES, Universitätsgründung, 27 f.; TEWES, Raemsdonck, 46 f.

114 SCHWINGES, Mückensenf, 26; RASHDALL III, 401–404; besonders die berühmten Dunkelmännerbriefe nahmen die Verhältnisse in den Bursen Anfang des 16. Jahrhunderts aufs Korn, so sei „das erste Gericht dicitur semper id est teutonice Grütz, Secundum continue id est sop, Tertium cottidie id est muss, Quartum frequenter id est mager fleisch, Quintum Raro id est gebrottes, Sextum Nunquam id est kesse, Septimum aliquando epffel und birn dazu ein Getränk welches conventus genannt wird“, zit. n. FRIEDBERG, 11 (eine Übersetzung bei SCHWINGES, Mückensenf, wie oben; siehe auch BÜNZ, Gründung, 166, 175 f.); zur Ernährung im Mittelalter allg. SCHUBERT, Essen; VAVRA, 292–298.

115 So die Aussage eines schwedischen Studenten 1424, der im kleinen Kolleg wohnte und von „bona tempora in omnibus comestivilibus, bona etiam cerevicia et bona vina“ schwärmte, zit. nach FRIEDBERG, 5 f. Wohl beispielhaft für das Curriculum der Artesfakultät, besonders im Hinblick auf praktische Kenntnisse wie das Abfassen wohl formulierter Briefe, auch wenn der Briefaussteller, Karl Johansen, bereits Jurisprudenz studierte, vgl. BÜNZ, Gründung, 165 f.; HOYER, Stadt, 167; KUSCHE, Ego, 385.

116 KUSCHE/STEINFÜHRER, 41.

117 Bier trank man freilich nicht des Alkohols, sondern des hohen Nährwerts wegen: SCHUBERT, Essen, 211. Wein dürfte für Studenten zu teuer gewesen sein, um ihn täglich trinken zu können, verfügbare Quellen für Wasser waren oft verschmutzt bzw. verseucht: SCHLENKRICH, 11; BLASCHKE, Geschichte, 238; LAUTERBACH/LÖWE; LINDENAU. Ganz abgesehen vom zeitlosen Klischee, die meisten Studenten hätten den größten Teil ihres Studiums ohnehin im Delirium zugebrachten: RASHDALL III, 435–437. Zum Leipziger Schankwesen: RACHEL, 71–76; STEINFÜHRER, Vorläufer, 82 f.; allgemein VAVRA, 295.

118 Im spätmittelalterlichen Leipzig wurde vorwiegend Bier aus Einbeck, Freiberg, Torgau, Naumburg oder Wurzen getrunken, vgl. RACHEL, 70; SCHUBERT, Essen, 227; SCHULZE, 36; STEINFÜHRER, Rat, 23; vgl. auch WUSTMANN, Gasthöfe; allgemein SCHWERHOFF, Wirtshäuser, 288.

einführen durften.[119] Für den Rat bestand das Problem nicht so sehr darin, dass die Kollegiaten (wohlgemerkt nur diese) ein solches Privileg besaßen, ähnlich verfuhren auch die in der Stadt ansässigen Klöster. Der Konfliktpunkt war viel eher, dass das auswärtige Bier an Bürger bzw. Einwohner der Stadt verkauft wurde.[120] Dies aber war eine Haupteinnahmequelle für die Stadtkasse im Allgemeinen, der Verkauf „fremden" Bieres an die Einwohner der Stadt[121] im Ratskeller ein integraler Bestandteil der obrigkeitlichen Machtausübung und des dafür notwendigen Budgets.[122] Eine weit geringere Rolle spielte der Weinhandel, der Rat verkaufte diesen nicht selbst, sondern erhob nur eine Abgabe, den so genannten Schlägeschatz, auf die verkaufte Menge.[123] Der Weinhandel in Leipzig war ein Geschäft privater Kaufleute, die allerdings auch im Rat saßen, oftmals auch der ratsfähigen Universitätsdoktoren.[124]

Beim eingeführten Bier hingegen war für den Stadtrat eine Verletzung der eigenen Rechte in dieser Angelegenheit inakzeptabel. Dies stellte eine Schädigung der finanziellen Kraft des Rates dar und beeinträchtigte damit die eigenen Machtmittel. Bereits 1440 musste Kurfürst Friedrich II. einen Streit über Einfuhrmengen für die Kollegien schlichten, wobei der Bierverkauf an Universitätsfremde der Anlass des Konflikts gewesen sein dürfte:

---

119 HOYER, Universität, 25; LINDENAU, 24 f.; LAUTERBACH/LÖWE, 81, 83, 85 f.; RACHEL, 69 f., 79 f.; CDS II 8, Nr. 213.

120 CZOK, 58; Dies war auch Einwohnern der Stadt nicht erlaubt: CDS II 8, Nr. 317 (1454): „Item eß sal nymant bir holen noch holen lassen im collegio nach kannen dorczu lyen, by busse zcwenczig grosschen."; JHR 11 1492/93, fol. 137^{r}; JHR 12 1493/94, fol. 13^{v}: „Item merten geißeler hat frombde bire in seinem hawße geschanckt dt x gr"; JHR 15 1499/1500, fol. 18^{r}.

121 In Leipzig selbst war es freilich auch Privatpersonen erlaubt, eine bestimmte Menge an Bier zu brauen, was an bestimmte Grundstücke gebunden war und aufgrund der dazu erforderlichen Investitionen (Keller und nötige Gerätschaften wollten erst einmal bezahlt bzw. vorhanden und entsprechend untergebracht sein) auch gar nicht anders zu bewerkstelligen war: SCHUBERT, Essen, 215–219. In den Quellen finden sich dementsprechend Beispiele für Verstöße gegen die vorgegebenen Mengen: CDS II 8, Nr. 289, 435; WUSTMANN, Gasthöfe, 148. Man wollte durch solche Regelungen zum einen die Preise stabil halten, zum anderen die Qualität des einheimischen Bieres und damit auch die Gesundheit in der Stadt nicht verschlechtern: ISENMANN, Stadt, 152; DERS., Gesetzgebung, 11 f.; SCHUBERT, Essen, 221–223; für Beispiele: JHR 15 1500/01, fol. 141^{r}; JHR 24 1512/13, fol. 24^{r}; JHR 46 1534/35, fol. 199^{v}. Ob es mit der Qualität des Leipziger Bieres weit her war, könnte man angesichts der anscheinenden Unbeliebtheit desselben bei den Studenten bezweifeln. Diese hatten es *rastrum* (Karst) getauft, weil es im Magen wie Säure umgehen würde, dazu: HOYER, Probleme, 22 f.; DERS., Universität, 25; DERS. Stadt, 167, 169; DERS. Alltag, 255 f.; SCHULZE, 36; WUSTMANN, Leipzig, 228–230.

122 1471/72 machten die Einnahmen aus dem Ratskeller rund ein Drittel der Gesamteinnahmen des Rats aus: RACHEL, 68; im Rechnungsjahr 1507/08 erwirtschaftete man im Ratskeller rund 3.500 Gulden, aus dem Schlägeschatz nur rund 610 Gulden, vgl. JHR 19 1507/08, fol. 9^{v} und 21^{v}; 1526/27 betrugen die Ratskellereinnahmen entsprechend 4.080 fl und rund 880 fl aus dem Schlägeschatz: JHR 38 1526/27, fol. 7^{v} und 19^{v}; vgl. auch LINDENAU, 25, 41.

123 Dazu MÜLLER, Weinschank; SCHUBERT, Essen, 192–198; SPRANDEL; vgl. HOYER, Probleme, 22; RACHEL, 69, 81–84; THÜMMEL, 47 f.; VAVRA, 294;; CDS II 8, Nr. 407, 424.

124 Etwa Dr. Heinrich Stromer von Auerbach [175]: JHR 38 1526/27, fol. 136^{r}, vgl. auch JHR 37 1525/26, fol. 193^{r}; RACHEL, 78; SCHUBERT, Essen, 191 f.; WRIEDT, Verwaltung, 31.

„Die meister und lerer obgnant sollen auch bestellen in iren collegien mit iren schencken und dienern, das ir bier wissentlichin keinem burger, kouffmann noch gaste uß iren collegien verkouft werden heymlich noch offentlich ungeverlich, sundern sie sollen sollicher bier zcu irer und irer glidder notturft alleyne und nicht anders gebruchen und gnissen."[125]

Die Stadtväter scheinen sich insoweit durchgesetzt zu haben, als dass 1445 eine Erhöhung der im kurfürstlichen Schied festgelegten Einfuhrmenge verhindert wurde, wobei der Rat die Einfuhr nicht behindern sollte, gleichzeitig die Kollegiaten die eingeführte Menge melden mussten.[126] Als Vermittler dieser Einigung trat übrigens der Ordinarius Dietrich von Bocksdorf auf, der ebenso als Rechtsberater und Syndikus des Rates fungierte. Dies macht bereits den Einfluss des städtisch-universitären Personengeflechts deutlich.[127] 1466 wurden die 1445 festgelegten Einfuhrmengen erneut festgehalten.[128] 1471 einigte man sich schließlich darauf, dass der Bürgermeister für die Magisterfeiern, das so genannte *prandium Arestotelis*[129], zusätzlich Bier über die der Universität erlaubten Quote hinaus zu besorgen, erlauben konnte.[130] Deshalb schenkte der Rat auch zuweilen Bier aus dem Ratskeller für diese Magisterschmäuse.[131]

---

125 CDS II 11, Nr. 28; HOYER, Alltag, 255 f.; DERS., Stadt, 169; WUSTMANN, Leipzig, 110 f.; FRIEDBERG, 6, mit Beispiel für Bierkauf der Studenten bei ihrem Magisten in den Kollegien und Bursen.

126 CDS II 11, Nr. 44–48: Das große Kolleg erhielt nun 152 Fass, das kleine Kolleg 80 Fass und das Frauenkolleg 46 Fass Bier jährlich (1466 wurde das St. Bernhardskolleg mit 12 Fass jährlich genannt); BÜNZ, Gründung, 166; HOYER, Stadt, 167; KUSCHE, Ego, 426–429.

127 CDS II 16, 85 (M 29); CDS II 17, 37, 106; RepGer V1/3, Nr. 8570; RepGer VI/1, Nr. 5362, RepGer VII/1, Nr. 2669; RepGer VIII/1, Nr. 5451; BÜNZ, Gründung, 237–240; KUSCHE, Ego, 512–514, Nr. 16.

128 RB I, Nr. 1, 937 (Nachtrag von 1471); 1466 hält der Rat fest (CDS II 8, Nr. 408 = RB I, Nr. 47 (Regest)): „das nymants yn der statt, er sei student burgir addir gaßtt [man beachte die Reihenfolge!], keynerley fromde noch vßlendissche bier, daß er andirs wo gekouft hette, nicht sall yn die statt furen noch brengen lasßin [...] sundern wer do bier habin wil zcu synen wertschafften, der magk sich deß ym rats kellir irholen vnde dor ynne nehmen."; vgl. STEINFÜHRER, Ratsbücher I, LII und DERS., Vorläufer, 80; WUSTMANN, Leipzig, 111.

129 CDS II 11, Nr. 155 = RB I, Nr. 938; HOYER, Alltag, 256; DERS., Probleme, 23; SCHUBERT, Essen, 271 f.; Da diese Prandien recht teuer waren, kamen Ende des 15. Jahrhunderts Forderungen auf, deren Kosten zu senken: CDS II 11, Nr. 201, 225, 284.

130 Biereinfuhr stand unter strikter Kontrolle der städtischen Obrigkeit: JHR 11 1492/93, fol. 137r: „Hans forster hat dem schencken im grossin Collegio j virtel Bier ane wissen des Rats Brengen lassin und sein knecht hat do mit under dem thore uff ansuchen des torwartes nicht beharren sundern frevlich in das collegium gefaren dedit dem Rathe zu busse x gr".

131 Man schenkte den Magistranden und Promovenden höherer Fakultäten aber viel eher Wein. Bier kam als Geschenk erst relativ spät auf, ab 1523 findet sich diese Ausgabe jedoch fast durchgängig in den Jahreshauptrechnungen: JHR 35 1523/24, fol. 138r; JHR 36 1524/25, fol. 137v; JHR 38 1526/27, fol. 138r; JHR 39 1527/28, fol. 137v; JHR 41 1529/30, fol. 137v; zuletzt JHR 51 1539/40, fol. 177r. In der Regel wurde Torgauer, Freiberger und Wurzener Bier geschenkt, in der Menge schwankte es von einem Viertel und einem Fass bis zu drei bis vier Viertel und ein bis zwei Fässern, oft waren es drei Viertel. Zum Magisterschmaus auch BÜNZ, Gründung, 210 f.; ERLER.

Nach 1471 hatte man sich also mit Hilfe des städtisch-universitären Personennetzwerks auf einen beiderseits akzeptierten Kompromiss einigen können. Aber natürlich gab es auch weiterhin den einen oder anderen Einwohner, der ein Fass in einem Kollegium kaufte (was nach wie vor preiswerter als im Ratskeller gewesen sein dürfte), die Jahreshauptrechnungen sprechen hier eine klare Sprache.[132] Gänzlich verstummten die Klagen über unzureichende Bierquoten nie. Vor allem Anfang des 16. Jahrhunderts, als Herzog Georg von Sachsen bestrebt war, seine Universität zu reformieren und von den einzelnen universitären Institutionen Gutachten über den Zustand seiner Hohen Schule einforderte,[133] enthielten diese neben einem allgemeinen Grundpessimismus eben auch Klagen über die mangelhafte Bierversorgung, wofür man dem Rat der Stadt die Hauptschuld gab (wie auch Universitätsangehörigen, die diesem nahestanden). Da jedoch gleichzeitig die in den Jahreshauptrechnungen verzeichneten Strafen für unerlaubten Bierverkauf in den Kollegien zunahmen,[134] könnte man die Frage aufwerfen, warum die sich in Biernot befindlichen Kollegiaten ihr knappes Gut auch noch verkauften. Letztlich dürften die Klagen eher Versuche gewesen sein, eigene Missstände und Misswirtschaft vor dem prüfenden Blick des Herzogs auf andere abzuwälzen.[135] Man muss die vor allem im Urkundenbuch der Universität abgedruckten Gutachten und Klageschriften, die nach Dresden verschickt wurden, wohl sehr kritisch betrachten (natürlich soll nicht in Abrede gestellt werden, dass Missstände auch auf städtischer Seite vorhanden gewesen sein dürften). Dass man keiner Neuregelungen hinsichtlich der Bierquoten nach 1471 bedurfte, mag dies verdeutlichen.[136]

Ebenso wichtig wie das tägliche Bier war die Versorgung mit anderen Lebensmitteln wie Brot oder Fleisch.[137] Auch hier gibt wieder ein Konflikt Einblicke in das alltägliche Leben der Universitätsangehörigen in Leipzig. So beschwerte sich 1470[138] der Rektor der Universität bei den Landesherren Ernst und Albrecht, dass sich die Fleischpreise enorm erhöht und die Qualität des Fleisches abgenommen habe,[139] und dass Wein, Brot und Bier nicht nur teurer gewor-

---

132 JHR 1 1472/73, fol. 172^r; JHR 3 1476/77, fol. 153^v: „Item ingenommen von den die do bier in den collegys geholt haben zcur busse iii ß xxx gr"; WUSTMANN, Leipzig, 121.

133 RATAJSZCZAK, 49–52.

134 JHR 26 1514/15, fol. 22^r; JHR 37 1525/26, fol. 24^v; JHR 42 1530/31, fol. 24^r; JHR 46 1534/35, fol. 22^r; JHR 48 1536/37, fol. 24^r–24^v; JHR 49 1537/38, fol. 27^r.

135 Im Übrigen reagierte auch der Rat auf solche Vorwürfe: JHR 33 1521/22, fol. 135^r: „Sbto Bartholomei apostoli [23. August 1522] Sint Burgermeister Abt und Burgermeister Morch vom Rathe zu unserem g. herrn kegen denn Schellenberge geschigkt in sachen der Collegiaten bierschengken und ander gebrechen so der Rath mit der universitet alhir hat, belangend [...]", dieser Vorfall entstand durch Gerüchte, der Rat habe den Schenken des Großen Kollegs befohlen, an Studenten kein Bier mehr ausschenken zu lassen: CDS II 11, Nr. 316, aber besonders durch vorherige gewaltsame Auseinandersetzungen.

136 So habe man sich auch nach den Vorfällen 1520/21 (vgl. oben) auf die Aufrechterhaltung der alten Bestimmungen geeinigt: CDS II 11, Nr. 327.

137 HOYER, Wirtschaft, 64; Zum Fleisch: SCHUBERT, Essen, 98–112; vgl. KUSCHE, Ego, 420–426.

138 CDS II 11, Nr. 152; eine bunte Schilderung der Vorgänge bietet WUSTMANN, Leipzig, 111–113; vgl. auch CZOK, 58; FRIEDBERG, 11; HOYER, Stadt, 167.

139 Die Beschwerde stand wohl im Zusammenhang mit allgemeinen innerstädtischen Versorgungsproblemen, denn der Rat untersagte 1464 den Dorschlachtern den Verkauf in der Stadt, (CDS II 8,

den seien, die Biermengen würden auch nicht ausreichen (es verwundert daher nicht, dass, wie oben gezeigt, 1471 die Biermengen nochmals festgeschrieben wurden). Der Beschwerdebrief ist insofern interessant, da er zeigt, dass die Universitätsmagister keineswegs in einem Elfenbeinturm saßen, sondern sehr wohl wussten, wovon sie sprachen.[140]

Neben einem bemerkenswerten Verständnis für Marktprozesse, wonach ein offener Markt und ein größeres Angebot für niedrigere Preise sorgen (was den Studenten und auch der Stadt zugute käme) und ein knappes Angebot bei großer Nachfrage alles teurer machen würde, wird angemahnt, dass durch eine solche Verknappung des Angebots die Universität Schaden nehme.[141] Zudem kannte man sich recht detailliert aus, was Gewichte und Maße anging: das Leipziger Gewicht sei nicht nur unbrauchbar, es sei auch um drei Lot je Pfund geringer als in Nürnberg oder Zwickau, trotzdem müsse man mehr bezahlen als in jenen Städten. Auch würde man nicht ausreichend großes Brot backen, wo doch der Getreidepreis gefallen sei.[142] Würde allerdings der „Freie Markt"[143] wieder eingerichtet und die Landbäcker würden ihr Brot in die Stadt bringen, so würden auch die Brotpreise fallen, was in Leipzig viel notwendiger sei als in anderen Städten „umbe des fremden volks willen unnd [den] studenten."[144]

Weiter beschwerte man sich über den Weinhandel und ganz besonders den Schlägeschatz und zu guter Letzt über die Biermengen, wiederum mit einem Verweis darauf, dass in anderen Universitätsstädten bessere Zustände herrschten. Schon kurz darauf schickte man ein Rechtfertigungsschreiben an die Landesherren,[145] worin zwar die harschen Formulierungen der Beschwerde entschuldigt, die Klagen jedoch aufrechterhalten wurden. Man würde sich außerdem – so die Magister – viel lieber mit akademischen Tätigkeiten beschäftigen. Trotz allem wurden die universitären Beschwerden abgeschmettert.[146] Es ist anzunehmen, dass, unabhängig des recht deutlich fassbaren Profilierungsbedürfnisses von Seiten des Rektors – und wie berechtigt die Klagen im Einzelnen auch gewesen sein mögen – die Landesherren in solchen wirtschaftlichen Streitigkeiten eher die Stadt unterstützt haben werden, schließlich war sie aufgrund ihrer wirtschaftliche Stärke, die sich nicht zuletzt in den steuerlichen Abgaben manifestierte, äußerst wichtig, um die landesherrlichen Aktivitäten zu finanzieren.[147] Die Universi-

---

Nr. 369) und stellte 1469 eine neue Fleischsteuer auf (CDS II 8, Nr. 431), dazu auch CDS II 8, Nr. 353, 537; HOYER, Alltag, 254 f.; zur städtischen Marktüberwachung ISENMANN, Stadt, 152, 154 f.; DERS., Gesetzgebung, 8; für Leipzig RACHEL, 10; STEINFÜHRER, Ratsbücher I, XXX–XXXI.

[140] Sie waren, wie SCHWINGES, Mückensenf, 23 formuliert: „Professoren, Hoteliers und Gastwirte in einem"; DERS., Student, 199; DERS., Studentenbursen, 542; DERS., Stiefel, 560 f.

[141] CDS II 11, Nr. 152: „so müssen dy bursenn, die ein grunt aller lernung sein [...] abegeen".

[142] Der Rat strafte, ähnlich wie beim Bierbrauen, für „zu klein gebackenes" Brot: JHR 24 1512/13, fol. 23^{v}; JHR 33 1521/22, fol. 25^{r}; JHR 45 1533/34, fol. 24^{v}, eben um Preise und Qualität stabil zu halten: CDS II 8, Nr. 226; SCHUBERT, Essen, 89–95.

[143] Nicht zu verwechseln mit einem bei Studenten wohl beliebten Spiel gleichen Namens (*liberum forum*), das ihnen unter Strafe verboten war: ZARNCKE, Statuten, 54, Nr. 13 (§ 4); BÜNZ, Gründung, 278.

[144] CDS II 11, Nr. 152.

[145] CDS II 11, Nr. 153.

[146] CDS II 11, Nr. 154.

[147] Leipzig führte das Steuerregister von 1488 mit 4.000 Gulden an, Freiberg folgte erst mit 2.500 Gulden. Eine solch finanzkräftige Partei stieß man nicht vor den Kopf; STEINFÜHRER, Albrecht, 220–223; SCHIRMER, 84, 99, 101, 114.

tät war in Sachen Versorgung auf die Stadt angewiesen und konnte den Zwängen des Marktes nicht weniger ausweichen als die übrigen Einwohner.[148]

2.2.2 Kleidung

Dass Universitätsangehörige einen speziellen Bedarf an Kleidung besaßen, darf nicht überraschen, denn die Kleidung der Magister und Doktoren spiegelte ihren eigenen (bereits in die Universität mitgebrachten) sozialen Status wieder und sollte gleichzeitig auch der gesellschaftlich noch relativ jungen Schicht der „Gelehrten“ in der Stadt (bzw. der Gesellschaft) zusätzliche soziale Aufwertung verleihen.[149] Die Stadt war für die mittelalterliche Universität nicht nur in Sachen Unterbringung und Lebensmittelversorgung von zentraler Bedeutung, sondern auch als Markt für geeignete Kleidung. Dementsprechend finden sich nicht nur Vorschriften darüber, was Magister und Studenten zu tragen hatten, es finden sich auch Belege für den alltäglichen Bedarf an Textilien.[150] Entsprechende Kleiderordnungen waren in der gesamten mittelalterlichen Gesellschaft verbreitet, die Stadt Leipzig erließ ebenso eigene Verordnungen wie die Universität.[151] Die ältere Forschung versuchte in Auseinandersetzungen um Kleidungsvorschriften eine Konfliktlinie zwischen Stadt und Universität erkennen zu wollen.[152] Besonders folgende Begebenheit wurde dabei als Beleg herangezogen:

1482 musste der Andreas Friesner von Wunsidel erfahren, welchen Unmut neue (und vor allem strikte) Kleiderordnungen unter Studenten und besonders selbstbewussten Juristen hervorriefen. Der Rektor hatte in jenem Jahr eine Neuordnung der Kleidervorschriften veranlasst, wofür er zahlreiche Gründe vorbrachte. So würden die Studenten in einer für sie ungebührlichen Weise umherlaufen, nämlich ohne Hut bzw. Kappe, dafür aber mit zu kurzen bzw. gekürzten und gefransten Kleidern, zu tief ausgeschnittenen oder aufwendig gefalteten Hemden. Besonders verwerflich waren Friesner die ungegürteten Röcke, mit welchen sich die Studenten vor Frauen und Jungfrauen in der Kirche oder auf der Straße entblößen würden. Gefährlich erschien ihm zudem, dass sie unter ihren Röcken zunehmend Schwerter, Messer, Degen und

---

148 HOYER, Alltag, 259.

149 CDS II 11, Nr. 146; RASHDALL III, 385–395; zum sozialen Ansehen der Gelehrten CLASSEN, 291; vgl. GABORIT ; BLECHER, 369 mit einer Aufzählung der typischen Gelehrtentracht (Mützen, Talare, Barett, Birett, Doktorring), ebd. 372 f. Dies wurde besonders bei Promotionsfeiern zu Repräsentationszwecken getragen: BÜNZ, Gründung, 169 f.; FRIEDBERG, 8, 34; ZARNCKE, Statuten, 343 f., 396 f. Zur Kleidung der Studenten in der Frühen Neuzeit: POHL, 229–232.

150 So etwa eine Streitsache zwischen dem ehemaligen Universitätsmitglied Nicolaus Winter und der Frau eines Kramers wegen „tribus ulnis panni vorstadt et duabus ulnis parcham“ (CDS II 11, Nr. 36). Winter brachte es fertig wegen dieser Nichigkeit jahrelang alle möglichen Rechtsinstanzen zu bemühen, dazu ZARNCKE, Nicolai Winter; BÜNZ, Gründung, 173 f.; vgl. BOOCKMANN, Lebenswelt, 172, 174.

151 Etwa das Verbot von Schnabelschuhen: CDS II 8, Nr. 292, 364, 365, 404 = RB I, Nr. 43 (Regest); HOYER, Alltag, 252; wohl aufgrund des Auftretens Johannes Capistranos in Leipzig: BEIER/DOBRITZSCH, 129–132; BÜNZ, Gründung, 296 f.; vgl. HOYER., Wirtschaft, 69; ISENMANN, Stadt, 157.

152 So etwa HOYER, Stadt, 171.

anderes mehr tragen würden, was in der Stadt zu Unmut, Streit und Auseinandersetzungen führe. Daher solle man die gewohnten Kleiderordnungen erneuern und strenger handhaben.[153]

Nach diesen Versuchen der Maßregelung sah sich der Rektor offenbar dem Zorn der Studentenschaft gegenüber: man hätte sich gegen ihn erhoben, das Mandat von den Kirchentüren gerissen, seine Wohnung belagert und beworfen,[154] obwohl der Rektor doch nur im Sinne einer „Reformatio", also der Wiederaufrichtung des in der Vergangenheit Guten, handelte.[155] Nach einigem Hin und Her zwischen dem Rektor und Kurfürst Ernst (wobei besonders die Angehörigen der Juristenfakultät als Anstifter der Unruhen genannt wurden) reiste der Landesherr schließlich selbst nach Leipzig und beendete den Streit,[156] allerdings nicht ohne vorher die Juristenfakultät in dieser Sache zu beruhigen.[157]

Die ohnehin sozial meist weitaus höher stehenden Juristen, die sich auch räumlich von der restlichen Universität abzugrenzen suchten,[158] ließen sich von einem Angehörigen der Artistenfakultät, und sei es der Rektor,[159] kaum Vorschriften machen, die sich mit ihrem eigenen Standesanspruch nicht vereinbaren ließen. Dass sie dabei den Landesherrn auf ihrer Seite wussten, verwundert nicht.[160] Das Thema blieb, vor allem nach 1500 im Zuge der Reformver-

---

[153] CDS II 11, Nr. 186: „[...] anders denne eym studentenn gepurdt noch sunst in untzuchtiger ungepurlicher claydung geen solt, nemlich in keym hutt ader klaynn czerschnyten czottig [...] nackaten untzymlichen prustlatzen, mit gefalden prusthemdernn in [...] enn ader gehalbirten ader sunst seltzamen schügen, noch sunst in aynigerlay ungepürlicherr klaydung, sunder in erlicher langen studenten mentellnn [...] als pyßher geschehen ist mit ungegörtenn uffgewetenn röcke unnd unverdackter schand [vor] frauenn unnd iunckfrauenn zu kirchenn unnd strossen geen, sünder ouch das sie hynfur nicht meher unter ungegurten rocken swert, messer, degen ader andre were zu zwitracht, schaden, verlikaytt unnd üffrurr dienend verpergenn mügen unnd ander ursach halben nach inhalt deß altherkomen gesworen statut sich gurten sullen".

[154] Ebd.; BEIER/DOBRITZSCH, 138 f.; FRIEDBERG, 29; HOYER, Alltag, 251–253; STÜBEL, Sittengeschichte, 20 f.; PAULSEN, Lebensordnung, 404 f.; zu Andreas Friesner alias Wunsiedel: HEIN/JUNGHANS, 98; KUSCHE, Ego, 489–491, Nr. 3.

[155] CDS II 11, Nr. 186: „Dann eß gantz clar ist das ewer gnaden universitett nye in pessernn stande unnd wesen gestanden ist dann die tzeytt, do soliche itzt genante geswörne sere löbliche statutt vest unnd gestreng gehalden wurden, [...]"

[156] CDS II 11, Nr. 187, 188, 189.

[157] CDS II 11, Nr. 190: „[...] so haben wir dem rector geschriben den dingen gentzlich mit allen umbstennden ruwe zu geben [...]".

[158] Das Lektorium der Juristen befand sich bis Anfang des 16. Jahrhunderts im Thomaskloster und wurde erst 1508 verlegt, allerdings nicht in die Nähe der Artistenfakultät: CDS II 9, Nr. 374; CDS II 11, Nr. 273; FRIEDBERG, 27; SEMBDNER.

[159] Nach BÜNZ, Gründung, 94, hatten die Leipziger Rektoren einen – im Vergleich mit anderen spätmittelalterlichen Universitäten – „überraschend niedrigen Rang".

[160] Zum schon sozial bedingten Unterschied zwischen Mitgliedern der Artesfakultät und den höheren Fakultäten MORAW, Lebensweg, 249; SCHMUTZ, Juristen, 307; SCHWINGES, Universitätsbesucher, 361; WRIEDT, Studium, 23; auch PAULSEN, Lebensordnung, 399; FRIEDBERG, 29 f. So beschwerten sich die Juristen auch im Zuge der Universitätsreformen Herzog Georgs über allzu gleichmacherische Kleidervorschriften für Doktoren und Dozenten: CDS II 11, Nr. 259, 275.

suche Herzog Georgs, ein Streitpunkt an der Universität.[161] Der Vorwurf des Sittenverfalls vor allem gegen die (sich vermutlich nach der neuesten Mode zu kleiden versuchenden) Juristen gründete sich zum einen auf wirklicher Sorge um Moral und Disziplin an der Universität,[162] zum anderen aber auch auf dem Bestreben, die sozialen Distinktionsbemühungen zwischen der Juristenfakultät und den Angehörigen der anderen Fakultäten zurückzudrängen.[163]

Das herangezogene Beispiel macht deutlich, dass die Rechtsbereiche der Stadt und der Universität beim Thema Kleidungsvorschriften klar getrennt waren. Die Stadt konnte den Angehörigen der Universität nicht vorschreiben, was diese zu tragen hatten und dementsprechend richteten sich die studentischen Proteste auch zu keiner Zeit gegen die städtische Obrigkeit, sondern allein gegen den Rektor. Auf der Suche nach städtisch-universitären Konfliktlinien kann nicht einfach willkürlich jede studentische Unruhe zur Argumentation herangezogen werden. Statusstreitigkeiten unter Universitätsangehörigen blieben inneruniversitäre Angelegenheiten, ohne städitische Beteiligung.

2.2.3 Universitärer Alltagsbedarf und Wirtschaftstätigkeit

Der Umstand, dass Leipzig eine Handelsstadt war, prädestinierte natürlich auch die Universitätsangehörigen dazu, sich aktiv an etwaigen Geschäften zu beteiligen. Es soll hier aber nur in aller Kürze darauf hingewiesen werden, dass die Universität bzw. die einzelnen Fakultäten und deren Mitglieder anscheinend im Laufe des 15. Jahrhunderts ein gewisses Vermögen angehäuft hatten.[164] So wurde etwa 1469 die Universitätskasse samt 497 Gulden Inhalt gestoh-

---

[161] CDS II 11, Nr. 231: Man trage „[...] birreith mit vier orenn, hasugkenn haubenn und geteilit hoßenn [dies habe dermaßen Überhand genommen] alßo das mhan keynenn abyr wenigk underschyt under aynem doctore unnd kouffman, schneyderknecht und studentenn gehabenn magk [...]"; Nr. 254: „Item das die studenten ehrliche kleyder, nicht bündte noch zusnyttene tragen"; Zu den Reformbemühungen Herzog Georgs: TÖPFER, 53; BÜNZ, Gründung, 303–311.

[162] CDS II 11, Nr. 234: um Moral und Zucht an der Universität wieder herzustellen, müsse man die Kleiderordnungen durchsetzen, „denn die heidenische, unkristliche cleidung welche unnßir studenten alzo vorstellet, auch etliche magistros unnd doctores, das nymant weiß wer student adir scurrent ist."

[163] CDS II 11, Nr. 282.: „Item die studenten, magistri unde doctores tragen widderliche weltliche unnd schentliche cleyder, hauben, messer und gewehr als die leyenn; sulchs macht magnam dissolutionem in universitate".

[164] Dabei soll hier aber nicht von der landesherrlichen Besoldung der Universitätsmagister die Rede sein, dazu: BÜNZ, Gründung, 118–122, 133–138, 154–163; HOYER, Probleme, 18–21, 25, 29; CDS II 11, Nr. 21, 22; vgl. allgemein FRIEDBERG, 9; KOLLER, 15–19; KUSCHE, Stiftungen, 314 f., 321; MATHEUS, 88–95; MIETHKE, Universitas, 509–511; MORAW, Sozialgeschichte, 56; SCHWINGES, Universitätsgründung, 18–22; nach BÜNZ, Cristianus, 21 (Anm. 77) verdienten Ende des 15. Jh. jüngere Magister vier bis fünf Gulden an Vorlesungsgeldern, ältere zehn bis elf Gulden; vgl. BOOCKMANN, Lebenswelt, 175, wonach der Jurist Dr. Seeburg ein Nettoeinkommen von 100 fl. aus seinen Pfründen besessen habe. FRIEDBERG, 15 wiederum meint, Universitätsdoktoren hätten kein monetäres Interesse gekannt, da das Abhalten von Vorlesungen unentgeltlich gewesen sei, was völliger Unsinn ist. Als Vergleich: MICHALEWICZ.

len, eine nicht gerade geringe Summe.[165] Ferner verlieh die Universität bzw. deren Fakultäten, Kollegien oder Mitglieder oft Geld (auch an den Landesherrn oder untereinander),[166] kaufte oder verkaufte Zinsen[167] oder (Ende des 15. Jahrhunderts) auch Anteile an Schächten im Erzgebirge, die wohl Gewinne abwarfen.[168] Auch Geschäfte mit Einwohnern der Stadt wurden abgeschlossen.[169] Hinzu kommen die oben schon angesprochenen zahlreichen Häuserkäufe und -verkäufe[170], auch Schuldsachen[171], Schiedsvereinbarungen[172] etc. Geschäftliche Beziehungen reihten sich ein in den Kontext alltäglicher Interaktionen zwischen den Angehörigen von Stadt und Universität.[173]

---

165 ZARNCKE, Quellen, 627 f.; BÜNZ, Gründung, 172; HOYER, Universität, 25; 1483 wurde ein Student exkludiert, weil er (mit Komplizen) die Kasse der Artistenfakultät stehlen wollte: CDS II 16, 739.

166 Beispiele: CDS II 11, Nr. 17, 221, 222, 223 (Regest); vgl. STÜBEL, Vergangenheit, 8. Weitaus wichtiger war natürlich die Stadt Leipzig als Kreditgeber der Landesherrn, welches sie oft zu ihrem eigenen Nutzen gebrauchte: STEINFÜHRER, Albrecht, 220–223 (bes. Anm. 44), 227; SCHIRMER, 177 f., 245 und passim, ebd. 246 f., wonach das Schuldenregister Herzog Georgs von 1516 die Universität mit einer Gesamtsumme von 10.800 fl an den Fürsten geliehenen Geldes verzeichnete. Zum Vergleich: der Rat zu Leipzig hatte 25.829 fl eingezahlt; vgl. auch STEINMÜLLER, 133.

167 Beispiele: CDS II 8, Nr. 445, 517; CDS II 10, Nr. 115; CDS II 11, Nr. 214, 217 (Regest), 218, 219 (Regest), 220 (Regest), 224 (Regest), 242 (Regest), 243 (Regest), 244 (Regest), 353, 354, 361, 380, 388 (Regest), 390 (Regest), 394 (Regest); RB I, Nr. 858, 933. Diese von Bürgern oder Handwerksinnungen verkauften Zinsen hatten sehr oft stipendienartigen Charakter und sollten für bestimmte Empfänger (in Reformationszeiten etwa altgläubige Universitätsdoktoren) ausgereicht werden, RATAJSZCZAK, 93–114.

168 HOYER, Universität, 25; DERS., Probleme, 12.

169 So verkaufte etwa der Thomasmüller Johannes Tyrolt 1475 dem großen Kolleg Grundbesitz nahe dem Thomaskloster für fünf Gulden jährliche Zinsen: CDS II 11, Nr. 175 (Regest); STEINFÜHRER, Bürgerurkunden, 29; weitere Beispiele: CDS II 11, Nr. 55, 199 (Regest), 290 (Regest), 308 (Regest), 313, 332 (Regest); vgl. BOOCKMANN, Lebenswelt, 171, wonach der in Leipzig wirkende Legist Dr. Seeburg eine eigene Stube für Geldgeschäfte besaß, mit Siegel und Rechnungsbuch.

170 RB I, Nr. 398, 711; CDS II 8, Nr. 106, 319; vgl. BÜNZ, Cristianus, 14; FRIEDBERG, 24; HOYER, Stadt, 162.

171 RB II, Nr. 1175, 1296, 1998; JHR 2 1474/75, fol. 309^v; JHR 5 1479/80, fol. 108^r; JHR 13 1495/96, fol. 107^r; JHR 14 1498/99, fol. 244^v; JHR 15 1500/01, fol. 231; JHR 16 1501/02, fol. 132^v; JHR 24 1512/13, fol. 172^v; JHR 47 1535/36, fol. 197^r oder JHR 50 1538/39, fol. 216^v: „Doctor andreas franck Camitianus [55] tenetur dem rathe alde schult lxxxvij ß x gr und von ij^c gulden heuptsumma ßo auff sein hauß vorsichert wurden sein Im xxxix Jar [1539] In der fleischer gassen ut potet in libro scabinorum annj predicti und zuvor under ulrich lintachers erben nhams geschriebn gewest und er vom 35. 36. 37. 38. Jaren nie kein Zinse darvon geben tut alßo die auffgelassen zinse xiiij ß und anno presenti vom hause in der fleischer gassen zinß xxx gr tut alles xci ß xl gr“. Auch einzelne Universitätsmitglieder vergaben Kleinstkredite an Stadteinwohner: BOOCKMANN, Lebenswelt, 175; STEINFÜHRER, Vorläufer, 84.

172 RB I, Nr. 514, 541 = CDS II 11, Nr. 183; RB II, Nr. 1244, 1296.

173 JHR 20 1508/1509, fol. 100^r; JHR 30 1518/1519, fol. 121^r: „Item dem ordinario abgekaufft ein polnischen wagen, unbehangen, den bierhern zu gut dafor geben iij ß xxx gr“; JHR 33 1521/22, fol. 35^r

Nicht außer Acht lassen darf man, dass die Mitglieder der Universität eine Gruppe von Abnehmern ganz besonderer Produkte war, nämlich von Schreibwaren (Pergament, Papier,[174] Federn, Wachs etc.)[175] und ganz besonders Büchern,[176] daneben benötigten auch Kollegiaten und Bursenmagister Baumaterial zur Erhaltung ihrer Einrichtungen.[177] Von den „Dienstleistungen", die Universitätsmitglieder für die Stadt bzw. deren Einwohner erbringen konnten, also etwa einfache Schreibaufgaben, medizinische Betreuung oder juristische Beratung, soll im Abschnitt 3.2 die Rede sein. Universitätsangehörige, zumal Angehörige höherer Fakultäten, betätigten sich häufig an wirtschaftlichen Aktivitäten und waren zum Teil auch recht erfolgreich dabei. Wie schon bei universitären Immobilien, so zeigt sich im universitären Wirtschaftsleben, dass die Universität nicht außerhalb der städtischen Gesellschaft stand, sondern ein fester (und zum Teil ökonomisch wichtiger) Teil des alltäglichen Lebens war.

2.3 Konflikte und Jurisdiktion

2.3.1 Theoretische Überlegungen und Allgemeines

Die Auseinandersetzungen zwischen Angehörigen von Stadt und Universität (die sich auch aus den in 2.1 und 2.2 angesprochenen Phänomenen – und zum Teil schon aufgezeigten Konfliktlinien – ergeben) sind unbestreitbar das beliebteste Thema der Forschung, aus dem einfachen Grund heraus, dass die Quellenlage dazu natürlich die beste ist (Konflikte und

---

174 JHR 27 1515/16, fol. 35^{r}: „Item von dem Ordinario ingenommen vor ein halb riß rabenßperger papir xj gr"; ebenso verkauften auch Universitätsmitglieder (vor allem Drucker) Schreibzeug: JHR 31 1519/20, fol. 125^{r}: „Item melchiar lotter vor j rieß und czwei bucher papir xxj gr"; JHR 32 1520/21, fol. 114^{r}; JHR 45 1533/34, fol. 121^{v}, fol. 122^{r}.

175 Danach verlangte auch die städtische Kanzlei, man kaufte es vor allem in den Apotheken, etwa beim Magister Johannes Huter: JHR 3 1476/77, fol. 210^{r}; JHR 4 1478/79, fol. 202^{v}; JHR 5 1479/80, fol. 67^{r}; JHR 6 1482/83, fol. 210^{v}; JHR 9 1487/88, fol. 79^{v}; JHR 11 1491/92, fol. 75^{v}; JHR 14 1497/98, fol. 82^{r}; JHR 17 1503/04, fol. 103^{v}; JHR 18 1505/06, fol. 124^{v}; JHR 45 1533/34, fol. 122^{v}: „Hanßen werlein vor xlviij ß aufgeklaubte Schreybfedern vir dye Raths und Scheppenstubin geben xxj gr".

176 Etwa die Bibliothek des Ordinarius Dietrich von Bocksdorf, die Bücher sind verzeichnet in: CDS II 8, Nr. 363 und RB I Nr. 934, vgl. CDS II 11, Nr. 119; RB II, Nr. 1140, 1141. Vor allem Juristen mussten eine für spätmittelalterliche Verhältnisse große Bibliothek besitzen, etwa der Legist Dr. Johannes Seeburg: BOOCKMANN, Lebenswelt, 171 f.; BÜNZ, Gründung, 129–133; HOYER, Stadt, 171; KUSCHE, Stiftungen, 328; STEINFÜHRER, Stadt, 34; DERS., Freitag, 317–323, 327–337; allg. MIETHKE, Studenten, 62 f.

177 JHR 9 1488/89, fol. 262^{r}: „Doctor Breytenbach tenetur dem Rate vor viiic dachsteyn xvii gr vj d silbern"; JHR 24 1512/13, fol. 34^{r}: „Von Collegiatenn im grosenn Collegio ingenommen vor eyn halb ß latternn x j gr"; JHR 261514/15, fol. 33^{r}: „Item den collegiaten im grosen collegio vorkaufft iiij^{c} alde dachsteyn ynen die gegeben vor xvj gr"; JHR 28 1516/17, fol. 34^{v}; JHR 42 1530/31, fol. 198^{r}; JHR 43 1531/32, fol. 171^{v}; JHR 46 1534/35, fol. 33^{v}: „Doctor Breytenbach Ord[inario] von iijc fenstersteyne mit dem fuhrlon xv gr", fol. 189^{r}; JHR 47 1535/36, fol. 197^{r}; aber natürlich konnten auch Magister und Doktoren solcherlei Dinge anbieten: JHR 21 1509/10, fol. 134^{r}: „Item doctori sixto von j^{m} mauerstein furlohn so mann auß seiner scheunen genommen alßo wider heim lassen furen geben x gr".

„Nicht-Alltägliches" erzeugen nun mal die meisten Quellen[178]). Auch in der Universitätsgeschichte Leipzigs ist dies – wie an jeder anderen Universität des Mittelalters – besonders in der Forschung des 19. Jahrhunderts unter dem Schlagwort der „Sittengeschichte" der Fall gewesen.[179] Es ist nun die Aufgabe dieses Abschnitts, vor allem nach den Gründen zu fragen, warum es auf der einen Seite nie zu einer vollständigen „Befriedung" kam und kommen konnte und warum auf der anderen Seite bestimmte Teile von Stadt und Universität ein enges, ja kooperatives Verhältnis eingingen, welches zum Teil auch „beruhigende" Wirkung auf den „Rest" der Universität bzw. der Stadt ausstrahlte.[180]

Eine positivistische Erfassung aller Ereignisse und Auseinandersetzungen wäre dabei wohl kaum hilfreich, dann würde man tatsächlich nur eine Abfolge von Konflikten, schwachen Friedensschlüssen, neuen Konflikten usw. sehen, zumal sich aufgrund der lückenhaften Quellenüberlieferung keine quantitativen Aussagen im Sinne etwa einer modernen Kriminalstatistik etc. erstellen ließen.[181] Es gibt lediglich bestimmte Deliktarten, die sich zwar recht häufig in den Quellen finden, sich allerdings kaum in Relation zur Gesamtzahl aller Studenten (ebenso wie aller Handwerksgesellen oder Einwohner) setzen lassen.

Aufgrund der Tatsache, dass für gewaltsame Auseinandersetzungen zwischen Universitätsangehörigen und Einwohnern eine erhöhte Überlieferungschance bestand, kann nicht abgeschätzt werden, wie hoch die „Gewaltbereitschaft" unter den Studenten wirklich war – wie oft etwa werden sich jugendliche Studierende in den Bursen geschlagen haben, ohne dass außer dem Bursenmagister eine strafende Instanz einschritt? Dass es Konflikte auch unter den Universitätsangehörigen gab ist unbestreitbar. So sah sich etwa der Rechtsstudent Martin Kochstedt einer Klage des Magisters Johannes Cratzberg gegenüber, weil er ihn nach nächtlicher Ruhestörung durch einen Steinwurf schwer verletzt hatte:

> „[…] tempore nocturali, dum ipse magister Iohannes [Cratzberg] se locasset dormitorum, [Martin Kochstedt] venisset ante dictum collegium et specialiter versus cameram ipsius magistri Iohannis et inibi strepitum fecisset ac verbis contumeliosis provocasset. Ipse vero magister Iohannes volens videre qui essent ibi cum tali strepitu et ipsos ad pacem inducendo, stando in fenestra sua, tunc unus inter eos iactasset ipsum cum quodam lapide in faciem suam circa oculum et narem graviter lesisset ad maximam sangwinis effusionem quod fuit in gravi periculo ipsius oculi perdicionis […]"[182]

---

178 ESCH, Überlieferungs-Chance; vgl. VERGER, Town, 240; STEINFÜHRER, Stadt, 34; KOLLER, 11.

179 STÜBEL, Sittengeschichte, 12: „der Schattenseiten sind fast mehr, denn der Lichtseiten"; PAULSEN, Lebensordnung, 385–440; HOFMEISTER; SCHOLLE, oder auch WUSTMANN, Leipzig, 123–129; für Literatur SCHWINGES, Studentenbursen, 529 (bes. Anm. 7); vgl. CZOK, 59; SCHLENKRICH, 13 f. Die Schilderungen von Zeitgenossen über marodierende Studenten dürften ebenso ein Zerrbild der Realität sein wie das des strebsamen Studenten. Schwinges vermutet, dass dieses Idealbild vor allem zu didaktischen Zwecken geschaffen wurde: SCHWINGES, Student, 207; STEINFÜHRER, Stadt, 33. Zu einem großen Teil werden die Einwohner eher wirtschaftlich von den Studenten profitiert haben: MORAW, Heidelberg, 543.

180 SCHWERHOFF, Kriminalitätsgeschichte.

181 SCHMUGGE, 268.

182 CDS II 11, Nr. 58 (dort das Zitat), 60, wobei Kochstedt zu seiner Verteidigung auch gleich die praktische Anwendbarkeit seiner Studieninhalte demonstrierte, vgl. ebd. Nr. 61 und zum Vorfall insgesamt FRIEDBERG, 18 f.; BÜNZ, Gründung, 290 f.; KUSCHE, Ego, 410; zu den Verhaltensvorschriften in den Kollegien allgemein ebd., 407–420.

Es handelt sich bei solchen Vergehen eben immer um Einzelfälle, die alle einem bestimmten Typ von Delinquenz (etwa nächtliche Ruhestörung, Waffentragen etc.) angehörten und meist in Kombination auftraten, die aber weder auf die Gesamtheit aller Studenten verallgemeinerbar sind, noch sich in irgendwelchen Trends (aufgrund der nicht gegebenen Repräsentativität) ablesen lassen. Weder bestand das alltägliche Leben eines Leipziger Studenten darin, sich nächtens, nach Würfelspiel in der Weinstube und anschließendem Bordellbesuch, bewaffnet und mit Kommilitonen an der Seite auf die nächst besten Bäckergesellen zu stürzen, noch in einem „Ideal" von studentischer Trunkenheit und Gewaltbereitschaft, der man in den zwei bis drei Jahren Mindeststudium nahe zu kommen versuchte.[183]

Auf der Suche nach Vorfällen wird man schnell fündig, bereits die erste Änderung der Universitätsstatuten 1411[184] nennt Verbote über das Tragen von Waffen[185], Glücksspiel, Legen von Feuer, nächtliche Ruhestörung etc. und spätere Statutenredaktion wiederholten diese immer wieder.[186] 1416 nennt das Urfehdebuch der Stadt Leipzig bereits erste Misshandlungen von Studenten durch Einwohner.[187] Auch der insgesamt 146 Einträge starke „*libellus formularis*" des Rektor Johannes Fabri von 1494 verzeichnete zahlreiche Vergehen: Zerstörungsdrang,

---

183 VERGER, Town, 254 f., fasst zusammen: „la violence n'a jamais été l'ultima ratio de l'identité universitaire ni de l'insertion des universitaires dans la ville et la société." ; zu Auseinandersetzungen zwischen der Stadt und besonders den Kollegien: KUSCHE, Ego, 393–401.

184 ZARNCKE, Statuten, 54 f.; Ob die Statutenänderungen nun aber dafür sprechen, dass die aufgeführten Vergehen in den zwei Jahren nach der Universitätsgründung wirklich auch eingetreten waren oder ob einfach nach Vorbild etwa der Prager Statuten die universitätseigenen „präventiv" ergänzt wurden, sei dahin gestellt; vgl. ZARNCKE, Quellen, 601; HOYER, Stadt, 168; DERS., Gerichtsbarkeit, 123, 132 f.; RASHDALL III, 361–363; STÜBEL, Sittengeschichte, 18; FRIEDBERG, 10 schildert anschaulich die Art der Ruhestörung („wie das Arkadische Vieh"). Dagegen wurden von Seiten der Stadt Maßnahmen ergriffen, etwa, dass diejenigen Bürger, die einen Weinausschank betrieben, nach Läuten der Caveteglocke zu schließen hatten: CDS II 8, Nr. 293: „Das ist dorvmbe geschehen, das dy studente vnde hantwercks gesellin deste fredelicher miteinander sitczen."; Sperrstunde war allgemein im Sommer zur zehnten, im Winter zur neunten Stunde, siehe Schubert, Essen, 241, wie auch zu diesen Zeiten die Kollegienhäuser verschlossen wurden, siehe KUSCHE/STEINFÜHRER, 34; vgl. WRIEDT, Stadtrat, 502.

185 STÜBEL, Vergangenheit, 17; PAULSEN, Lebensordnung, 419, das Problem bestand auch 1539 noch: CDS II 11, Nr. 399 und darüber hinaus: POHL, 232–234. Das Verbot des Waffentragens war in der mittelalterlichen Stadt üblich: CDS II 8, Nr. 358, denn bei der ohnehin erhöhten Bereitschaft zur Gewaltanwendung führten Waffen fast immer zu ernsten Verletzungen: JHR 11 1492/93, fol. 137ʳ: „Jacoff thomel hat wider des Rats gebot j lang messer getragen, dedit dem Rathe x gr"; vgl. HOYER, Alltag, 248; WUSTMANN, Leipzig, 127–129; allg. ISENMANN, Gesetzgebung, 7, 10; zu städtischen Statuten ebd. 26–28, 52, 77, 79, 83–86.

186 ZARNCKE, Statuten, 59.

187 WUSTMANN, Quellen II, 7: „Hin[rich] Rosener, der becker, hat dy stat vorsworn von sache weghen, daz her dy studenen hyw [hieb] und missehandelte, bye dren milen weg[is] […]", für spätere Beispiele ebd. 29 f.; JHR 4 1478/79, fol. 142ᵛ: „Item von Nickell ader clauß seifarde ingenommen zubuße das er under die studenten geschossyn hat, […]"; JHR 14 1497/98, fol. 20ʳ: „Item Benedicto thymen hat neben andernn eynen magister und studenten vor der meyßnischen Burssen verletzt und gehawen dedit vor den urfride p[ro]pena xl gr"; JHR 16 1501/02, fol. 23ᵛ.

Beleidigungen, Störung von Doktor- und Magisterschmäusen, Sachbeschädigung, Wohnen in nicht-approbierten Bursen, Brett- und Würfelspiele mit Bürgern um Geld[188], Waffentragen, Angriffe auf städtische Bedienstete (Scharfrichter, Zirkler etc.) usw.[189]

Das immanente Grundproblem bildet hierbei die schon häufiger angesprochene, zwar in der Theorie von einander getrennte, in der Praxis aber tagtägliche Überschneidung von städtischer und universitärer Gerichtsbarkeit[190] innerhalb der Stadtmauern. Die Universität als päpstlich privilegierte und vor allem recht junge Institution musste darauf bedacht sein, ihre Legitimität auch in einem von der städtischen Obrigkeit bereits durchdrungenen Herrschaftsraum zu wahren, z. B. über das Führen eigener Siegel, etwa durch den Rektor.[191]

Vor allem der quasi-„klerikale" Status – gewährt durch den Papst in der Entstehungszeit der ersten europäischen Universitäten – den die Universitätsmitglieder, vom Studenten bis zum Rechtsdoktor, genossen und der sie von weltlicher und lokaler Gerichtsbarkeit ausnahm, bedeutete nicht nur die unabdingbare Grundlage für die Existenz einer Hohen Schule schlechthin, sondern war gleichzeitig Ursprung für städtisch-universitäre Konfliktlinien, aber auch für Zusammenarbeit und Weiterentwicklung des jeweils eigenen Rechtsbereiches und Rechtsverständnisses:

> „Als einfachste Formel bot sich an, dem Studierenden den Status des Klerikers zu geben und ihn so (statt der lokalen weltlichen) der geistlichen Gerichtsbarkeit zu unterstellen. Wir hören in diese (von der Kirche angebotene, vom König hingenommene, von den Studenten begrüßte) Formel mehr Klerikales hinein, als der Zeitgenosse heraushörte. Für den hieß Klerikerprivileg vor allem: Befreiung vom weltlichen Gericht, Unverletzlichkeit, Steuerfreiheit, Versorgungsanspruch und ähnlich schöne Dinge, und das noch ohne besondere geistliche Gegenleistung, solange man die höheren Weihen nicht folgen ließ."[192]

Daher sollte man den Begriff des „Klerikers" im Bezug auf Universitätsangehörige nicht zu eng auslegen. Vielmehr müssen wir die damit verbundenen Privilegien im Blick behalten.[193] Es ging meist um Strafsachen niederer Gerichtsbarkeit, Vergehen wie Mord oder Totschlag riefen zusätzlich noch den Bischof von Merseburg als Kanzler der Universität auf den Plan, der dann die Rechtssprechung für sich beanspruchte.[194] Zudem waren kleinere Ordnungsver-

---

[188] Auch der Rat verbot dies: CDS II 8, Nr. 351, 364; WUSTMANN, Quellen II, 8 f., 11–13, 18.

[189] ZARNCKE, Quellen, 614–625; BÜNZ, Gründung, 168 f., 278–280; HOYER, Alltag, 250; KUSCHE, Ego, 395; STÜBEL, Sittengeschichte, 13–15, 20; vgl. KOLLER, 11, 14; RASHDALL III, 419–427.

[190] Vgl. auch RUDOLPH, 187 f.

[191] BLECHER, 370 f., 380 und passim; BÜNZ, Cristianus, 16 f.; DERS., Gründung, 92 f.

[192] ESCH, Anfänge, 104; BÜNZ, Cristianus, 13; DERS., Gründung, 24 f., 31 f.; MORAW, Gelehrte, 247.

[193] Diese waren auch für Nicht-Mitglieder der Universität attraktiv, oft gaben sich Stadtbewohner oder Auswärtige als Studenten aus, um so der städtischen Gerichtsbarkeit zu entgehen: WUSTMANN, Quellen II, 21. Dass man eine recht genaue Vorstellung davon hatte, was einen Studenten ausmachte, zeigt ein weiterer Eintrag ebd., 24: „Am fritage noch Exaudi [4. Juni 1462] hat man einen gehangen, Wenczlaw gnant, der ein student was, doch nicht gewyhet, er hat auch nichts gestudirt, er konnde auch nichts, wedder schryben noch leßen. […]", ebd. auch 48; MIETHKE, Studenten, 68 f. Vgl. POHL, 209 f.

[194] Die Hochgerichtsbarkeit lag in den Händen des Kanzlers: BÜNZ, Gründung, 288–290; HOYER, Gerichtsbarkeit, 122–130; RUDOLPH, 189. Nach Hoyer versuchte der Kanzler in den ersten Jahrzehnten des Bestehens der Universität auch als deren oberster Richter zu wirken: DERS., Gründung, 82; DERS., Uni-

stöße die Sache der Bursen und Kollegien.[195] Auf der anderen Seite hatte der Rat der Stadt 1423 und 1435[196] gegen die Summe von 1.500 bzw. 3.000 Gulden von Kürfürst Friedrich I., dem Stadtherrn Leipzigs, die Hochgerichtsbarkeit erkauft, was dazu berechtigte, das Amt des Stadtrichter zu besetzen. Dieser bildete zusammen mit den Schöffen das Stadtgericht.[197] Die Verteidigung und Durchsetzung dieser teuer erworbenen Privilegien gegen eine relativ neue Einrichtung wie die Universität, wie auch die Wahrung der öffentlichen Ordnung, musste dem Rat ein ernstes Anliegen sein, wollte er den eigenen Machtanspruch und die Legitimität seiner Herrschaft in der Stadt festigen und behaupten.[198]

2.3.2 Eine „Evolution" juristischer Kooperation zwischen Stadt und Universität

Ein gleichsam typischer wie untypischer Fall städtisch-universitärer Auseinandersetzung war die, wenn man so will, „causa Geverde*s*", ein Rechtsstreit von 1450 bis 1452 zwischen dem Stadtrat auf der einen und dem Bremer Kleriker Werner Geverdes[199] auf der anderen Seite, typisch insofern als es um wirklich „typische" Vergehen ging, nämlich nächtliche Ruhestörung,[200] Waffentragen[201] und unerlaubte Schankwirtschaft[202] von Seiten Geverdes als auch

versität, 27; DERS., Stadt, 168; BLECHER, 375 f.; SCHLENKRICH, 14 f.; THÜMMEL, 50–57; CDS II 11, Nr. 71; zur Gerichtsbarkeit des Rektors: RUDOLPH, 191; ZARNCKE, Statuten, 52.

195 HOYER, Gerichtsbarkeit, 131; ZARNCKE, Statuten, 54, (Nr. 13 § 5); KUSCHE, Ego, 429 f.

196 CDS II 8, Nr. 135, 186; BEIER/DOBRITZSCH, 38; HOYER, Wirtschaft, 60; RACHEL, 8 f.; SCHIRMER, 178; STEINFÜHRER, Rat, 14, 24; DERS., Ratsbücher I, XXII; STEINMÜLLER, 132. Zu den Leipziger Gerichten THIEME und allg. ISENMANN, Stadt, 160–162; DERS., Gesetzgebung, 14 f., 20, 28, 30, 77, 80.

197 STEINFÜHRER, Rat, 24; Das Stadtgericht behandelte die Blutgerichtsbarkeit, aber auch kleinere Vergehen, Erbangelegenheiten, Käufe und Verkäufe von Grundstücken. Mit Schuldklagen oder Bagatellsachen wie Schlägereien, Beleidigungen u. ä. befasste sich ein Untergericht. Der Rat entschied direkt in Vormundschaftssachen, Grundstücksangelegenheiten oder Schuldsachen: THIEME, 253 f.; BLASCHKE, Geschichte, 262; HELBIG, Ständestaat, 383; KRAMM, Studien, 283; RACHEL, 16–20.

198 ISENMANN, Stadt, 136 f.; DERS., Gesetzgebung, 6 f., 9 f., 17, 21, 52, 77, 258; vgl. MORAW, Verfassung, 288, 291; STEINFÜHRER, Rat, 19; KALB.

199 Werner Geverdes, immatr. S 1439, bacc. 1444 (CDS II 16, 127; CDS II 17, 131), später wurde er Vikar zu St. Peter in Hamburg (RepGer VI/1, Nr. 5761; RepGer VIII/1, Nr. 5781).

200 Dafür wurde Geverdes vom Stadtrat bei der Kurie angezeigt: RepGer VI/1, Nr. 3719: „Johannes Thumel [Rat Nr. 258], Johannes Sidenheffter (Gerdenhester) [164], Theodericus Kulkwicz, Johannes Bruser, Johannes Stange, Johannes Knappe et Nicolaus Moller proconsules et consules op. Lipsen. Merseburg. dioc. necnon Nicolaus Czicz, Johannes et Michael Wißbart fam. et pincerne d. op.: de avocatione cause contra WERNERUM GHEVERDES cler. Bremen. dioc. fam. alterius ex mag. univ. d. op. propter fractionem pacis nocturni […]".

201 So ein Schreiben Papst Nikolaus V.: CDS II 8, Nr. 283: „[…] dilectum filium Wernerum Geuerdes clericum Bremensis diocesis tunc familiarem alterius ex magistris praefatis inventum noctis tempore post sonum campanae cum armis offensivis in plateis dicti loci currere vagari et inhoneste versari […]".

202 Dies ergibt sich aus den Hauptbeschuldigten „Nicolaum Sist, Johannem et Michahelem Wittebort fratres vinum et cerevisiam de mandato consulum civitatis Lypczensis"; vgl. die Vorladung an den Rat: CDS II 8, Nr. 267, und das päpstliche Schreiben: CDS II 8, Nr. 283: „[…] quo nomine communitatis

Angehörigen seiner *familia*, untypisch insofern, als Geverdes die ganze Angelegenheit 1450 vor der Kurie anzeigte und in Rom verhandeln lassen wollte.[203]

An diesem Fall lässt sich zeigen, wie wirkungsvoll das städtisch-universitäre Personengeflecht bereits Mitte des 15. Jahrhunderts funktionierte. So führte der Rat etwa seinen Stadtschreiber Johannes Scheibe [144] (den späteren Ordinarius der Juristenfakultät) als Prokurator und Syndikus[204] ins Feld, ebenso nutzte er gleichermaßen das Fachwissen dem Rat verbundener Notare.[205] Zudem wusste er in Sachen der Vorladung nach Rom den Bischof von Merseburg auf seiner Seite, denn dieser wollte seine Autorität als Kanzler der Universität in Rechtsangelegenheiten sicherlich nicht durch eine Verhandlung an der Kurie vermindern lassen, weshalb der Fall 1452 in Merseburg (auf Veranlassung des Prokurators Johannes Scheibe) verhandelt werden sollte.[206]

Gegen diese Vorladung legte Werner Geverdes erneut bei der Kurie Beschwerde ein,[207] er wusste wohl sehr genau, dass er in der Konstellation Leipziger Rat – Merseburger Bischof – Universität Leipzig kaum auf einen für ihn günstigen Ausgang hoffen konnte. Bereits 1451 hatte die Universität, d. h. der Rektor und das Konzil, ihrerseits Bittschreiben an Papst Nikolaus V. versand, die ganze Angelegenheit möge in Merseburg verhandelt werden, auch um die Autorität der Universität nicht zu beschädigen.[208] Kurz darauf schickte die Universität einen erneuten Brief an den Papst, wieder in der gleichen Sache, mit dem Argument, dass eine Verhandlung der Angelegenheit in Rom Unruhe unter Studenten und Stadtbevölkerung provozieren könnte, nämlich dadurch, dass eine Reise nach Rom für die Betroffenen zu beschwerlich und zu teuer sei.[209] Gleiches wurde auch Werner Geverdes selbst mitgeteilt.[210] Schlussendlich entschied dann doch Bischof Johann von Merseburg auf einen Vergleich zwischen beiden

---

praefati opidi cervisia venditur proiicere et alios plures insultus facere contra pacem et quietem praedictas deprehendissent [...]"; ebd. erneut die nächtliche Ruhestörung mit Gewaltanwendung betonend: „[...] sic inhoneste noctis tempore vagantibus deprehensis deputatum absque tamen violenta manuum iniectione vel iniuria perduxissent et de mane sequentis diei rectori praefato praesentassent [...]".

203 CDS II 8, Nr. 267.

204 CDS II 8, Nr. 283; RepGer VI/1, Nr. 3719.

205 Zum Beispiel den Universitätsmagister Petrus Seehausen (immatr. W 1422 aus Leipzig, bacc. art. S 1428, mag. art. W 1438, Vizekanzler 1445, bacc. decr., Rektor W 1455, Dekan S 1456; (CDS II 16, 74 (M 8), S. 196; CDS II 17, 108, 122, 136, 141, 145 f., 150, 165, 173, 178), siehe: CDS II 8, Nr. 278.

206 Johannes Scheibe [144] habe sich bereit erklärt im Namen des Rats vor Bischof Johannes von Merseburg auszusagen, weshalb dieser die Vorladung Geverdes an seinen Hof (dieser war inzwischen in Hamburg: CDS II 8, Nr. 284) in den Diözesen Bremen und Verden anzeigen ließ: CDS II 8, Nr. 283.

207 CDS II 8, Nr. 284.

208 CDS II 11, Nr. 108.

209 CDS II 11, Nr. 109: „[...] Quia ut accepimus propter lesionem quandam insolenter dudum in Lypczick ut asseritis vobis factam quosdam inibi opidanos citari ad papale iudicium procurastis, que utique citatio non mediocres occupationes exigit et expensas, propter quas ut vestra dinoscere poterit discretio ibidem opidani cum sibi coherentibus contra nos in antea magis exacerbari poterunt et studentibus et magistris molestiores insidias preparare, per quod etiam pacis commoditas rumperetur [...]"

210 CDS II 11, Nr. 110.

Seiten,[211] den wohl Geverdes nicht akzeptierte, aber Universitätsmitglieder trotz allem für ihn beglichen.

Dieser etwas detaillierter geschilderte Fall darf als Auftakt einer wechselseitigen Kooperation von städtischer und universitärer Obrigkeit angesehen werden, welche Schritt für Schritt einen für beide Seiten akzeptablen Kompromiss in Sachen der eigenen Rechtsbereiche absteckte.[212] 1452, noch vor dem endgültigen Vergleich durch den Merseburger Bischof, schlichtete Kurfürst Friedrich I. in den Streitigkeiten um den Kleriker Geverdes zwischen dem Leipziger Rat und der Universitätsspitze, indem er zwar die Privilegien der Hohen Schule bekräftigte, gleichzeitig aber dem Rat das Recht zugestand, mit seinen Zirklern gegen Studenten vorgehen zu dürfen, wenn diese die öffentliche Ordnung gefährden würden.[213]

Der Universität war zur Durchsetzung universitärer Rechte ohnehin darauf angewiesen, mit dem Rat zusammenzuarbeiten, denn der Hohen Schule fehlten die Exekutivorgane. Der Rektor mochte zwar Relegierungen oder Exkludierungen[214] aussprechen, doch wenn die Angeklagten nicht vor ihm erschienen oder versuchten sich der Strafe zu entziehen, musste er auf die Stadt und deren Bedienstete zurückgreifen.[215] So war es also für die Universitätsoberen

---

[211] CDS II 8, Nr. 285: „[...] Quibus praemissis dictus dominus episcopus Merseburgensis de scitu consensu et expressa voluntate procuratoris dicti domini Werneri statim pro concordia pronunctiavit, quod proconsules consules et opidani Lipczenses supra enumerati pro expensis et inquietatione dicto domino Wernero in proximis nundinis Lipczensibus in civitate Merseburgensi quinquaginta florenos Renenses solvere deberent, sed iniuriae reales et verbales inter partes praedictas de alto et basso in amicitia dicti domini Merseburgensis stare deberent. [...]".

[212] Bereits 1429 nahm die Universität einen Zusatz in die Statuten auf, dass Stadtzirkler Studenten bei Verstößen gegen die öffentliche Ordnung festnehmen durften: CDS II 11, Nr. 42; HOYER, Gerichtsbarkeit, 133 f.; allerdings schien dies eher zu Übergriffen von Seiten der Zirkler geführt zu haben. Nach HOYER, Stadt, 168 fehlt in den ersten drei Jahrzehnten der Universität jeder Beleg, dass Rat und Rektor aneinander gerieten, was aber auch nur an der Überlieferunglage liegen kann.

[213] CDS II 11, Nr. 111: „und sprechen zcum ersten, das wir und unsere erben wollen gnediclichen unsere universiteten bie iren friheiten und rechten behalden, handhaben und schirmen [...] das die czirkeler und andere dyner unser stad Lipzck sullen volle macht und gewalt haben an zcugriffene die studenten und den sie hirnachmals finden werden uff der gasse ane licht mit schedelicher were adder in ander missetat [sollte aber den Studenten Unrecht widerfahren, so könnten sie] suchen und clagen fur den geistlichen richtern die unser vater und herre selliger der universiteten von dem Romischen stule gnediclichen irworben had, die man conservatores nennet, adder fur unserm obgnanten hern und frunde deme bischove zcu Merseburg [...]"; BEIER/DOBRITZSCH, 137 f.; HOYER, Gerichtsbarkeit, 130, 134; DERS., Stadt, 169; STEINFÜHRER, Vorläufer, 81; WUSTMANN, Leipzig, 106 f.

[214] Die Exkludierungen wurden erst ab dem Jahre 1496 ordentlich aufgezeichnet: ZARNCKE, Quellen, 636, in den Matrikeln der Universität finden sich allerdings ab 1413 entsprechende Einträge: CDS II 16, 733 u. passim; vgl. HOYER, Gerichtsbarkeit, 126 f.; DERS., Stadt, 168; zu Relegation und Exklusion auch BÜNZ, Gründung, 173, 281; STÜBEL, Sittengeschichte, 22 f. Vgl. RUDOLPH, 195–199 für durch das Universitätsgericht ausgesprochene Strafen in der Frühen Neuzeit.

[215] RACHEL, 143–147; THÜMMEL, 55; WUSTMANN, Leipzig, 135; Der Zirklerdienst war in Universitätsstädten ohnehin nicht sonderlich beliebt, so etwa in Basel, vgl. SIEBER, Studenten, 133 f. Allgemein zu Basel: SIEBER, Basel. Aber auch in Leipzig hatten die Zirkler kein einfaches Leben mit den Studenten:

unumgänglich, sollte an ihrer Hohen Schule die eigene Autorität bewahrt und auch die für einen reibungslosen Lehrbetrieb benötigte Ruhe und Ordnung im unmittelbaren Umfeld sicher gestellt bleiben, auf der jurisdiktionellen Ebene mit der städtischen Oberschicht (als maßgeblichem Entscheidungsträger der Stadt) zusammen zu arbeiten. Streitschlichtung, Konfliktvermeidung und Friedenswahrung innerhalb der ihnen zur Verfügung stehenden Rechtsbereiche waren für beide Parteien höchst wichtige und ernste Anliegen.[216]

Das Vorgehen von Ratsbediensteten wie Zirklern etc. blieb trotz allem ein Streitthema, denn ein Stadtknecht, als Repräsentant der städtischen Obrigkeit, verletzte immer den universitären Rechtsbereich, wenn er (ohne Zustimmung des Rektor – oder im Extremfall des Landesherrn) in Bursen und Kollegien eindrang, um etwa potentielle Straftäter, die sich dort verbargen, festzunehmen (abgesehen davon, dass das Vorgehen von Knechten und Zirklern auch im wahrsten Sinne des Wortes oft verletzend war).[217] Hatten aber Stadtbedienstete dennoch einen Studenten oder Universitätsangehörigen ergriffen und festgesetzt, so wurde der Rektor verständigt und der Delinquent an diesen (und damit in universitäre Gerichtsbarkeit) übergeben:

> „Otte Weideman, der Lichtenfels, was ein studente und wart deß nachts mit mortlichir wer uffgehalden adder begriffen, und wart inngesaczt, also ein studente, eß wart auch dem rectori vorkundiget, und wart mit laube deß rectoris wol bey firczen tagen gehalden, und so hatte er vor ufte ufflaufte gehath, er was auch ein wynschencke geweest, und ein monch wurden und lyff weddir eruß, also wolde sich die unversitete sin nicht mehr annemen, und gab dem rate macht, mit om zcu thune, was on fugte [...]"[218]

1466 verglichen sich Stadt und Universität dann in Fragen der Rechtssprechung bei schweren Verbrechen der Universitätsangehörigen, worüber wohl zuvor keine Einigkeit geherrscht hatte.[219] Zusammen mit einer im gleichen Jahr vorgenommenen Statutenänderung schloss sich

---

JHR 11 1492/93, fol. 137[r]: „Uff Montag nach Reminisce [4. März 1493] hat hans voydt der Becker ober des Rats vorbots biergeste und studenten gehalden die auch des Rats knechte geslagen und vorwunt haben dedit xx gr"; JHR 47 1535/36, fol. 144[v]: „Hannßen Brandis der durch dye Studenten vorwundt wurde aus Raths dinste. Zu stewer gegeben xx gr".

216 ISENMANN, Stadt, 146 f., 154–157; SCHWERHOFF, Kriminalitätsgeschichte, 32 f., 38 f.

217 ZARNCKE, Quellen, 635, nachdem sich ein Straftäter im Großen Kolleg versteckt und der Rat sogar von seiten des Landesherrn die Erlaubnis eingeholt hätte: „gleichwohl sein sie [die Stadtknechte] Inn der Collegiaten do selbst kammer vnd stuben vngestiemicklich gangen, Iren hausfride geprochen, sie genötigt Ire Kammern vnd Kastenn auch andere gemach zcu öffen vnd aufzcusperren [...] Darauss zcuuormercken, wie grossen gewalt sie den bemelten Collegiaten vnd also In Irenn personenn der vniuersiteth gethon [...]", auch hätten Zirkler Pfeile ins Große und Kleine Kolleg geschossen, selbst in der Meißner Burse hätten sie den Frieden gebrochen usw., vgl. ebd. 635 f.; HOYER, Gerichtsbarkeit, 137–139; WUSTMANN, Leipzig, 106, 110; auch VERGER, Town, 250; ISENMANN, Stadt, 140; DERS., Gesetzgebung, 173 und passim zur polizeilichen Gewalt städtischer Obrigkeit.

218 WUSTMANN, Quellen II, 22, hier freilich mit einem Extrembeispiel, mit welchem auch der Rektor nichts mehr zu tun haben wollte. Zu solchen Exremfällen auch ebd. 36, 45. Demnach hätten 1472 Studenten damit gedroht sowohl die Universität als auch die Stadt in Brand zu setzen.

219 CDS II 11, Nr. 139; HOYER, Stadt, 169; WUSTMANN, Leipzig, 107.

damit eine Lücke in der beiderseitigen Jurisdiktion.[220] Auffällig hierbei ist das selbstständige Handeln beider Parteien. Der Landesherr wurde zwar als Anreger der Übereinkunft genannt, spielte aber in den Verhandlungen zwischen Stadt und Universität keine aktive Rolle. Dies weist zum einen auf das im Laufe des Jahrhunderts gestiegene Selbstbewusstsein und die juristische Kompetenz beider Korporationen hin, aber vermutlich auch auf gegenseitig gewachsenes Vertrauen: es bedurfte wohl nicht mehr des direkten Eingreifens des Fürsten, um ein beiderseitiges Einvernehmen zu erreichen.

In den Folgejahren scheint dann, wohl aufgrund eklatanter Einzelfälle, die gegenseitige rechtliche Abstimmung noch weiter verfeinert worden zu sein: 1468 beschloss man Aufläufe und Versammlungen in der Stadt nicht mehr zu dulden.[221] Anscheinend hatten sich Studenten und Einwohner an den Häusern der jeweils anderen zu schaffen gemacht. Gewaltsame Auseinandersetzungen zwischen verschiedenen Gruppen (von Studenten, Gesellen etc.) waren ohnehin weitaus häufiger als zwischen Einzelnen, denn man kann die Wirkmächtigkeit der Zugehörigkeit zu einer referentiellen Personengruppe, seien es Universitätsnation, Kollegium oder Bursenfamilia, kaum überschätzen.[222] Ein Angriff gegen ein Mitglied dieser Gruppe galt gleichsam als Angriff gegen die Gruppe selbst.[223]

Interessant ist der differenzierte Charakter der Übereinkunft, diese galt nur für den genau abgegrenzten Tatbestand und vorher getroffene Vereinbarungen sollten davon nicht berührt werden.[224] Es zeigt sich, dass man bemüht war: a) die juristischen Kernkompetenzen des Gegenüber nicht zu verletzen, sondern b) diese zu einem gemeinsamen Handlungsspielraum zu verknüpfen, der es ermöglichte, Störungen der öffentlichen Ordnung relativ schnell und einvernehmlich zu begegnen. Ein gemeinsames Handeln, in welchem beide Akteure natürlich weiterhin ihre eigenen Interessen (Friedenssicherung und Schutz der Bürger auf der einen,

---

220 ZARNCKE, Statuten, 59 f.; RB I, Nr. 2 (verkürzte Fassung der Universitätsstatuten); HOYER, Gerichtsbarkeit, 130 f.; DERS., Stadt, 169; STEINFÜHRER, Ratsbücher I, LIII.

221 CDS II 11, Nr. 147; BEIER/DOBRITZSCH, 138; HOYER, Stadt, 169; DERS., Universität, 27.

222 „Aufläufe“ und ähnliche, oft gewaltsame „Massenauseinandersetzungen“ gehörten zu den häufigsten Deliktarten: JHR 7 1483/94, fol. 12^{v}; JHR 11 1491/92, fol 17^{r}: „Hans Sweytzer der Junger hat mit doctor mellerstadts bruder im vorgangenen sumer eyn aufrur erhobenn und slahen wollen in seynem eygen stalle dt xl gr vor den weichfride“; ebd. fol. 85^{r} (zu Dr. Martin Pollich alias Mellerstadt: KUSCHE, Ego, 725–728, Nr. 146); CDS II 11, Nr. 230, 320, 372, 373; RB II, Nr. 1497; BEIER/DOBRITZSCH, 140 f.; WUSTMANN, Quellen II, 18 f., 21, 22; vgl. auch die bereits dokumentierten „Proteste“ gegen Kleiderordnungen; ebenso WUSTMANN, Leipzig, 124–126, allerdings immer mit einer starken Abneigung gegen die Studenten. Faktoren wie Herkunft oder „landsmannschaftliche“ Verbundenheit waren so stark, dass Stiftungen von Doktoren oft in ihrer Heimat und nicht in Leipzig zur Wirkung kamen: BOOCKMANN, Lebenswelt, 180 u. passim; DENLEY, 733–735; GRAMSCH, Erfurter, 136; KUSCHE, Stiftungen, 319; MIETHKE, Universitas, 498 f.; RATAJSZCZAK, bes. 199–201; SCHWINGES, Karrieremuster, 18.

223 VERGER, Town, 241.

224 CDS II 11, Nr. 147: „[...] das disse unser nawe satzunge, ordnunge und gebot obingeschriben nicht weyter noch anders denn zcu uffleufften ader sampnungen und als sich selbir laut gebraucht werden solle, domit die andern unde forigen unnsere satzungen, wilkoer unde statuten zcwischen uns der universitet und uns deme rate nicht geringert, geswecht adder darnidder gedruckt, sundern zcu andern sachen under solcher hoer gewalt gebraucht werden und bei macht bleiben sollen [...]“

Schutz der Studenten und Aufrechterhaltung der universitären Ordnung, also der Statuten, auf der anderen Seite) verfolgten, scheint um einiges fruchtbarer gewesen zu sein als ein starres, feindseliges Aufeinanderprallen fürstlich privilegierter Korporationen.[225]

Dass diese gemeinsame und selbstständige Handlungsweise auch von den Landesherren mehr als nur gebilligt wurde, zeigt sich darin, dass die 1468 abgeschlossene Vereinbarung nur wenige Wochen später von landesherrlicher Seite bestätigt wurde.[226] In diesem Kontext stand auch eine Übereinkunft von Rat und Universität, gemeinsam gegen exkludierte Studenten vorzugehen, wenn diese nicht in der Stadt ein ehrbares Handwerk ausüben wollten und dies nachweisen konnten.[227] Dabei kam es der Universität zu, die Relegationen und Exklusionen beim Rat anzuzeigen.[228] Erstaunlicherweise erst 1531 verständigten sich Rat und Rektor darauf, was mit Verstorbenen (und unter Umständen Ermordeten) bzw. deren Leichnamen zu tun sei, wenn diese in den Kollegienhäusern aufgefunden würden. Ein Grund dafür könnte tatsächlich die Errichtung und Übergabe des Roten Kollegs 1515 durch den Rat (und des damit immer noch verbundenen städtischen Anspruchs auf das Gebäude) sein, denn sollte ein Leichnam außerhalb der Kollegienhäuser gefunden werden, durften die städtischen Bediensteten (anders als in den Kollegien) diesen entfernen.[229] Es ging dabei freilich auch um die Frage der

---

225 Dass sich auch der Rat bemühte, Straftaten gegen Universitätsangehörige zu ahnden, belegen Einträge im Urfehdebuch: WUSTMANN, Quellen II, 7, 19, 20, 30; vgl. JHR 28 1516/17, fol. 24^{v}: „Jobst, bernhart und hieronimus die lichtenhain sint bey einem auffrür uff dem marckt gewest, darinne ein student tot bliben ist und als man sich vor mütet, so sal ine jobst erworffen haben, und sein dock alle dry in die acht gethan, auch sich wider darauß gewircket und dem rath zu abzug gegeben v ß [gr] actum feria 2^{a} post conversionis pauli [27. Januar 1517]".

226 CDS II 11, Nr. 148; HOYER, Stadt, 169; DERS., Wirtschaft, 63; SCHWINGES, Universitätsbesucher, 367, sieht in Leipzig bei Streitschlichtungen eher noch das landesfürstliche Machtwort als vorherrschend. Bereits vor den Reformbemühungen Herzogs Georgs versuchten die Landesherren immer wieder, gestaltend in die Universität einzugreifen, vgl. dazu jetzt WEJWODA.

227 CDS II 11, Nr. 151 = RB I, Nr. 935 (Regest); HOYER, Gerichtsbarkeit, 134; DERS., Universität, 27; WUSTMANN Leipzig, 107 f.

228 Die Stadt klagte gegen Universitätsfremde, die sich illegal im Rechtsgebiet der Universität aufhielten und dort die universitären Privilegien genossen: ZARNCKE, Quellen, 635; HOYER, Gerichtsbarkeit, 132; WUSTMANN, Leipzig, 110; zumal die Zirkler die Universitätsgebäude nicht betreten durften. Ebenso wollte die Universität verhindern, dass Exkludierte in der Stadt untertauchten: CDS II 11, Nr. 377, 378 und ebd. Nr. 379: „[...] Damit aber es nicht davor mog gehalten werden, als wolten wir [die Universität] bosen strefflichen leuthen die wir selbst nicht straffen konnen, durch unsere privilegia schutz und unterschleiff vorstatten und alßo einem erbarn rathe zcuwidder und nachteil (wie es dan angezcogen wirdet) uber denselben unsern privilegien halden [...]".Straftäter suchten oft den „außerstädtischen" Rechtsbereich der Kollegien: JHR 5 1480/81, fol. 194^{v}: „Sabbato postquam pasce [28. April 1481] den Marcktmeistern Nachtzcirckelern andern Burgern und dabratn (!) [Stadtknechten] die den gefangenen die nacht in dem collegio bewacht haben der eyn mordt in der möll hatte getan, geben zu lone und zuvortrincken v ß xlvj gr vj d", ebd. fol. 208^{r}: „Item den kochemeister vorschickt gein dresden zu sachen der studenten und des morders den se in collegio principi ufhielden [...]", ebd. fol. 211^{v}; KUSCHE, Ego, 396 f.

229 CDS II 11, Nr. 363; WUSTMANN, Leipzig, 121 f.; KUSCHE, Ego, 397.

eventuell anfallenden Erbschaften eines solch frühzeitig verstorbenen Universitätsmagisters oder Doktors.[230]

Es wird deutlich, dass Vergehen und Konflikte auf der von uns konstruierten „unteren Ebene“ weder exponentiell anstiegen, noch schlagartig im Zuge der weit reichenden städtisch-universitären Rechtskooperationen zu beenden gewesen wären.[231] In der zweiten Hälfte des 15. Jahrhunderts ist jedoch eine gewisse Disziplinierung, vor allem aber eine Versachlichung der Konfliktlösung zu erkennen.[232] Dies ist nicht zuletzt darauf zurückzuführen, dass im Laufe des 15. Jahrhunderts die personellen Verflechtungen zwischen Rat und Universität enger und komplexer wurden. Friedrich Zarncke sah es gar als gutes Zeichen, dass im „Liber actorum et tractatum inter senatum et universitatem“ von 1513 bis 1530 nichts notiert wurde, wie ihm auch der letzte Eintrag als Beleg für ein gutes Verhältnis zwischen Stadt und Universität diente:

> „1513 et 14 Ist alle eynikeyt zcwuschen der vniuersitet vnd Stadt gewesen, Auff die hochzceit Zu Dorgaw des durchlauchtn hochgebornen F. vnd herren Hertzogen Joanssn vnd auff Bischoffliche kronunge des hochgebornen Fursten Zu Anhaldt Grauen Adolff gelden, Zu Merseburg in eyner herbirgen mir eynander gelegen Freuntlichen kegen eyn Ander gebart vnnd heym gereyset.“[233]

2.3.3 Erklärungsansätze für „universitäre Delinquenz“

Es drängt sich die Frage nach einer Erklärung für die scheinbare „Gewaltbereitschaft“ bzw. die relativ hohe Deliktrate besonders unter den Studenten auf. Wir wollen zunächst einige „Komponenten“ der studentisch-universitären Alltagsstruktur herausgreifen, um zumindest ein paar Erklärungsansätze für ein Verhalten zu liefern, welches nicht als Bösartigkeit oder Sittenlosigkeit, sondern als Ergebnis von subjektiv rationalem Handeln der Akteure (das heißt

---

230 Aus dieser Übereinkunft entspann sich allerdings ein weiterer Rechtsstreit, da sich einige Angehörige der Artistenfakultät (und wohl auch der nachfolgende Rektor) dadurch in ihrer Rechtsautorität beschwert sahen: CDS II 11, Nr. 364. Dass die Universität ihre Beschwerde allerdings dem herzöglichen Kanzler Dr. iur. Simon Pistoris [126] antrugen, konnte ihrem Anliegen nicht dienlich sein, waren Pistoris und seine Familie doch dem Leipziger Rat auf das Engste verbunden. Insofern war es für den Rat auch ein Leichtes Kanzler Pistoris für sich zu gewinnen: CDS II 11, Nr. 365, 366. Vgl. POHL, 211–214 zum Vorgehen bei verstorbenen Studenten in der Frühen Neuzeit.

231 RB I, Nr. 459; RB II, Nr. 1497, 2175; HOYER, Stadt, 171 f.; vgl. WUSTMANN, Stadt, 121–129, SCHLENKRICH, 13–16, auch der Landesherr wollte die Universität in ihren Rechten nicht einschränken, so etwa 1508 Herzog Georg bei der erneuten Verleihung der Hochgerichtsbarkeit an die Stadt Leipzig: BEIER/DOBRITZSCH, 38: „[...] Wir wollen auch unsere Universität zu Leipzig und derselben Personen auch aller Geistlichkeit und sonst jedermann hiermit ihre Privilegia und Freyheit nicht verkürtzen [...]“.

232 HOYER, Alltag, 259, DERS., Gerichtsbarkeit, 133; RUDOLPH, 189.

233 ZARNCKE, Quellen, 636; vgl. HOYER, Stadt, 171 f.; anders WUSTMANN, Leipzig, 121 und passim, der besonders die Zeit nach 1500 als extrem konfliktreich schildert. Seiner Meinung nach lag die Schuld daran allein bei der Universität, denn: „Der Rat war unaufhörlich bemüht, auf Recht und Ordnung zu halten, aber wie sollte der Wagen im Gleise bleiben und von Flecke kommen, wenn von den beiden, die den Vorspann bildeten, immer nur der eine anzog!“, das Zitat ebd., 123.

besonders der Studenten) unter den gegebenen sozialen und ökonomischen (eventuell auch „mentalen") Restriktionen (also den sie umgebenden sozialen Verhältnissen) verstanden werden muss.

Erstens ist hierbei auf das Alter der beteiligten Akteure hinzuweisen, die zum Zeitpunkt ihrer Immatrikulation größtenteils gerade einmal 14 bis 16 Jahre alt waren. Zusammenstöße zwischen Personengruppen, die meist noch im jugendlichen Alter waren[234] (gemeint ist hier der Großteil der Studenten und der Handwerksgesellen[235]) und in einem begrenzten Lebens- und Wohnraum aufeinander trafen, stellten Manifestationen akuter (sozialer) Spannungen dar und waren relativ häufig. Studenten und Universitätsangehörige waren aufgrund ihrer „natürlichen" Fremdheit[236] (zum Teil durch ihre Sprache, geographische Herkunft, aber vor allem Kleidung, Verhaltensweisen, etc.) eine schwer in die kommunale Bevölkerung zu integrierende Gruppe. Die Fremdheit, dazu die Privilegien, die (in Leipzig relativ hohe) Anzahl, ebenso die von ihnen zeitweilig ausgehende Unruhe und Belästigungen der Stadtbevölkerung (die freilich auch zu Vorurteilen gegenüber der gesamten Gruppe von Universitätsangehörigen führen konnte) dürften durchaus bei den Einwohnern der Stadt eine gewisse Abwehrhaltung

---

[234] Zum „typischen" Studenten des Mittelalters: MORAW, Sozialgeschichte, 49; SCHWINGES, Europäische, 129–131; DERS., Stiefel, 553; WRIEDT, Bürgertum, 492, 516; DERS., Studium, 16; vgl. GRAMSCH, Erfurter, 189; HOYER, Gründung, 88; POHL, 205; RASHDALL III, 352 f. Nach VERGER, Town, 246 f. traten „karrierebewusste" (ältere) Studenten höherer Fakultäten kaum als Delinquenten in Erscheinung.

[235] Das größte Konfliktpotential bestand immer zwischen Gesellen und Studenten, es erzeugte auch den bekanntesten Fall, die so genannte „Schusterfehde" von 1471, bei welcher Schustergesellen einigen Universitätsangehörigen die Fehde angesagt hatten (CDS II 11, Nr. 156), worauf sich die Landesherren zum Eingreifen genötigt sahen (CDS II 11, Nr. 157). Allerdings trägt die Überlieferung der folgenden Jahrhunderte nicht unbedingt zur Klarheit bei, vgl. noch CDS II 11, Nr. 158, 159. Ob Darstellungen mit bewaffneten Auseinandersetzungen, Verwüstungen oder Verbindung der Schustergesellen mit Rittern und Errichtung eines Lagers vor den Mauern der Wahrheit entsprechen, ist ungewiss, dafür sprechen könnten etwa Einträge in den Jahreshauptrechnungen in den Folgejahren, vgl. JHR 2 1474/75, fol. 262^r; vgl. auch BEIER/DOBRITZSCH, 46. Warum sich dann allerdings keine weiteren Quellen außer den genannten finden lassen ist unklar, siehe insgesamt: BÜNZ, Gründung, 281 f.; CZOK, 59; FRIEDBERG, 10; HOYER, Gerichtsbarkeit, 134–136; DERS., Stadt, 170 f., DERS., Universität, 27 (demnach sei es ein grober Scherz gewesen, der eskaliert wäre); DERS., Wirtschaft, 63 f.; STEINFÜHRER, Stadt, 33. Anders der so genannte „Lindenauer Aufruhr", bei welchem Studenten in Lindenau einige Bauern erschlagen hatten. Dieser Fall berührte die Stadt nicht, da Lindenau nicht zum Leipziger Weichbild gehörte und ein Mord vorlag, weshalb der Kanzler den Fall an sich zog: CDS II 11, Nr. 167, 168, 171, 172, 173, 174; HOYER, Stadt, 170 f.

[236] VERGER, Town, 247; Auch soziale Unterschiede bzw. adelige Studenten spielten eine entscheidende Rolle bei Konflikten, zu den Adligen, ebd.: „[...] le séjour aux études ne leur faisant sans doute pas pendre ces traits caractéristiques de leur ordre: arrogance, violence, goût et ptratique des armes."; CDS II 11, Nr. 231. Ebenso meint Verger, dass innerhalb der Kommunen eine Art Gewaltpotential existierte, welches sich vor allem gegen Fremdheit richtete (wohl zur Stabilisierung des eigenen soziale Bezugssystem zu stabilisieren) und in welches Universitätsmitglieder als potentielle „Opfer" dieser Gewalt passten, vgl. VERGER, Town, 251 f.

gegenüber den Studenten geschaffen haben, so dass wechselseitige Regelungen und Kooperation notwendig waren.[237]

Gerade für Jugendliche, besonders wenn diese aus ihrer gewohnten Umgebung in eine völlig fremde verpflanzt wurden, musste es als probates Distinktionsmittel erscheinen (um sich nicht nur von älteren Studenten etc., sondern vor allem von Gleichaltrigen – also Handwerksgesellen – abzusetzen), provokative Verhaltensweisen an den Tag zu legen, wozu eben auch Grobheit und Gewalt gehörten.[238] Auseinandersetzungen mit strukturell ähnlichen Vergleichsgruppen dürften für die oft noch jugendlichen Studenten im Mittelalter (aber nicht nur für jene) einen Weg zur Erlangung sozialer Anerkennung innerhalb ihrer Bezugsgruppe (in diesem Fall etwa die Bursenfamilia oder die anderen Studenten aus der Stadt, mit denen man gemeinsam nach Leipzig gereist war), wie auch einen Beitrag zur Erhöhung der Stabilität innerhalb dieser Gruppe dargestellt haben. Die für solche Zwecke konstruierten typischen, geradezu klischeehaften „Feindbilder“ lassen sich an einem Beispiel deutlich machen. Bei Auseinandersetzungen zwischen Studenten und Kürschnergesellen, Anfang des 16. Jahrhunderts, seien die Studenten in die Häuser derselben eingedrungen und hätten sie beleidigt:

> „[…] als katzennschinder geheyssen unnd sunst geschmehet, hiraus gefordert unnd ynenn kampff angebottenn, auch untrewylenn dye fenster ausgeworffenn, in dye thoren gehawen, unnd so sie den kursenern begegent, auff sie geschlagenn, geiaget und so vill sie vormocht iren mutwillen mit ynen getrieben [worauf die Kürschner ebenso die Studenten angegangen seien, sie] vesperknecht, parteckenhengst ader parteckenfresser, laudaten unnd dergleichen geheyssen […]“[239]

Zweitens waren in einem ausschließlich männlichen Sozialraum wie der mittelalterlichen Universität Streitigkeiten, Konflikte, aber auch Gewalttätigkeiten, die das andere Geschlecht betrafen, relativ häufig.[240] Vor allem Bordelle, die so genannten „Frauenhäuser“[241], und private Prostituierte scheinen im alltäglichen Leben besonders der Artes-Studenten eine nicht

---

237 HYDE, 15; VERGER, Town, 252 f.; FRIEDBERG, 11 vermutet gar, diese Unfreundlichkeit habe reiche Studenten vom Besuch der Alma Mater Lipsiensis abgehalten. Defensive Reaktionen der Bürger auf studentisches Verhalten waren wohl keine Seltenheit: JHR 33 1521/22, fol. 125ᵛ: „Item in die Johannis apostoli et evangelisto [27. Dezember 1521] sint etzliche burger im harnisch der studenten halben uffm Rathause gewest […]“.

238 DENLEY, 730, 738; VERGER, Town“, 253.

239 CDS II 11, Nr. 316; Diese immanenten Konflikte führten auch dazu, dass die Kollegienhäuser oft zur Straßenseite hin (gegen Angriffe) schwer gesichert wurden: KUSCHE, Ego, 393 f.

240 HOYER, Gerichtsbarkeit, 132; DERS., Universität, 27; KUSCHE, Ego, 397–401; SCHWINGES, Student, 208; So beschwerte sich der Rat 1494 bei der Universität, dass Studenten die Frau eines Goldschmiedes angegriffen hatten und sie wegschleppen wollten, was nur durch Eingreifen anderer Bürger verhindert worden sei: ZARNCKE, Quellen, 632 f.; HOYER, Alltag, 249.

241 SCHUSTER, Frauenhaus; SCHWERHOFF, Wirtshäuser, 289; WUSTMANN, Frauenhäuser. Diese Häuser standen unter städtischer Aufsicht (CDS II 8, Nr. 277), die Frauen besaßen somit einen gewissen Schutz vor Übergriffen, mussten aber Abgaben leisten: JHR 40 1528/29, fol. 34ᵛ; WUSTMANN, Quellen II, 34. Frauenhäuser dienten oft auch einfach nur als Schankstuben, in welche man gleichsam ohne sexuelle Neigungen des Trinkens halber gehen konnte: SCHUBERT, Essen, 243.

unerhebliche Rolle gespielt zu haben.[242] Besonders Konflikte um Prostituierte, die meist gewaltsam ausgetragen wurden, sind relativ häufig zu finden.[243] Da aufgrund der Anwesenheit von Prostituierten[244] oft genug schwere Konflikte etwa zwischen Studenten und Handwerkern entstanden, war es sowohl Universitätsoberen als auch Stadträten ein Anliegen, diesen „Unruhefaktor" aus dem universitär-studentischen Umfeld zu entfernen.[245] Solche Eingriffe in das universitäre Leben waren erwartungsgemäß recht unpopulär, weshalb sich 1477 ein Magister Heinrich Rochlitz (im Übrigen in Begleitung des Dr. leg. Johannes Seeburg und des Dr. theol. Johannes Eutritzsch [44]) vor dem Rat entschuldigen musste:

> „[…] das er solle gesaget haben, das der burgermeister und der rat allhier zu Leipczk gedechten die heymlichen hwren zu verweißen und etzliche hetten doch erger hwren hynder yren erßen lygen, dann die weren, die man vortreiben welde […]"[246]

Drittens kommt man nicht umhin, in der Gewalt ein alltägliches Element des mittelalterlichen Lebens (nicht zuletzt etwa in ritualisierten Formen der Drohung wie des Messerzückens etc.) zu sehen, welches von schwerer Körperverletzung bis zu verbaler Beleidigung (von Zeitgenossen als gleichwertig zur physischen Verletzung angesehen) reichen konnte.[247] Auch unter Stadtbürgern oder innerhalb der Dorfgemeinde waren Streitigkeiten – vor allem nach dem Besuch einer Schankstube – keine Seltenheit.[248] Mithin bemerkenswert ist zuweilen die Häufigkeit, mit der vor allem Angehörige der Oberschicht als Delinquenten in Erscheinung traten.[249] Neben Fällen etwa von verletzter persönlicher Ehre[250] finden sich Vorkommnisse jugendli-

---

242 Wustmann, Frauenhäuser, 127–132.

243 Wustmann, Quellen II, 32: „[…] das sie messer und gerackte wehre uff dem freyen huse ober studenten getzogen und do gefrevelt und ufflewte gemacht haben […]", 34; JHR 9 1487/88, fol. 16v; Wustmann, Frauenhäuser, 127 f. Oft genug richtete sich die Gewalt gegen die Frauen selbst: JHR 9 1488/89, fol. 159v; JHR 12 1493/94, fol. 14r; Wustmann, Quellen II, 8, 13: „[…] dorumme das er eyner fryen frawen uff deme huße dy waden uff sneyth […]", 17, 23 f.

244 Nicht zuletzt auch in den Kollegien und Bursen: JHR 30 1518/19, fol. 22r: „Steffan gopffart hat eine hure [...] in seynem hause geherbirget, die in der Christnacht uff unser liben frawen collegio gewest […]"; JHR 32 1520/21, fol. 21r: „Magdalena hütterinn, der schicken pejschlefferin, ist an der kristnacht uff unser liben frawen collegio ergriffen worden […]"; dazu Wustmann, Frauenhäuser, 131.

245 So untersagte der Rat 1467 den Schenken, Prostituierte in die Weinstuben und Keller zu lassen, da dies Streit unter Studenten und Handwerksknechten auslöse: CDS II 8, Nr. 414 = RB I, Nr. 100 (Regest).

246 RB I Nr. 459.

247 Schwerhoff, Kriminalitätsgeschichte, 38 und passim; für einen Fall von Beleidigung: JHR 13 1495/96, fol. 13v: „Item Symon allex hat doctor bernhardini mit groben unzuchtegen worten angelawffen dor umbw das her sein mait hat bussen helffen hat dor umbe dem Rate j ß xlv gr zu busse gegeben"; Wustmann, Quellen II, 50 f.; vgl. Isenmann, Stadt, 162–166; Schwinges, Student, 209.

248 Hoyer, Stadt, 168; Schwerhoff, Kriminalitätsgeschichte, 38; zahlreiche Bespiele liefert Wustmann, Quellen II, ebd. 29: „[…] er hat eynen studenten fur dem statkellir geslagen […]", auch 49.

249 Schuster, Richter, 361.

250 Auch unter Ratsleuten: JHR 11 1492/93, fol. 136v: „Item Wilhelm krahenn [Rat Nr. 164] hat jacoff thomel [Rat Nr. 361] uff dem Rathawße mit flacher hant geslagen hat dor umbe dem Rathe v ß xx gr silbern. Jacoff thommel dor umbe das her wilhelm krahen uff dem rathawße mit einem degen gestochenn

chen Übermuts[251] wie auch Schlägereien.[252] Daraus aber moralische konnotierte Urteile abzuleiten und diese auch den Zeitgenossen zuschreiben zu wollen, ist nicht zulässig. In der mittelalterlichen Gesellschaft galt nicht so sehr die Herkunft (sozial oder geographisch) eines Delinquenten als Kriterium für dessen soziale Ausgrenzung, sondern die Art des Delikts.[253] Die Bewahrung des öffentlichen Friedens stand oft genug im Vordergrund, Gnadenerweis und Sühne waren im christlichen Verständnis wichtiger als dauerhafte Ausgrenzung aus der Gesellschaft.[254]

Die „Gewaltbereitschaft" besonders unter den Studenten ist also dahingehend zu relativieren, dass sie nicht exzeptionell war, sondern in gewisser Weise der „Normalität" spätmittelalterlicher Gesellschaft entsprach.[255] Genauso wenig wie Studenten ihre soziale Position und ihren sozialen Rang mit dem Universitätsbesuch abstreiften, sondern die Hohe Schule im

---

hat dedit pro pena v ß xv gr"; JHR 14 1497/99, fol. 20^{r}: „item wilhelm krahen hat eyn messer uber nickel moller getzogenn und uff yn geslagen dt vor den wichfride xxx gr" oder RB II Nr. 1361, 1493, wonach sich Johannes Bauer [9] mit dem Bürgermeister Ludwig Scheibe [145] geschlagen habe; SCHUSTER, Richter, 367 f., 370 f., 373, ebd. 372 zum Messerzücken; vgl. ERIKSSON/KRUG-RICHTER, 7; SCHWERHOFF, Kriminalitätsgeschichte, 38, wonach es durchaus eine informelle Norm gab, dass christliche Männer ihre Ehre im Bedarfsfall auch mit Gewalt verteidigen durften.

251 JHR 15 1500/1501, fol. 141^{v}: „Cüntz meysenberg [104] hat bey nacht uber verboth des Rats uff dem sliten gefahren und eyn grawsam geschrey uff dem marckt erhobnn auch des Rats knechte geschulden auß seinem hawse unde die slahenn wollenn dedit pro pena ii ß"; JHR 17 1503/04, fol. 21^{r}: „Cuntz Kuchmeister [61] [dahinter, gestrichen:] reynhardt wilde, heintz weber [statt dessen:] Moritz Thommel, Nickel hommelshain [71] und hans hommelshain [70] haben uff stegken geritenn und grossen unfug getrieben dar umb dem Rate iglicher j fl zu bussen geben facit iiij fl faciunt j ß xxiiij gr. heintz weber hat mit Cuntz Kuchemeister uffm stegken geriten und dar umb dem Rate j ß zur bussen gegeben. heinrich voits sone hat auch mit geritten darumb xxi gr gebenn", aber auch Erwachsene, wie etwa die Ehefrau des Dr. Johannes Preußer [129]: JHR 6 1481/82, fol. 13^{v}: „Von der doctor bruseryn ingenommen auch vor sleten farn ingenommen xx gr"; zum Schlittenfahren: CDS II 8, Nr. 365; ISENMANN, Gesetzgebung, 8.

252 JHR 14 1498/99, fol. 147^{v}–148^{r}; JHR 17 1504/05, fol. 185^{r}: „Item von Cuntzen guntherrode [61] der baccalarien gippfel mit eynem hauffen schlesseln (?) vor das maul geschlagen xxj gr. Item vom selbigen mit anderen wie volgt etzlich studentn uff dem kirchhoff zu S. Niclas ange(?) xlij gr. Item von Moritz Thommel mit ime gewest xlij gr. Item von Jheronimo Walter [Rat Nr. 381] auch mit gewest xlij gr."

253 SCHUSTER, Richter, 374.

254 SCHWERHOFF, Kriminalitätsgeschichte, 32 f.; Das Beispiel des Konrad Guntherode [61] spricht für diesen Befund, seine recht zahlreichen Vergehen hinderten ihn ganz offensichtlich nicht daran 1512–1535, gemeinsam mit seinem Jugendfreund Hieronymus Walther d. Ä., im Rat zu sitzen. Ebenso blieb Dr. med. Wenzel Beyer (alias Cubito) ein angesehenes Mitglied der Gesellschaft, trotz gewaltsamer Ausbrüche seinerseits: JHR 37 1526/27, fol. 24^{r}: „Doctor Cubito Medicus hat bey nechtlicher weyle Jurgen Buchner in der peters strassen seynen hausfride gebrochen, den langen Georgen eyn Studenten und seine Brewer gehawen und eyn großen unfug im hauße angericht, derhalben yne der Rath zu abetrag gefordert und zur straffen yme genommen v ß", vgl. SCHUSTER, Richter, 368; SCHMUGGE, 266 f.

255 Oft genug richtete sie sich ja gegen die Studenten: JHR 11 1492/93, fol. 136^{v}: „Brosing Hasart von halle ein hipler hat einen schuler durch einen Backen gestochenn dedit vor den weichfride xviii gr".

Inneren immer ein Spiegel der sozialen Verhältnisse der äußeren Umwelt blieb,[256] genauso wenig veränderten die jungen Universitätsbesucher schlagartig ihre sozialen Verhaltensweisen und informellen Normen.

Zum Schluss noch eine eher soziologische beziehungsweise spieltheoretische Überlegung zur Erklärung „universitärer" Delinquenz. Wir haben es beim Studium an der spätmittelalterlichen Universität Leipzig mit einer Art Vertrauensspiel zu tun.[257] Es gab zwei Spieler, auf der einen Seite die städtische Obrigkeit (als Repräsentant der gesamten Kommune) und auf der anderen Seite den Studenten (typischerweise der Artistenfakultät). Die Stadt musste den Angehörigen der Universität von Anfang an ein gewisses Maß an „Grundvertrauen" vorbehaltlos entgegen bringen, denn aufgrund der von einander getrennten Rechtsbereiche besaß der Rat im Falle eines Vergehens (oder im Fachterminus: einer Defektion) durch Universitätsangehörige nicht die gleichen Sanktionsmöglichkeiten wie gegenüber den Einwohnern der Stadt. Da sich städtisches Recht nur auf Stadt und Weichbild erstreckte, musste der Rat also auch noch zusätzliche Kosten tragen, wollte er etwa einen Prozess an einem auswärtigen Gericht gegen einen Studenten führen, wenn dieser die Stadt bereits verlassen hatte. Daher war die städtische Obrigkeit gezwungen, darauf zu vertrauen, dass auch die Hohe Schule, bzw. deren Angehörige, mit der Stadt „kooperieren", d. h. zumindest nicht-delinquent handelten. Die städtische Obrigkeit war sozusagen der Treugeber, der gegenüber dem Treuhänder (dem Universitätsangehörigen) hoffen musste, dass dieser das ihm entgegengebrachte Vertrauen (und nichts anderes war es ja, wenn der Rat Universität und Studium in seiner Stadt akzeptiert hatte) nicht missbrauchte.

Nach dem klassischen, einmal gespielten Vertrauensspiel ist es aber für den Treuhänder rational zu defektieren (da seine wie auch immer gearteten Auszahlungen – zumeist materieller Art – in diesem Falle am höchsten sind und er keine Sanktionen fürchten muss).[258] Die potentiellen Auszahlungen, die besonders fremde Studenten bei einer „Defektion" gegen die städtische Obrigkeit zu erwarten hatten, haben wir bereits oben aufgezeigt (informelles Sozialprestige in der Gruppe, Abgrenzung von der Umgebung, Stärkung des landsmannschaftlichen oder wie auch immer gearteten Zusammenhalts in Burse, Kolleg, Fakultät etc.). Gleichzeitig hatten auswärtige Studenten bei weitem nicht so hohe Kosten (das heißt Strafen) zu erwarten, wie etwa einheimische Studenten. Diese Kosten der Defektion waren nicht nur formaler Art, z. B. in Form der Durchsetzung von Statuten und den damit verbundenen Strafen (Karzer, Relegation, Exklusion usw., diese dürften sowohl für fremde wie einheimische Studenten gleich bedeutend gewesen sein), sondern viel eher informell (d. h. durch die soziale

[256] BOOCKMANN, Lebenswelt, 184; GRAMSCH, Erfurter, 135; IMMENHAUSER, St. Gallen, 285; MIETHKE, Karrieren, 343; MORAW, Verfassung, 339; SCHWINGES, Universitätsbesucher, 344; DERS., Pauperes, 289; DERS., Mückensenf, 19. Man lernte in Burse oder Kolleg keine sozialen Verhaltensweisen, die nicht auch außerhalb universitärer Wände existiert hätten, vgl. ebd. 24 und DERS., Studentenbursen, 528.

[257] Als Einführung: GREIF, 407–420; vgl. AXELROD; TAYLOR.

[258] Bei Greif wird der mediterrane Handel als Beispiel herangezogen: Der Agent vor Ort, der von einem (in seinem Kontor in Italien verweilenden) Kaufmann einen Auftrag erhalten hat, konnte diesen um dessen Geld bzw. Waren prellen, den Gewinn einstreichen und sich davon machen. Dass dieses Szenario nicht die Regel darstellte, sollte mit den sich aus dem Vertrauensspiel entwickelnden formellen und informellen Institutionen und Normen, welche das Handeln der Akteure bestimmten, erklärt werden.

Bezugsgruppe). Dies führt nun auf die entscheidende Variable hin, nämlich den so genannten Diskontfaktor (oder „Schatten der Zukunft").[259]

Ein Student studierte im Schnitt mindestens zwei bis drei Jahre[260] an einer Universität, d. h. er spielte das oben skizzierte Vertrauensspiel nicht nur einmal, sondern tagtäglich. Dadurch aber, dass auswärtige Studenten in etwa einschätzen konnten, wann ihr Studium vorbei sein und sie in ihre Heimat zurückkehren würden, konnte auch ihre Bereitschaft zur Defektion bzw. zur Delinquenz steigen. Denn konnte man das Ende des Studiums in etwa abschätzen, musste man auch kein großartiges Vertrauen gegenüber der Stadtbevölkerung und der städtischen Obrigkeit aufbauen, man blieb also auch während seines Studiums zu einem gewissen Grade ein Fremder in der Universitätsstadt (die enge landsmannschaftliche Bindung in den Bursen mag dafür sprechen).[261] Anders bei studierenden Stadtkindern oder Angehörigen höherer Fakultäten, die aufgrund ihrer Herkunft aus der Universitätsstadt bzw. ihrer Tätigkeit für die Universität, die Stadt oder den Landesherrn ein Ende des Vertrauensspiels nicht so leicht absehen konnten. Auf dieser Ebene war Kooperation und Vertrauen zwischen Stadt und Universität weit eher möglich (und auch nötig). Besonders Stadtkinder legten daher weit weniger typisch studentische Delinquenz während ihrer Studienzeit an den Tag, nicht nur, weil ihr Schatten der Zukunft enorm größer war als der von zugereisten Studenten (denn ein Leipziger Bürgersohn lebte eben auch nach dem Studium mit ziemlicher Sicherheit weiter in Leipzig). Auch ihre starke Einbindung in das städtisch-soziale Umfeld, da sie sicher weitaus engere Beziehungen und Kontakte zur Stadtbevölkerung als zu auswärtigen Studenten hatten, dürfte eine Rolle dabei gespielt haben, dass Studenten aus der Universitätsstadt eher zu ihrer Kom-

---

[259] Der Diskontfaktor bzw. Schatten der Zukunft dient dem Spieler in mehrfach gespielten Spielen dazu, abzuschätzen, wann das Spiel vorbei sein wird, das heißt also, wie viele Spiele überhaupt gespielt werden und wann das letzte Spiel ansteht. In der Spieltheorie ist dies eine entscheidende Variable wenn es darum geht, welche Strategie ein Spieler in einem wie auch immer gearteten Spiel anwenden soll. Die theoretische Überlegung dazu lautet, dass die Spieler bei einer finiten Anzahl von Runden (oder einer bekannten Wahrscheinlichkeit von noch zu spielenden Runden) die letzte Runde antizipieren und in dieser sicherlich defektieren werden, da keine weitere Runde mehr folgt, sie also nicht mehr bestraft werden können. Damit wird die vorletzte Runde quasi als letzte Runde perzipiert und in dieser wird ebenfalls wechselseitig defektiert usw. Das heißt, wenn es bekannt ist, wie viele Runden gespielt werden, wird wechselseitige Kooperation nicht eintreten. Auch wenn diese theoretischen Überlegungen in der Praxis vermutlich an der kognitiven Leistungsfähigkeit eines „normalen" Menschen teilweise scheitern werden – besonders wenn eine relativ hohe Anzahl von zu spielenden Runden bevorstehen würde – so verdeutlichen sie doch, dass im menschlichen Zusammenleben Situationen existieren, deren Dauer grob abgeschätzt und für deren Bewältigung eine grundlegende Strategie zurecht gelegt werden kann.

[260] BÜNZ, Cristianus, 9; SCHWINGES, Universitätsbesucher, 343; WRIEDT, Studium, 12.

[261] Ein literarisches Beispiel soll hier zur Anschauung des Prinzips dienen: In Erich Maria Remarques „Im Westen nichts Neues" spricht der Erzähler Paul Bäumer – als er und seine Kameraden, kurz vor der Verlegung an die Front, ihrem Ausbilder Himmelstoß auflauern, um sich für dessen harten Drill zu rächen – exakt den hier dargelegten Grundgedanken aus: „Einstweilen wollten wir ihn [Himmelstoß] gründlich verhauen. Was konnte uns schon passieren, wenn er uns nicht erkannte und wir ohnehin morgen früh abfuhren.", zit. n. REMARQUE, 42.

mune als zur Universität tendierten, da sie weit höhere informelle Kosten bei einer Defektion zu erwarten hatten.[262]

Studentische Delinquenz war also vor allem ein Problem der nur kurzzeitig in Leipzig verweilenden, auswärtigen Artes-Studenten, weit weniger der höheren Fakultäten oder Leipziger Bürgersöhnen (dies soll im Umkehrschluss nicht heißen, dass diese nicht auch in anderer Art und Weise delinquent werden konnten). Dass dadurch immer wieder Konflikte zwischen Stadt und Universität entstanden, da sich das beständig ändernde „Fluidum" der Artisten in der Stadt nie durch irgendeine Art offizieller Institution vollständig hätte kontrollieren lassen, mag durch das oben recht grob skizzierte Spiel noch ein wenig deutlicher geworden sein.

2.4 Universitäre Aktivitäten im städtischen Alltag

Nicht jede Handlung eines Universitätsangehörigen dürfte sofort für einen Konflikt mit der Einwohnerschaft der Stadt gesorgt haben. Es soll im Folgenden anhand einiger Beispiele gezeigt werden, dass studentischer Alltag in einer Universitätsstadt weit mehr war, als entweder von morgens bis abends zu studieren oder sich zu prügeln. Bisher allerdings scheint in der Forschung zur spätmittelalterlichen Universität Leipzig der Bereich des städtisch-universitären Zusammenlebens in Form des geistig-spirituellen bzw. des festlich-unterhaltsamen Lebens innerhalb der Stadt relativ schlecht beleuchtet worden zu sein. Dies verwundert deshalb, da gerade unter dem Stichwort vom „studentischen Leben" oft und gerne (vor allem) Anekdotisches zum Besten gegeben wurde. Im Rahmen dieser Arbeit ist nur Platz für einige Hinweise zu diesem Thema, die schon im Groben auf ein weites Feld hindeuten.

Einen nahezu unübersehbaren Faktor im Bereich des geistig-spirituellen Lebens der Kommune spielten mit Sicherheit die zahlreichen Anniversarien bzw. Jahrtage[263] und sonstige Memoria-Stiftungen von Universitätsdoktoren und -magistern, die nicht selten mit recht großem Aufwand begangen wurden (dem Status des zu Gedenkenden angemessen), oft auch mit einer Prozession durch die Stadt, mit Gesang und Geläut. Nicht zu vergessen sind dabei die Anwesenheitsgelder (die oftmals auch „stipendienartige" Züge annahmen, zumal Studienstiftungen ohnehin in der Regel mit Memorialverpflichtungen der Empfänger für den Verstorbenen verbunden waren).[264]

Diese Feierlichkeiten dürften nicht in dem Sinne „privat" gewesen sein, als dass kein Publikum außer den testamentarisch oder anders festgelegten Personen anwesend sein durfte. Das Publikum war nur insofern „unbeteiligt", als dass es keine liturgischen Aufgaben übernehmen musste oder gestiftete Gelder erhielt. Oftmals wurde das Kapital der Stiftungen bzw.

---

[262] DENLEY, 736: „Finally, where do local students fit in to this? A proportion of students always felt more ties to town than to gown, and for them the contrapposition of the two must have been, if not meaningless, at least difficult."

[263] KRAMM, Studien, 323 f. und passim; KUSCHE, Stiftungen, 331 f., 334–336.

[264] GÖßNER, 145–157 und passim; KUSCHE, Stiftungen, 315–317; RATAJSZCZAK, 39 f.; STEINFÜHRER, Stadt, 40. Als Beispiel etwa das Testament des Leipziger Juristen Dr. Johannes Seeburg: BOOCKMANN, Lebenswelt, 180 f.; WRIEDT, Studienförderung, 38–44; auch STIFTUNGSBUCH, Nr. 29, 49.

der aus zugebende Zins gleich direkt beim Rat der Stadt angelegt,[265] in den Jahreshauptrechnungen finden sich unzählige Beispiele von Stiftungen, die von Universitätsmagistern und -doktoren angelegt und vom Rat verwaltet wurden, diese kamen häufig der Familie des Stifters, aber auch dessen Fakultät[266] oder Kollegium zugute.[267] Die Sorge um das eigene Seelenheil war jedem mittelalterlichen Menschen zu Eigen, mochte er nun ein Magister sein oder ein Krämer, so dass eine offensichtliche und öffentliche Darstellung auch des spirituellen Lebens der Universität das Gefühl Fremdartigkeit dieser Institution und ihrer Mitglieder gegenüber den Einwohnern der Universitätsstadt abgeschwächt haben mochte.

Ein zweites Feld bilden Prozessionen, an denen Universitätsangehörige oftmals teilnahmen oder solche selbst durchführten,[268] etwa wenn sie vom neu gewählten Papst dazu aufgefordert wurden.[269] Prozessionen fanden zu großen Teilen nicht privat oder gar heimlich statt, nur bestimmte Abschnitte der Festlichkeit wurden unter Ausschluss großer Menschenmengen in kleinerem Rahmen vollzogen, aber auch dies musste nicht immer bedeuten, dass kein Publikum zugegen war.[270] Wie Geschenke (dazu 3.3.1), so zielten auch Prozessionen größtenteils auf Außenwirkung, in diesem Falle gegenüber den Zuschauern, ab, denen etwa durch städtische Prozessionen mit exklusivem Teilnehmerfeld die Legitimität der städtischen Obrigkeit vor Augen geführt wurde.[271] Aber eben auch diese Exklusivität einiger Prozessionsarten machte den zweiten Haupteffekt aus, nämlich die Stabilisierung und Förderung von Verbundenheit innerhalb einer ausgesuchten Gruppe.[272] Dies galt auch für „Massenprozessionen“, an denen sich die gesamte Einwohnerschaft beteiligen sollte, damit das Zusammengehörigkeitsgefühl untereinander gegenüber allem „Fremden“ gestärkt, auch etwaige soziale Spannungen entschärft werden konnten, indem durch die Prozession eine gottgefällige gesellschaftliche

---

265 RB I, Nr. 898; RB II, Nr. 2183; STIFTUNGSBUCH, Nr. 8, 22.

266 GÖßNER, 163 f.; JHR 25 1513/1514, fol. 154^{v}: „Den Juristen auß krafft der testamentarien doctoris Iphoms von lx fl welche heynrich berngerßhayn uff widerkauff mit anderm gelde gethan iij fl“; letzte Erwähnung JHR 51 1539/40, fol. 192^{v}–193^{r} und 198^{r}; vgl. STIFTUNGSBUCH, Nr. 23, 24, 25, 35, 44.

267 KUSCHE, Stiftungen, 317 f., 321 für Beispiele, ebenso RATAJSZCZAK, 93–114. Einen besonderen Fall stellt die Stiftung des Dietrich von Bocksdorf, Ordinarius der Juristenfakultät dar: RB I, Nr. 933 = CDS II 8, Nr. 363; vgl. auch CDS II 11, Nr. 213, 214; JHR 20 1508/09, fol. 214a (Brief des Dr. Johannes Scheyring, Propst des großen Kollegs): „Ich Johannes scheyring von [...] doctor und prost (!) im großen collegio bekenne offenlich mit meyner hand schrifft das mir der erbar radt zu leipz xviij gulden jerlicher zinß uff michaelis [...] zu dancke hat bezalet von wegen deß testamentz doctor wilhelmo seligs. sage genannte radt solcher bezalung uff diß mal quid ledig und loß [....] sunnabent nach dyonisy anno domini xvc viij jar [14. Oktober 1508]“; letzte Erwähnung JHR 51 1539/40, fol. 191^{v}–192^{r} und 197^{r}–197^{v}.

268 JHR 22 1510/11, fol. 20^{v}: 1511 wurde ein Hans Pfeiffer, Bader in Spital St. Katherinen, gestraft „darumm das er neben dene andernn padernn ein kertzenn hinder den studentes getragen und deß raths gepott voracht dar durch dy studentes mit Inen uffruhr gemacht [...] [am Rand der Vermerk: in processione corporis christi [19. Juni]]“; leider lässt sich daraus nicht die soziale Verortung der Studenten innerhalb der Prozessionsordnung ablesen.

269 CDS II 11 Nr. 92, 160, 166.

270 LÖTHER, 436, 447 f., 450.

271 LÖTHER, 443; HEUSINGER, 148 f., 152 f.

272 Besonders über die im Anschluss stattfindenden Festessen, vgl. LÖTHER, 448–450.

Ordnung innerhalb der Stadtgemeinde und diese als sakrale Gemeinschaft dargestellt wurde.[273] Die Prozessionen, an denen Leipziger Universitätsangehörige teilnahmen, zeigen beide Seiten der Medaille: einerseits die exklusive Prozession (entweder für ein verstorbenes Fakultätsmitglied oder in größerem Rahmen für den Papst) als Instrument der Stabilisierung innerhalb der prozessierenden Gruppe (der Stipendiaten, Kollegienangehörigen, der Artistenfakultät etc.) mit gleichzeitiger Demonstration der Legitimität universitärer Rechte und Privilegien gegenüber dem städtischen Publikum (denn auch universitäre Prozessionen mussten ja – um Wirkung zu erlangen – durch die Straßen der Stadt ziehen und konnten sich nicht nur auf ein paar Häuserblocks in der Ritterstraße beschränken), andererseits die Teilnahme an städtischen „Massenprozessionen" (Bittprozessionen zur Abwendung von Übeln von der Stadt wurden z. B. auch in Erfurt[274] – unter Teilnahme der Universität – 1482 und 1483 zur Kreuzerhebung Christi vollzogen) als Teil der Stabilisierung des Zusammengehörigkeitsgefühls der gesamten städtischen Einwohnerschaft und damit auch der teilweisen Integration von Universitätsmitgliedern in die kommunale *universitas*.

Ein drittes Feld stellt der Bereich des Tanzes dar.[275] Universitätsmitglieder, vor allem Studenten, nahmen – wie in der mittelalterlichen Gesellschaft üblich – entsprechend gerne an Tanzveranstaltungen wie dem Neujahr- oder Fastnachtstanz teil, der vom Leipziger Rat initiiert wurde.[276] Ebenso organisierte man eigene Festveranstaltungen,[277] etwa zu Promotionsfeiern etc. oder auch, wenn Universitätsangehörige bzw. deren Verwandte oder Vertraute heirateten,[278]

---

[273] LÖTHER, 436 f., 444, 457 f.; HEUSINGER, 144, 147, 150 f.

[274] LÖTHER, 439 f.

[275] WUSTMANN, Tanz; JUNG; zum Tanz allg. BRANDT-RISI; VOSS.

[276] Der Fastnachtstanz war fester Bestandteil des jährlichen „Veranstaltungskalenders" und besaß konstituierende Funktionen der Identitätsstiftung, Vernetzung und Kommunikation innerhalb der städtischen Oberschicht. Als Beispiel der Ausschluss des ehemaligen Ratsmannes Tile Hertwig (Rat Nr. 132), der gemeinsam mit dem Bürgermeister Hans von Trupitz (Rat Nr. 368) 1472 abgesetzt worden war (CDS II 8, Nr. 458, 460, 461, 482; RB I Nr. 309). Trupitz wurde es gestattet, 1482 wieder am Fastnachtanz teilzunehmen, Hertwig hingegen blieb die Teilnahme weiterhin untersagt, jedoch durfte ihn Dr. Valentin Schmiedeberg [153] vertreten (CDS II 8, Nr. 521; RB I, Nr. 567). Die Nicht-Einladung war eindeutig mit einem Verlust von Sozialprestige verbunden, vgl. STEINMÜLLER, 139. Finanziert und organisiert wurde der Tanz vom Leipziger Rat selbst (etwa durch Bereitstellung von Bier (JHR 5 1479/80, fol. 77^{r}) und der Bestimmung von Tanzmeistern, (JHR 9 1487/88, fol. 94^{v}). Dass der Fastnachtstanz mit der Zeit immer beliebter (und auch von Angehörigen der „unteren" Schichten besucht) wurde, minderte den angestrebten Effekt von Exklusion und Statuserhöhung, worauf der Rat mit Ver- und Geboten reagierte: JHR 28 1516/16, fol. 24^{r}; JHR 38 1526/27, fol. 22^{r}); WUSTMANN, Tanz, 36–41.

[277] Nach WUSTMANN, Tanz, 35, hielten die Studenten selbst jedes Jahr im Juli einen Tanz ab, wobei sich wohl lokale wie regionale Prominenz eingefunden habe. 1508 habe dann der Rektor Heinrich Stromer [175] diese abgeschafft, Versuche des Rektors Johannes Muschler (auch Schulmeister der Nikolaischule) zur Wiedereinführung seien gescheitert; vgl. RASHDALL III, 422.

[278] So habe sich Dr. med. Wenzel Beyer (alias Cubito) im Jahre 1531 mit den drei Bürgermeistern lautstark gestritten, da der Ratssaal aufgrund einer Doppelbelegung wohl zu klein für zwei Hochzeitsgesellschaften war und Cubito, obwohl nur Vertrauter des eigentlichen Bräutigams, sich anscheinend in seiner Ehre verletzt sah: WUSTMANN, Tanz, 41–43; JHR 43 1531/32, fol. 22^{v}: „Doctor Wenceslaus

wobei die meisten Veranstaltungen dieser Art wohl auf dem Rathaus selbst stattfanden. Dies dürfte vor allem zur Vernetzung und Verflechtung von Universitätsangehörigen (freilich von bereits sozial höher stehenden wie Juristen etc.) mit städtischer und regionaler Oberschicht gedient haben, vor allem über den dadurch konstruierten Heiratsmarkt der „höheren Töchter" der Tanzgesellschaft.[279]

Dass diesen als Beispielen herangezogenen Themenfeldern natürlich auch die Eigenschaft gemein war, genauso gut auf die Einwohnerschaft provozierend wirken zu können, hat nichts mit der Universität an sich zu tun, sondern gehört zum alltäglichen Prozess der Ausdifferenzierung von Machtverhältnissen, Ansprüchen und Privilegien in der spätmittelalterlichen Gesellschaft (etwa im Streit um testamentarisch versprochene Zuwendungen, um die exakte Prozessionsordnung oder um Anzahl und Art der Tänze auf Hochzeiten etc.).[280]

Bei oberflächlicher Betrachtung mag ohne weiteres der Eindruck entstehen, dass sich Stadt und Universität seit 1409 in einer Art Dauerkonflikt befunden hätten, der einzig durch Phasen der Ruhe (diese wären dann aber zu erklären) und der gewaltsamen Auseinandersetzung gekennzeichnet waren. Viel eher dürfte es der Realität entsprochen haben, dass auf der von uns konstruierten „unteren" Ebene von Artistenfakultät und Einwohnerschaft ein permanentes Konfliktpotential vorhanden war, welches durch singuläre Ereignisse bzw. Anlässe leicht zu einer „Eruption" führen konnte, ohne gleich die mühsam aufgebauten städtisch-universitären Beziehungen zerrütten zu müssen. Um dieses Potential aber zumindest einigermaßen im Griff zu haben bzw. auf etwaige Ausbrüche rechtzeitig reagieren zu können, wurde, wie oben bereits gezeigt, von Vertretern der städtischen wie universitären Entscheidungsträger ein entsprechender kooperativer Handlungsrahmen geschaffen.

Cubito hat uff eyner hochzeit eyn unlust uffin Rathaus angefangen und sich grober unzcuvht wort ubir Burgermeister Wideman [Rat Nr. 391], Doctor fachsen [46] und Ulrichen Meyer [den Tanzmeister] vornohmen lassen, in kegenwart viler redelichen leute, derhalben er gestrafft umb x ß".

279 Acta Rectorum, 34: „Ut in publico prudentissimi senatus theatro doctores, nobiles, magistri, studiosi iuuenes cum […] magnatum, senatorum et ciuium filiabus choreas ductarent."; RASHDALL III, 422.

280 VERGER, Town, 242; DENLEY, 742 f.

3. Die „Mesoebene“ zwischen Masse und Führungsspitze

Wir haben in 1.3 das dritte Kapitel als mittlere Beziehungsebene zwischen Stadt und Universität bezeichnet, was soviel heißen sollte, dass ein wechselseitiger Austausch über die Angelegenheiten des Alltags der Studierenden in der Stadt (Wohnen, Essen etc.) hinaus stattfand, der einer genaueren Untersuchung bedarf. Dazu dient zum einen eine Analyse des Studierverhaltens bzw. der Frequentierung der Universität durch die Leipziger Einwohnerschaft im Vergleich mit jener der städtischen Oberschicht, andererseits auch in der Untersuchung tatsächlicher, d. h. praktischer Anwendung des universitär erworbenen Wissens und Fähigkeiten für die Stadtgemeinde. Zu guter Letzt stellt sich auch die Frage nach einer Art „Kontaktpflege“ zwischen Stadt und Universität, besonders in Form von Geschenken. Die in diesem Kapitel angesprochenen Phänomene berühren sowohl die städtisch-universitären Entscheidungsträger wie auch die Makroebene von Artistenfakultät und Einwohnerschaft, die Konstruktion einer mittleren Ebene soll vor allem zur besseren Orientierung der zu behandelnden Themenfelder dienen.

3.1 Leipziger und Angehörige ratsfähiger Familien an der Universität

3.1.1 Immatrikulationsfrequenz

Betrachtet man die Frequenz der Leipziger an ihrer heimischen Alma Mater, so stellt man fest, dass diese weitgehend dem allgemeinen Trend der Frequenzentwicklung der Immatrikulationen aus der Meißnischen Nation, teilweise auch der gesamten Universität entsprach.[281] Einem leichten Anstieg in den ersten 30 Jahren nach Gründung der Universität (mit durchschnittlich rund 32 Immatrikulierten pro Dekade) folgte eine sprunghafte Steigerung in den Jahren bis 1460 und einem anschließendem Einbruch der Immatrikulationszahlen um fast 40 Prozent der vorherigen Dekade (von 113 auf 70 Leipziger Studenten). Dies im Übrigen ein Jahrzehnt eher als der allgemeine Trend der Universität, deren Immatrikulationszahlen in den 1470ern einbrachen.[282] In dieser Zeit nahm die Frequenz ab 1470 bis zum Ende des Jahrhunderts wieder zu und folgte der der Universität, in der Zeit der Reformation ab den Jahrzehnten von 1510 bis 1530 brachen die Besucherzahlen nicht nur in Leipzig, sondern in jeder Universität des Reiches ein (zwischen 1510 bis 1519 und 1520 bis 1529 ein Einbruch um fast 40 Prozent der Leipziger Besucher). In eben diesen letzten beiden Dekaden des Untersuchungszeitraums begann sich die Universität auch von einer Hohen Schule mit bis dato überregionalem Einzugsbereich hin zu einer eher regional beschränkten Landesuniversität zu wandeln und so nimmt es nicht wunder, dass auch die Leipziger Frequenz in der letzten Dekade bis zur Einführung der Reformation im albertinischen Sachsen wieder auf 164 Studenten anstieg (ein Zuwachs von 75 Prozent im Vergleich zu den vorhergehenden zehn Jahren).[283]

---

[281] Abb. 2 und 4; vgl. KOLLER, 21; MORAW, Heidelberg, 545.

[282] MORAW, Verfassung, 340; GRAMSCH, Universität, 156, 160, MIETHKE, Studenten, 60.

[283] MORAW, Verfassung, 338, 340. Die Aufschwungphasen der Frequenz im gesamten Reich lagen zwischen 1394 bis 1428/1434 und dann wieder zwischen 1450 und 1480; vgl. IMMENHAUSER, Universi-

Auch die Frequenz des Universitätsbesuchs der 206 identifizierten Angehörigen ratsfähiger Familien[284] (von ihnen stammten 185 aus Leipzig (89,81 Prozent)) ähnelt dem allgemeinen Trend und ganz besonders der Frequenz der Leipziger, wiederum mit einem langsamen Wachstum in den ersten 30 Jahren,[285] einem sprunghaften Anstieg bis 1460, einem Einbruch in der folgenden Dekade und einem erneuten Zuwachs in den 1470ern. Bereits zwischen 1480 und 1489 brach die Frequenz um 38 Prozent ein, stieg im folgenden Jahrzehnt wieder um 66 Prozent, um dann von 1500 bis 1509 erneut um 33 Prozent einzubrechen. Auf diesem Niveau blieb die Zahl der Immatrikulierten im folgenden Jahrzehnt stabil, brach bis 1539 noch einmal um 30 Prozent ein. Insofern könnte man davon sprechen, dass die Frequenz der Angehörigen ratsfähiger Familien den Einbruch der Gesamtimmatrikulationen durch die Reformation bereits vorweg nahm. Ein Grund dafür könnte die Eröffnung der Universitäten Wittenberg und Frankfurt/Oder sein, die einen starken Zulauf von Seiten der Söhne der Leipziger Oberschicht genossen.[286]

Die Söhne der Leipziger Ratsfamilien machten einen nicht unbedeutenden Anteil an der Gesamtzahl der immatrikulierten Leipziger an der Universität aus.[287] Ob dies nun als Indikator für „Bildungshunger" seitens der Angehörigen der städtischen Obrigkeit zu werten ist, sei dahingestellt. Denn vor allem Kinder von Ratsfamilien hätten ja verstärkt in die Universität drängen müssen, wenn diese wirklich als Ersatz für eine Stadtschule fungiert haben sollte. Von 1410 bis 1419 betrug der Anteil der Angehörigen ratsfähiger Familien unter den Leipzigern jedoch nur 3,57 Prozent. In den folgenden Jahrzehnten pendelten sich die Werte auf rund 10–15 Prozent pro Dekade ein. Die Vermutung liegt nahe, dass die Leipziger Stadträte die Gründung der Universität weniger aus Bildungs- denn aus Prestigegründen begrüßt haben werden, denn ansonsten müsste der Anteil der Söhne der Leipziger Ratsfamilien an der Immatrikulationszahl der Leipziger in den ersten Jahrzehnten höher sein. Dass aber die Universität als (vermutlich ungeplanter) Ersatz für die Stadtschule bzw. als Ort rudimentärer Bildung für die Stadtkinder fungierte und deshalb keine Notwendigkeit bis nach 1500 bestand, überhaupt an eine eigene Stadtschule zu denken, zeigen die recht stabilen Werte bis Ende des 15. Jahrhunderts. Erst danach nahm der Anteil der Angehörigen ratsfähiger Familien im Vergleich zu den Jahrzehnten davor leicht ab, ein möglicher Hinweis zum einen auf den Bezug anderer

---

tätsbesuch, 72–75; DERS., St. Gallen, 300–302; RATAJSZCZAK, 44; Vgl. auch TÖPFER, 48, wonach Leipzig auch in der Krise der Reformationszeit überdurchschnittlich gut besucht wurde. Zur Frequenz auch HOYER, Universität, 25 f. und für die Leipziger Bürgersöhne DERS., Stadt, 165 f.

284 Abb. 3; vgl. TEWES, Raemsdonck, 48–53; THÜMMEL, 48–50.

285 KECK, 78; Ähnliches in Erfurt: GRAMSCH, Universität, 148.

286 TÖPFER, 51. Leipziger Lehrkräfte hatten erheblichen Anteil an der frühen Entwicklung dieser beiden Universitäten, es dürfte daher nicht überraschen, auch viele Leipziger in den Jahren nach der Gründung jener Universitäten ebendort anzutreffen. 1522 verbot jedoch Herzog Georg seinen Untertanen den Besuch der Leucorea, vgl. ebd. 57. Für Frankfurt/Oder auch SCHWINGES, Universitätsgründung, 30–34. Zur Zu- bzw. Abnahme der Frequenzen von Leipzigern, der Meißnischen Nation und der Universität siehe Abb. 4; vgl. auch HOYER, Stadt, 166, wonach Leipzig beim Besuch durch Bürgersöhne zwischen Köln und Wien gelegen habe; GRAMSCH, Universität, 149–152, 154. Schon bei der Gründung Rostocks hatten Leipziger Magister eine bedeutende Rolle gespielt: WRIEDT, Stadtrat, 509–513.

287 Abb. 5.

neuer Universitäten und zum anderen auf neue Bildungsangebote innerhalb der Stadt selbst. Ohnehin kann aus den Besucherzahlen nicht einfach ein „Bildungsbedürfnis“ abgeleitet werden, denn dann müsste man wissen, wie groß der Anteil der Studenten unter allen Nachkommen der ratsfähigen Leipziger Familien bzw. der Leipziger Oberschicht war und das würde voraussetzen, dass man wüsste wie viele Nachkommen jede einzelne Familie hatte, was selbst schon für einzelne (und gut untersuchte) Familien schlicht unmöglich herauszufinden ist.

3.1.2 Immatrikulationsgebühr und Sozialstruktur

Will man die soziale Zusammensetzung der Grundgesamtheit der Leipziger Studenten an der Alma Mater Lipsiensis betrachten (und damit etwa Aussagen über „Bildungsbedürfnis“ oder Ähnliches in verschiedenen gesellschaftlichen Schichten der Stadtbevölkerung treffen), lässt sich als einfachstes Werkzeug die zur Immatrikulation zu entrichtende Gebühr heranziehen.[288] Die übliche Zahlung betrug sechs Groschen,[289] es konnten aber auch weniger gezahlt und später nachgereicht werden. Bei erwiesener Armut wurde diese Gebühr erlassen und der Student erhielt den Status des *pauper* (was den Studenten auch von Prüfungsgebühren usw. befreite).[290] Allgemein wird Leipzig in der Literatur als eine Universität für arme Studenten bezeichnet, was zum Teil deren hohe Frequenzzahlen erkläre.[291] Wer zehn Groschen (also rund einem halben Gulden) entrichtete, galt als „Vollzahler“.[292]

Von den 1.308 immatrikulierten Leipzigern unserer Grundgesamtheit stellten die Teilzahler mit 735 die Mehrheit der Studenten (56,19 Prozent).[293] Ihnen folgten mit insgesamt 461 Immatrikulierten (35,24 Prozent) die Vollzahler und immerhin noch 97 Leipziger wurden als *pauper* immatrikuliert (7,42 Prozent).[294] Die Kategorie des „Vollzahlers“ war allerdings weit weniger direkt mit dem sozialen Status des Immatrikulierten verbunden, als mit der Absicht, einen akademischen Titel zu erlangen. Denn von allen „Vollzahlern“ erwarben immerhin 60

---

288 Zum Zahlungsverhalten: Tab. 1.

289 Bis 1436 war dies die volle Gebühr: BÜNZ, Cristianus, 7; allgemein SCHWINGES, Stiefel, 547.

290 SCHWINGES, Pauperes; DERS., Universitätsgründung, 26; nach HOYER, Universität, 26 lag die Frequenz der *pauperes* in Leipzig auf einem im Vergleich zum Rest des Reichs recht hohen Niveau von rund 20 Prozent; vgl. GRAMSCH, Erfurter, 173.

291 SCHWINGES, Universitätsbesucher, 351; DERS., Studentenbursen, 537; vgl. HOYER, Stadt, 167; SCHULZE, 22 f. Zudem verteilten sich allein auf Wien, Köln und Leipzig 71 Prozent aller mittellosen Studenten im 15. Jahrhundert: SCHWINGES, Pauperes, 299–301; vgl. KECK, 87; SCHUBERT, Motive, 33–43. Vgl. POHL, 218–227 zu den Lebenshaltungskosten für Studenten im Leipzig der Frühen Neuzeit, ebenso LÖFFLER, 363–372.

292 SCHWINGES, Universitätsbesucher, 351.

293 Nach WRIEDT, Bürgertum, 496 f. stammte die Masse der bürgerlichen Universitätsstudenten ohnehin aus den unteren und mittleren Schichten städtischer Bevölkerung.

294 Des Weiteren finden sich drei Studenten (0,23 Prozent), die mehr als die zehn Groschen der Vollzahler bezahlen, dies sind ein Caspar Hartmann und Johannes [73] und Christoph [74] Huter (diese „Mehrzahler“ wurden in der statistischen Auswertung der Kategorie der „Vollzahler“ zugeteilt), dazu kommen noch zwölf Studenten, deren Zahlungsbetrag unbekannt ist (0,92 Prozent).

Prozent den bacc. art. oder einen höheren Abschluss, von denjenigen Leipzigern, die einen akademischen Grad erlangten, waren nur 5 Prozent keine „Vollzahler".[295]
Die über die Immatrikulationszahlungen festzustellende Sozialstruktur der Angehörigen ratsfähiger Familien zeitigt natürlich andere Ergebnisse als die der anderen Leipziger. Von 206 waren 110 Immatrikulierte „Vollzahler"[296] (53,40 Prozent), 91 waren Teilzahler (44,17 Prozent).[297] Schon allein diese relative Ausgeglichenheit zwischen Voll- und Teilzahlern weist darauf hin, dass der bei der Immatrikulation entrichtete Betrag als Faktor zur Abbildung der Sozialstruktur innerhalb einer Grundgesamtheit von Studenten nicht überschätzt werden sollte. Warum etwa sollten 44 Prozent der Söhne Leipziger Ratsfamilien nicht „voll" zahlen, was sie ökonomisch ohne Zweifel hätten tun können, wenn der Gewinn an Prestige durch das Etikett „Vollzahler" doch so groß gewesen wäre?

Die in der Forschung oft anzutreffende Vermutung, dass Vollzahlung nur darauf abzielte, soziales Ansehen zu erlangen, dadurch an Prestige zu gewinnen und dieses öffentlichkeitswirksam zu dokumentieren, lässt sich zwar nicht abweisen, aber wahrscheinlicher ist, dass bei der Vollzahlung eher der Erwerb eines akademischen Titels der vorrangige Zweck gewesen sein dürfte. Dass es von 1.308 Leipzigern immer noch 187 gab, die zwar voll zahlten, aber keinen Abschluss machten, dürfte damit zusammenhängen, dass recht häufig Verwandte (oft zu zwei oder drei Personen) gemeinsam an die Universität geschickt wurden (Familiengruppen waren die häufigste Form der „Studiengruppen"[298]), von denen alle mit einer „Vollzahlung" ausgestattet wurden und von denen zumindest einer einen akademischen Titel erwarb.

3.1.3 Studierverhalten

Von den 1.308 Leipzigern erwarben 316 Personen den niedrigsten Abschluss des *baccalarius artibus* (24,16 Prozent). Einen Magistertitel erreichten hingegen nur noch 104 Leipziger (7,95 Prozent aller Leipziger Immatrikulierten).[299] Von den 206 identifizierten Angehörigen ratsfä-

---

[295] So bezahlten denn auch Studenten, die einen Abschluss erlangten, bei ihrer Immatrikulation durchschnittlich 9,23 Groschen (N = 324). Studenten die keinen Abschluss erlangten, zahlten im Schnitt 6,3 Groschen (N = 892), vgl. auch ZARNCKE, Statuten, 330 (Nr. 50, 51), 351, 356, 358, 363, 372, 409, die durchgeführte Vollzahlung musste beim Ablegung einer Prüfung beschworen werden.

[296] Gratisimmatrikulationen wie etwa in Erfurt gab es wohl nicht, vgl. GRAMSCH, Universität, 155; zwei Personen (die schon oben erwähnten Huter) bezahlten mehr als zehn Groschen.

[297] Die weiteren Kategorien fallen kaum ins Gewicht: zwei Immatrikulierte (0,97 Prozent) waren „pauperes" (Caspar Mordeisen [114] war Dominikaner, Konrad Seidenhefter [165] dürfte ebenso Mönch gewesen sein), bei einem Immatrikulierten (Paul Pudernas [135]) war die Zahlung unklar.

[298] SCHWINGES, Reisegruppen.

[299] Der Einfachheit halber wurde hierbei jedem Studenten die Kategorie „Bakkalar" (Ja/Nein) und „Magister" (Ja/Nein) zugeordnet, so dass die hier aufgeführten Zahlen immer bedeuten, dass sich in einer Dekade so und so viele Studenten immatrikulierten, die später einen Abschluss machten (aus dem Grund, da einige natürlich auch nach 1539 noch einen solchen Titel erwarben und diese ansonsten aus der Untersuchung fallen würden). Zum Vergleich: In Basel erwarben 30 Prozent aller Studierenden den bacc. art., acht Prozent machten den Magister: SIEBER, Studenten, 130.

higer Familien haben 72 den niedrigsten Abschluss des Bakkalaren erworben (34,95 Prozent), immerhin noch 39 den des *magister artium* (18,93 Prozent). Aufgrund der leichter zu überschauenden Datenmenge bei den Söhnen Leipziger Ratsfamilien gegenüber den anderen Leipzigern konnte auch die Variable eines „höheren Abschlusses" (mindestens einen Bakkalarstitel an einer der höheren Fakultäten) mit einbezogen werden, von den 206 Personen haben nachweislich 36 einen solchen „höheren Abschluss" erworben (17,48 Prozent).[300]

Schon allein diese Zahlen weisen auf eine vermutlich größere Bereitschaft innerhalb der Ratsfamilien hin, den Universitätsbesuch auch als ein Vehikel des Prestigezuwachses zu betrachten, der durch einen offiziellen Titel dokumentiert wurde, da das Studium bis zum Bakkalaren, das Trivium, von jedem Studenten, egal ob er einen Abschluss machte oder nicht, durchlaufen werden musste.[301] Es vermittelte kein Fachwissen, sondern allgemeine Kenntnisse besonders in Grammatik, Rhetorik und Dialektik, Fähigkeiten im Lesen und Schreiben, ein wenig Latein (in mündlicher und schriftlicher Form) und praktische Anwendungsmöglichkeiten für dieses Wissen, etwa zum Abfassen von Briefen, Abhandlungen, Reden etc.[302] Der Titel des Bakkalaren brachte aber keine Vorteile bei der Besetzung von Dienstämtern oder Ähnlichem. Der niedrigste Abschluss der Artisten diente entweder als Grundstein für eine universitäre Laufbahn (welche von Angehörigen ratsfähiger Familien in relativ großer Anzahl eingeschlagen wurde) oder eben als Bestätigung des Universitätsstudiums und als wirksames Mittel, dies auch in der Öffentlichkeit darzustellen.

Allgemein lässt sich der Trend feststellen, dass die Bereitschaft, das Studium zumindest mit dem *bacc. art.* abzuschließen, im Laufe der Zeit zunahm, so dass von 1500 bis 1509 sogar ein Maximum von 54 Immatrikulierten, die später einen Bakkalar erwarben (von 167 Immatrikulierten insgesamt), erreicht wurde.[303] Danach brachen im Zuge der Reformationszeit auch diese Zahlen ein, stiegen aber im letzten Jahrzehnt parallel zur Frequenz der Leipziger wieder an. Ein wenig gleichmäßiger präsentieren sich die Angehörigen ratsfähiger Familien. Nachdem im Anfangsjahrzehnt nicht ein einziger Student später den Bakkalar erwarb, stieg auch hier die Anzahl auf rund sechs bis sieben Immatrikulierte pro Dekade. Viel interessanter ist jedoch, wie viel Prozent der Immatrikulierten (Leipziger und Söhne aus Ratsfamilien) den Bakkalar erwarben.[304] Der Anteil an Bakkalaren unter den Angehörigen ratsfähiger Familien

---

[300] Nach HOYER, Stadt, 163, legten rund 20–40 Prozent der Universitätsbesucher die erste akademische Prüfung ab, bis zum *magister artium* brachten es nur fünf bis acht Prozent. Die Leipziger und die Angehörigen ratsfähiger Familien lagen also im Trend, was den Erwerb des Bakkalariats betraf, es zeigt sich aber die Neigung unter den Ratsherrensöhnen, einen „höheren" Abschluss zu erwerben. Dies dürfte ein guter Indikator für das Ausmaß des „gelehrten Elements" unter den Ratsfamilien sein, wird doch offensichtlich, dass mit dem Erwerb eines Magistertitels weit mehr Prestige verbunden wurde als etwa mit einer Vollzahlung.

[301] HOYER, Stadt, 163 f.

[302] Zum Lehrplan: BÜNZ, Gründung, 178–188; DERS., Cristianus, 10; GRUBMÜLLER; HOYER, Universität, 27–31; DERS., Stadt, 164; KINTZINGER, Trivium; DERS., Quadrivium; DERS., Vorlesung; LORENZ; RASHDALL III, 351 f.; STEWING; WUSTMANN, Stadt Leipzig, 115; vgl. auch ZARNCKE, Statuten, 310–312, 317, 326–329, 352 f., 405, 410 f.; vgl. FRIEDBERG, 6 f., 21 und CDS II 11, Nr. 287; STOPKA.

[303] Abb. 6.

[304] Abb. 7.

war dabei stets höher, als unter den übrigen Leipzigern. Mit zunehmender Anzahl an immatrikulierten Söhnen Leipziger Ratsfamilien relativiert sich jedoch das Bild von einer allzu klaren Überlegenheit in Sachen „Abschlussbereitschaft" innerhalb der städtischen Oberschicht. Trotz allem dürften gerade Angehörige von Ratsfamilien verstärkt auf einen Titel gedrängt haben.

Bei den Promotionen zum Magister verhält es etwas anders. Bis 1450 ist die Anzahl der später zum Magister promovierten Leipziger und Angehörigen ratsfähiger Familien beinahe identisch, was darauf hinweisen mag, dass fast ausschließlich Söhne aus Ratsfamilien unter den Leipzigern diesen Abschluss anstrebten.[305] Zwischen 1460 und 1469 brachen diese Zahlen dann stark ein, in den folgenden Jahren erholte sich die Anzahl der späteren Magister unter den Angehörigen ratsfähiger Familien nur langsam bzw. fast gar nicht (positiver Ausreißer sind zwischen 1490 und 1499 sieben Immatrikulierte, die später Magister wurden), während die der übrigen Leipziger beständig anwuchs. Trotz allem lag der prozentuale Anteil an Magistern bei den Söhnen Leipziger Ratsfamilien beständig höher als bei denen der übrigen Leipziger.[306] Wenn also Angehörige von Ratsfamilien nach einem Abschluss strebten, konnten sie es sich meistens wohl leisten, den Magister oder gar einen höheren Grad zu erwerben.

3.1.4 Studiendauer

Im Schnitt benötigten die „Leipziger" rund 5 Jahre, um den Abschluss des *baccalarius artibus* zu erreichen.[307] Dies erscheint als relativ langer Zeitraum verglichen mit dem als Standard angenommenen Studierverhalten, nach welchem es zwei bis drei Jahre dauerte, um zumindest den niedrigsten Grad der Artisten zu erwerben.[308] Es dürfte jedoch für „Einheimische" weit einfacher gewesen sein, sich den Lebensunterhalt in der Stadt während des Studiums leisten zu können, denn sie mussten nicht in einer Burse wohnen und konnten so Kosten für Miete und Nahrung reduzieren. Sie waren also weit weniger dem Druck ausgesetzt, ihr Studium aufgrund knapper Ressourcen möglichst schnell zum Erfolg zu führen, sondern konnten sich wohl mehr Zeit lassen. Ebenso darf nicht vergessen werden, dass oftmals bereits Kinder an der Universität immatrikuliert wurden, die dann entsprechend lange zu warten hatten, bis sie zur Bakkalarsprüfung zugelassen werden konnten.

Ein gleiches Bild zeigt sich für all jene Leipziger, die auch noch den Titel des *magister artium* anstrebten.[309] Man benötigte dafür als *Lipsienis* nach dem Erwerb des Bakkalaureats

---

305 Abb. 8; vgl. BÜNZ, Gründung, 207–216; DERS., Cristianus, 12.

306 Abb. 9; vgl. für Erfurt GRAMSCH, Universität, 154 (bes. Anm. 27).

307 Dazu musste zunächst das Bild von „Ausreißern" bereinigt werden, denn es gab sowohl Studenten, die noch im gleichen Jahr ihrer Immatrikulation den bacc. art. machten, andere benötigten nur dafür allein über zehn Jahre. Da der Anteil der Studenten, die zwischen zwei bis neun Jahren für den bacc. art. benötigten, 80 Prozent aller Leipziger Bakkalaren ausmachen, wurden nur diese berücksichtigt.

308 BÜNZ, Cristianus, 9; um zur Bakkalarsprüfung zugelassen zu werden, musste der Bewerber mindestens 17 Jahre alt sein, ein Vierteljahr konnte ihm erlassen werden; GRUBMÜLLER, 377; der Großteil der Studenten ging natürlich ohne jeglichen Abschluss von der Universität, das hatte in der spätmittelalterlichen Gesellschaft keine Nachteile; SCHWINGES, Universitätsbesucher, 343; WRIEDT, Studium, 12.

309 Auch hierfür wurden die Ergebnisse von Ausreißern bereinigt, 90 Prozent aller Leipziger Magister benötigten zwischen zwei bis acht Jahren zur Erlangung des Grades.

im Schnitt vier bis fünf weitere Jahre. Der „typische“ Leipziger Magister verbrachte also rund zehn Jahre damit, an seiner heimischen Universität zu studieren. Dies mag als Indikator dafür gelten, wie effektiv das System der Bursen und der Magisteraufsicht war, denn die Leipziger lebten eben nicht in einer Burse, waren also nicht der Kontrolle eines Magisters unterstellt und brauchten dementsprechend länger als Studenten, die nicht aus Leipzig stammten.[310]

Die Angehörigen ratsfähiger Familien waren, wenn es darum ging, ihrem Studium den niedrigsten akademischen Grad folgen zu lassen, im Schnitt nicht schneller als die anderen Leipziger Kommilitonen. Sie benötigten vier bis fünf Jahre allein für den Titel des Bakkalaren[311] (mussten doch gerade ihnen jegliche materielle Sorgen um Wohnen und Lebensunterhalt während des Studiums abgehen und wurden gerade sie oft noch im Kindesalter immatrikuliert). Im Schnitt weitere vier Jahre wurden für den Magister benötigt. Wer unter den Ratsherrensöhnen also diesen Grad anstrebte, studierte durchschnittlich rund acht Jahre an der heimischen Universität.

3.1.5 Die Universität als Ort der elitären Netzwerkbildung

Bei der Frequenz der Angehörigen ratsfähiger Familien kam es oft zu starken Schwankungen innerhalb einzelner Dekaden, oft immatrikulierten sich in einem Jahr zwei oder mehr Personen und im folgenden Jahr kein Einziger.[312] Dies hängt wohl mit einer durchaus geplanten und abgesprochenen „Studienstrategie“ zwischen den einzelnen Ratsfamilien zusammen, ihre Angehörigen im studierfähigen Alter gemeinsam mit Kindern anderer Ratsfamilien an eine Universität zu schicken.

Mögliche Erklärungen hierfür könnten zum einen bestehende (freundschaftlich-familiäre) Verbindungen zwischen den einzelnen Familien sein. So könnte das gemeinsame Studieren des eigenen Nachwuchses als Strategie verstanden werden, auch in Zukunft die Familien enger aneinander binden zu wollen.

Auch konnte es eventuell im Vergleich mit anderen Ratsfamilien für das eigene Familienprestige günstig erscheinen, Angehörige an die örtliche Universität zu schicken. Wollte man im sozialen Wettbewerb nicht zurückstecken und besaß man die „biologischen Ressourcen“ eines potentiell für den Universitätsbesuch geeigneten Kandidaten, um es einmal so technisch kalt auszudrücken, schickte man auch eigene Angehörige ins „universitäre Rennen“ (es musste nicht immer im gleichen Semester, oft aber doch im gleichen Jahr sein).

---

310 Nach GRAMSCH, Erfurter, 225 f. benötigten Angehörige der Erfurter Juristenfakultät im Schnitt zehn Jahre bis zum Rechtsdoktor, zwölf bis dreizehn Jahre waren das Maximum. Für Studenten, die in einer approbierten Burse wohnten, verkürzte sich die Studiendauer bedeutend. Ein anderes Bild als in Leipzig zeigte sich aber nach der sozial-ökonomischen Position des Studenten. Nach GRAMSCH, ebd. 241 studierte, wer vermögender und angesehener war, entsprechend schneller, ein armer Student weitaus langsamer.

311 80 Prozent aller Angehörigen ratsfähiger Familien benötigten ein bis acht Jahre, 90 Prozent ein bis neun Jahre für das Bakkalaureat; vgl. GRAMSCH, Universität, 156 für ähnliche Werte in Erfurt.

312 Abb. 10.

Zudem muss dem Phänomen der „Gelehrtenfamilie" wie den Pistoris, Scheibe oder Lindemann Tribut gezollt werden, diese schickten oft zwei oder mehrere Angehörige gleichzeitig an die Universität. Ihre studierenden Angehörigen waren sehr oft auch „Vollzahler", es bestand also der Wunsch nach einem universitären Titel (welcher Art auch immer, meist natürlich dem einer höheren Fakultät). Zumindest einer der „Kandidaten" hatte diesen zu erreichen (sehr oft ist zu beobachten, dass von zwei „Verwandten", die voll gezahlt hatten, zumindest einer immer einen Titel erwarb). Auch andere Ratsfamilien brachten ihre Angehörigen häufiger in Kleingruppen von mindestens zwei Studenten an die Universität.[313]

Es lässt sich mit einiger Wahrscheinlichkeit sagen, dass eine geplante Beschickung der Universität mit Nachwuchs aus ratsfähigen Familien in einem nicht unerheblichen Maße dazu beigetragen haben dürfte, dass sich bereits in früher Jugend personelle Kontakte und Freundschaften unter den einzelnen Ratsleuten entwickelten. Solche persönlichen Verflechtungen dürften später bei der Berufung in den Rat und der eigentlichen Ratstätigkeit eine entscheidende Rolle gespielt haben. Viele, die gemeinsam die Universität besucht hatten, fanden sich oft auch im Stadtrat zusammen mit ihren „alten" Kommilitonen wieder. Von den im Winter 1440 immatrikulierten sieben Angehörigen ratsfähiger Familien wurden später sechs Ratsherren und zwar in etwa dem gleichen Zeitraum. Die Universität war bereits im späten Mittelalter ein Ort der Kommunikation, Kontaktpflege und Netzwerkbildung zur Förderung der eigenen (nicht unbedingt universitär konnotierten) Karriere.

3.2 Beschäftigung von Universitätsmitgliedern und Gelehrten in der Stadt

3.2.1 Schreibertätigkeit und Stadtschreiberamt

Es dürfte nicht verwundern, wenn auf die Dienste der vor Ort anwesenden schreibkundigen Studenten zurückgegriffen wurde. Sie halfen den Ratsbeamten bei der Einziehung von Steuern und Schulden oder auch bei Zählungen. Die städtische Oberschicht, besonders Kaufleute, wussten natürlich um die Vorteile von Schriftlichkeit und besonders Schriftgebrauch im alltäglichen Geschäftsleben, und gerade auch Kinder aus im Rat vertretenen Kaufmannsfamilien immatrikulierten sich an der Universität, selbst wenn sie dort freilich keine Kenntnisse in Rechnungsführung erhielten.[314] Aber auch sonst war eine Stadt ein probater Arbeitsmarkt für

---

313 Solche Jahre bzw. zum Teil auch Semester sind z. B. das Wintersemester 1440, in welchem sich gleich sieben Angehörige ratsfähiger Familien immatrikulierten (siehe im Personenkatalog die Nr. 3, 4, 52, 53, 72, 107, 145), im Sommer 1445 immatrikulierten sich fünf Ratsherrensöhne (Nr. 29, 38, 57, 135, 181) (Abb. 11). Im Jahr 1465 immatrikulierten drei Söhne der Familie Hummelshain (Nr. 66, 67, 68) und zwei der Familie Pistoris (Nr. 123, 124) (Abb. 12). Im Jahr 1476 immatrikulierten sich allein sieben Söhne Leipziger Ratsfamilien (Nr. 6, 19, 20, 50, 51, 148, 149), 1494 wiederum sechs Angehörige ratsfähiger Familien (Nr. 79, 87, 88, 162, 174, 201). Als letztes Beispiel sei das Jahr 1532 angeführt, in dem sich alleine acht Ratsherrensöhne (wenn auch vier aus der Familie Krell) immatrikulierten (Nrr. 64, 83, 84, 85, 86, 111, 112, 133) (Abb. 13).

314 HESSE, Erfurt, 275; STEINFÜHRER, Schriftlichkeit, 19 f.; WRIEDT, Bürgertum, 523; DERS., Verwaltung, 31; IMMENHAUSER, Bildungswege, 150, mit der Meinung, dass Kaufmannssöhne auch Handelszen-

Universitätsbesucher nach deren Studium.[315] Studierte Helfer, die solch einer „schreibenden" Gelegenheitsarbeit nachgingen, tauchten in den Rechnungen der Stadt[316] bis in die zweite Hälfte des 15. Jahrhunderts auf, erst dann, so vermutet etwa Schmitt, waren die Ratsbeamten wohl selber so in Schreib- und Rechensachen gefestigt, dass sie auf diese Aushilfe verzichten konnten.[317] Ein Grund dafür könnte auch der regelmäßige Universitätsbesuch innerhalb der städtischen Oberschicht gewesen sein.

Weitaus bedeutsamer war das Amt des Stadtschreibers,[318] welches nicht nur in Leipzig oft den direkten Aufstieg in Rat und Bürgermeisteramt bedeutete. Im 14. und 15. Jahrhundert

---

tren wie Leipzig oder Wien als Universitätsstandorte bevorzugt hätten. Nach GRAMSCH, Erfurter, 197, 202, 206 dürften Angehörige der Oberschicht ohnehin private Vor(schul)bildung genossen haben, eventuell durch „privat" bezahlte Magister etc., vgl. ebd. 241. Vgl. POHL, 227 f.

315 MIETHKE, Karrieren, 342; MORAW, Gelehrte, 249; SCHWINGES, Pauperes, 306 f.; WRIEDT, Gelehrte, 444 f. Natürlich nur neben dem größten Arbeitsmarkt für Universitätsbesucher, der Kirche, vgl. dazu HESSE, Erfurt, 275; IMMENHAUSER, St. Gallen, 299; OŻÓG, 82–89; WRIEDT, Bürgertum, 494, 499 f., 521 f.; und auch dieser war stark von Netzwerken und Patronage geprägt: SCHMUGGE, 256.

316 SCHMITT, 351 f.; MIETHKE, Karrieren, 350; Beispiele: JHR 4 1478/79, fol. 189^{v}; JHR 5 1479/80, fol. 55^{v}; JHR 7 1483/84, fol. 59^{v}; JHR 9 1487/88, fol. 66^{r}, fol. 79^{v}: „Item iiij schulern mit den thorwachtern umbe gegangen die schoß zedeln gelesen [...]"; JHR 12 1493/94, fol. 73^{r}; JHR 13 1495/96 fol. 70^{v}; JHR 17, 1504/05, fol. 255^{v}; JHR 40 1528/29, fol. 112^{v}: „Eynem Studenten von etzlichen hendeln zu copiren viij gr"; Ebenso können Studenten natürlich auch als Gehilfen in Handelsaktivitäten oder in privaten Haushalten tätig gewesen sein: HOYER, Alltag, 254; MORAW, Verfassung, 340; WRIEDT, Gelehrte, 445; DERS., Bürgertum, 497; DERS., Studium, 17–23.

317 Der Rat bediente sich auch der Diener von in Leipzig lebenden Doktoren für etwaige Aufgaben, besonders häufig wird in den Stadtrechnungen ein Lorenz Reibehand erwähnt, der Diener des Dr. Ludwig Fachs [46]: JHR 38, 1526/28, fol. 119^{r}; JHR 40 1528/29, fol. 121^{r}; JHR 41 1529/30, fol. 120^{r}, fol. 122r; JHR 42 1530/31, fol. 145v: „Lorentzen Reybehand doctori fachsen diener, der dem Rath vil copirt und geschriben hat, inhalts eyns vorzceichnis, zuvortringen Sabato post Misericordia Domini [21. April 1537] j ß"; JHR 43 1531/32, fol. 119^{v}; JHR 48 1536/37, fol. 138^{v}, vgl. TÜRKENSTEUERBUCH 1529, fol. 6^{v}, wo Dr. Fachs unter seinem Hausgesinde für einen Schreiber versteuert. Dieser Lorenz Reibehand wurde später Unterschöffenschreiber (JHR 51 1539/40, fol. 157^{v}); vgl. auch JHR 12 1494/95, fol. 196^{v}: „Item doctor Breytenbachs schreyber von dem Consilio zuschreben geben xx gr"; JHR 45 1533/34, fol. 146^{v}: „Doctori Lössels [95] schreyber Wolffgango Seydel, von den Clebergischen Acten umbzuschreyben, welche Copien der Rath kegen Tubingen zuvorsprechen geschigkt, entricht iij ß xxx gr" oder JHR 36 1524/25, fol. 121^{v}: „Doctor kochels [79] knaben von eynem satze in S. Johans sachen geben v gr"; Solcherlei „gebildetes" Hauspersonal war für vermögende Universitätsdoktoren keine Seltenheit, der sächsische Kanzler Dr. iur. Simon Pistoris [126] versteuerte als Hausgenossen sogar einen Rechenmeister, vgl. TÜRKENSTEUERBUCH 1529, fol. 107^{r}.

318 DOTZAUER, 132; ERMISCH; IMMENHAUSER, Bildungswege, 386; ISENMANN, Stadt, 143; DERS., Gesetzgebung, 29, 31–33, 259 f.; KRAMM, Studien, 422; RACHEL, 50–57; SCHIECKEL, 72; STEINFÜHRER, Kanzleiwesen, 170–182; DERS., Ratsbücher I, XXXII–XXXIII; DERS., Rat, 19; DERS., Schriftlichkeit, 17 f., 20; WRIEDT, Bürgertum, 506; DERS., Verwaltung, 28 f.; DERS., Studium, 20. Zur Schriftlichkeit KOLLER, 25 f.; MORAW, Verfassung, 323 f.; STEINFÜHRER, Bürgerurkunden, 32 f.; DERS., Kanzleiwesen, 170 f., 174, 177, 182; DERS., Schriftlichkeit, 14 f.; STROMER, 37; Zur Bildung des städtischen Kanzleipersonals auch KINTZINGER, Studens, 32 (bes. Anm. 74); OŻÓG, 93 f.; SCHWINGES, Karrieremuster, 21.

erhöhte sich die in der Verwaltung anfallende Schreibarbeit enorm, so dass bald entsprechend kundige Schreiber, die gleichzeitig über die immer notwendigeren juristischen Kenntnisse (ab Mitte des 15. Jahrhunderts wohl auch des aufkommenden römischen Rechts) verfügen mussten, fest angestellt wurden.[319] Der Stadtschreiber fungierte als wichtiger Rechtsberater der Stadt und saß, wenn auch nicht stimmberechtigt, den Ratssitzungen bei. Ihm oblagen die Kanzleigeschäfte der städtischen Obrigkeit wie Urkundenausstellung, Rechnungslegung etc. Neben dem Bürgermeister war er zudem einer der wichtigsten Vertreter der Stadt in äußeren Angelegenheiten, nicht selten musste er auf Landtage reisen.[320]

Als erster Stadtschreiber nach der Gründung der Universität findet sich Conrad Beer[321] (1400 bis 1414), von 1423 bis 1435 war er Bürgermeister,[322] ebenso Schöffe (1423 bis 1439). Er wird ab dem Jahre 1420 als „magister" genannt, was Schmitt dazu veranlasst, ihn als ersten Stadtschreiber mit akademischen Grad zu bezeichnen.[323] 1429 tauchte Heinrich Stein[324] (auch Schöffe von 1431 bis 1434) im Amt auf. Sein Nachfolger war von 1434 bis 1448 der Magister Johann Seidenheffter[325] [164], 1449 war dieser Bürgermeister, ebenso Schöffe. Seidenheffters Nachfolger war der Jurist und Ordinarius Dr. Johannes Scheibe[326] [144] (Stadtschreiber von 1449 bis 1464), ihm folgten der Magister Johannes Schober [158] (Oberstadtschreiber von

---

319 Zeitweilig wurden die Leipziger Stadtschreiber auch aus der Vikarie der Ratskapelle entlohnt, obwohl dies vor allem dem Ratssyndikus vorbehalten war: BÜNZ, Ratskapelle, 55 f., 60; vgl. WRIEDT, Verwaltung, 19; DERS., University, 56 f.; auch HESSE, Erfurt, 277; IMMENHAUSER, Bildungswege, 215 f.; MIETHKE, Studenten, 63 f.; MORAW, Gelehrte, 246; SCHMUTZ, 305. Natürlich war das kanonische Recht lange Zeit wichtiger, Leipzig öffnete sich nur langsam der Legistik: MORAW, Heidelberg, 531 f.; WRIEDT, Stadtrat, 515; vgl. auch SCHMUTZ, 310, der sich gegen eine allzu positive Auslegung der Beschäftigung von Juristen in der Verwaltung, besonders in Verbindung mit Schlagwörtern wie „Professionalisierung, Verwissenschaftlichung oder Rationalisierung der Verwaltungstätigkeit" wendet.

320 ERMISCH, 90 f., 93; STEINFÜHRER, Kanzleiwesen, 164 f.; WRIEDT, Verwaltung, 23; vgl. für deren Tätigkeit: SCHMIED, 146–158; JHR 2 1473/74, fol. 100r–100v; JHR 4 1478/79, fol. 212r; JHR 14 1498/99, fol. 216r; JHR 16 1502/03, fol. 260v; JHR 45 1533/34, fol. 135r; nach GÖßNER, 151 f. verwaltete der Stadtschreiber auch Studienstiftungen von Universitätsangehörigen.

321 CDS II 8, Nr. 125, 126; RAT Nr. 22; BÜNZ, Ratskapelle, 36 f.; RACHEL, 224 f.; SCHIECKEL, 76; SCHMITT, 358 f.; vgl. auch CDS II 10, S. 241–243. Für eine Liste der Stadt- bzw. Oberstadtschreiber siehe RACHEL 224 f.; SCHIECKEL, 76; WUSTMANN, Quellen II, 79 f., wobei Schieckels Übersicht die genaueste sein dürfte. Aus Platz- und Übersichtlichkeitsgründen wird bei akademischer und beruflicher Laufbahn der hier genannten Personen, wenn möglich, auf den Personenkatalog verwiesen.

322 CDS II 8, Nr. 138, 149; CDS II 9, Nr. 205; CDS II 10, Nr. 222, 332.

323 SCHMITT, 359; für Hoyer ist Johannes Scheibe der erste Gelehrte in diesem Amt: HOYER, Stadt, 166.

324 Rat Nr. 337; SCHIECKEL, 76; RACHEL kennt ihn nicht.

325 SCHMITT, 359–361, ebenso immatrikulierte sich auch sein Bruder Konrad [165] 1427 an der Universität. Ob der 1445 immatrikulierte Hans Seidenhefter ein Bruder der beiden ist, wie SCHMITT, 359 meint, ist unklar, er wurde vorerst nicht in die Grundgesamtheit der „Angehörigen ratsfähiger Familien" aufgenommen.

326 STEINFÜHRER, Albrecht, 227; DERS., Kanzleiwesen, 183; vgl. ERMISCH, 92. Nach HOYER, Stadt, 166; DERS., Wirtschaft, 68, war er der erste juristisch gebildete Stadtschreiber. Allerdings dürften seine Vorgänger im praktische juristische Bildung durch ihre Schöffentätigkeit besessen haben.

1464 bis 1471), Caspar von Schkölen[327] (von 1472 bis 1474), Dr. Johannes Wilde [200] (von 1474 bis 1483 Schöffenschreiber, Oberstadtschreiber von 1474 bis 1481), Dr. Johannes Preußer[328] [129] (als Oberstadtschreiber 1481 genannt) und Magister Bartholomäus Abt [1] (von 1484 bis 1501). Es folgten Dr. Johannes Lindemann [91] (im Ratsjahr 1504/1505), Dr. Johannes Köchel [79] (im Ratsjahr 1505/1506), der Magister Georg Breunsdorf [33] (von 1506 bis 1511), Magister (und bacc. utr. iur.) Egidius Morch[329] [110] (von 1511bis 1519), der bacc. utr. iur. Wolfgang Hennigk[330] aus Merseburg [63] (von 1520 bis 1536) und der Magister Martinus Pistoris[331] (von 1536 bis 1560).

Schon allein ein flüchtiger Blick auf die hier aufgezählten Namen genügt, um zwei Charakteristika auszumachen, die fast auf jeden Stadtschreiber zutrafen: Erstens eine universitäre Bildung, mindestens abgeschlossen mit dem *magister artium*, aufgrund des stark juristisch beeinflussten Arbeitsbereichs später, ab der Mitte des 15. Jahrhunderts, verstärkt promovierte Juristen,[332] und zweitens Ratsfähigkeit bzw. Aufstieg in Rat- oder Bürgermeisteramt. Das Amt des Stadtschreibers war ohne Zweifel einer der stärksten und wirkmächtigsten Überschnei-

---

327 RACHEL, 224 f.; SCHMITT, 362; SCHIECKEL, 76, ordnet ihn dem Amt des Unterstadtschreibers zu, welches er wohl von 1471 bis 1473 bekleidete. Er war Geleitsmann zu Leipzig (RB I, Nr. 541 = CDS II 11, Nr. 183); auch besuchten Verwandte des Caspar von Schkölen die Universität, vgl. CDS II 16, 195 (M 15, 16). Ähnliches gilt wohl für seinen Nachfolger im Amt des Unterstadtschreibers Mattias Hermann aus Drossen (1477/78), der sich selbst nicht in den Matrikeln der Universität nachweisen lässt, dafür einer seiner Verwandten (Konrad Hermann, vgl. CDS II 16, 480 (M 56)), für den Mattias Hermann 1529 die Steuer entrichtet: TB II, 178: „Cunradus Hermanni 70 [fl.]. Martinus Hermanni. Uff den ersten termyn ist er [Konrad] noch eyn student gewest.“; zu Mattias Hermann: NBL I, 29; RB II Nr. 1681; LB I/II, 109; LB III, 136, 143; TB II, 177.

328 Nach SCHIECKEL, 76 bekleidete er dieses Amt nicht.

329 Er war auch Inhaber der Ratskapelle von 1512–1520, obwohl diese eher dem Ratssyndikus verliehen wurde: BÜNZ, Ratskapelle, 51 f.; WUSTMANN, Quellen II, 155.

330 JHR 48 1536/37, fol. 160r: „Nachdeme Wolff hennigk dem Ebarn hochwejsen Radt alhier fünfftzehen jar vor eynen Obirstadschreybir wol und vleyssigk gedynet alße auch das er an seynen naturlichen crefftten abegenommen und an seine mergliche beschwerunge demselbien ampt lenger nit hat wol vor seyn mogen und alßo am Ende des xxxvten Jares uff sein bit solchs entlediget wurden, hat der Rath in ansehen syner langwirigen trewen dinstes die er die tzeytt uber gethan, auch das er nach hinfurdt dem Rathe mit schreyben gericht halten, ader was yme sust moglichs auffgleget wirdet zuweillen sein soll zuergetzunge desselbigen und vorehrungen vierhundert gilden (!) an seynne schult erlassen uber des ßo ime sunst zu seynem enthalt zugesagt welchs machen in müntze jc xl ß“; vgl. WUSTMANN, Quellen II, 159; nach RACHEL, 210 musste Hennigk aus dem Rat austreten, als er Oberstadtschreiber wurde, allerdings war er vor 1536 nie Ratsmann gewesen; er hatte von 1532 bis zur Einführung der Reformation im albertinischen Sachsen 1539 die Ratskapelle inne, BÜNZ, Ratskapelle, 54 f.; WUSTMANN, Quellen II, 163. Wie schon sein Vorgänger Dr. Heinrich Scheibe iun. [146] war er aber kein Ratssyndikus.

331 Nach Ernst Müller gehörte Martin Pistoris nicht zur Leipziger Gelehrtenfamilie des gleichen Namens: NBL II/2, 11; HÄUSERBUCH, Nr. 181; TB II, 164; RACHEL, 224 f.; SCHIECKEL, 76.

332 GRAMSCH, Erfurter, 450 f.; WRIEDT, Gelehrte, 440.

dungspunkte universitärer und städtischer Sphären.[333] Allerdings ist hier wieder darauf zu achten, dass sozialer Aufstieg nicht direkt durch universitäre Ausbildung stattfand, sondern dass Söhne aus Ratsfamilien den akademischen Grad benötigten, um das attraktive Amt des Stadtschreibers besetzen zu können, da der Magistertitel Ausdruck des eigenen Sozialprestiges wurde.[334] Ratsfähig waren sie zum größten Teil auch schon vorher, und nur die wenigsten veränderten mit dem Universitätsbesuch ihren (meist durch die Familie) vorgezeichneten Lebensweg radikal.[335] Dass nicht jeder Sprössling einer Ratsfamilie auch eine angeborene Begabung für dieses Amt an den Tag legte bzw., dass die Begeisterung für eine solche Tätigkeit nachlassen konnte, wusste man freilich ebenso im Stadtrat. So wurde etwa der designierte Stadtschreiber Egidius Morch [110] angewiesen, schon vor seiner offiziellen Erhebung zum Stadtschreiber nicht nur bei Ratsgeschäften anwesend zu sein und zu lernen (denn eine universitäre Bildung bedeutete ja nicht gleichzeitig praktische Erfahrung mit den Anforderungen etwa der Tätigkeit eines Stadtschreibers), er sollte auch darauf achten, dass sein aus dem Amt scheidender Vorgänger Georg Breunsdorf [33] (er wurde 1511 Priester) seine Stadtschreibertätigkeiten nicht allzu sehr schleifen lassen würde:

> „Item Nochdem Burgermeister Egidio Morchen als er zu eynem Statschreyber auffgenommen, vom Rathe zugesagt, das er von zceit seyner auffnehmunge als Bartholomej, biß zu auffgehen des nawen Raths, alle tage auff das Rathauß gehen solt, lernen und zusehen, damit durch den unfleyß Mag[ist]ri Brunstorffs nichts vorsehenn darkegen yme der Rath xx fl geben wolt, als aber berurter Burgermeister [Morch] sich furder understanden des Rats bucher zuregistrirren, ist yme eyn erlich geschangke dor von zugeben vorheyschen, deßgleichen von des Ratsbriven und privilegien zu ordiniren, daran er dann auch etwas redelichs vordient hette. So hat yme der Rath als er seyne x Jar außgedienet, keyn abeschiedt gegeben, wie dann seynen furfahrn gescheen, welchs alles uber hundert gulden lauffen wurde, des zuvorgnugung hat yme der Rath dye hundert gulden so er yme schuldig gewest, vor solche seyne muhe und gerechtickeit erlassen, und yme seynen Schultbrieff wider uberreicht, faciunt dise hundert gulden xxxv ß“[336]

Dass sich im Laufe der Zeit die akademische Qualifikation für den Stadtschreiber durchsetzte, war vor allem dadurch bestimmt, dass dem Amt an sich, aufgrund der juristischen Komponente, verstärkte Wertschätzung zukam.[337] Auch im Amt des Unterstadtschreibers,[338] welcher

---

333 ISENMANN, Stadt, 145; MORAW, Lebensweg, 250; RACHEL, 51; STEINFÜHRER, Stadt, 36; DERS., Kanzleiwesen, 183; vgl. SCHILLING, 9 f.; WRIEDT, University, 52; in Nürnberg führte kein Stadtschreiber den Titel eines Dr. iur., der Grund mag der Ausschluss derselben aus dem Rat gewesen sein: SCHMIED, 66 f.; Die Leipziger Universität war die „Ausbildungseinrichtung“ schlechthin für die sächsischen Stadtschreiber: STEINFÜHRER, Schriftlichkeit, 17.

334 MIETHKE, Karrieren, 348; SCHMIED, 68; WRIEDT, Gelehrte, 447; DERS., Bürgertum, 490, 516–520; DERS., Verwaltung, 29 f.; DERS. Studium, 20; ähnlich bei Juristen: IMMENHAUSER, Bildungswege, 212.

335 MORAW, Lebensweg, 252; SCHWINGES, Karrieremuster, 19. Nach IMMENHAUSER, Bildungswege, 244, bedeutete das Einrücken von Gelehrten in Amtspositionen noch lange keine Verwissenschaftlichung dieses Amtes; ähnlich WRIEDT, Bürgertum, 508.

336 JHR 34 1522/23, fol. 144^r.

337 WRIEDT, Verwaltung, 27–30. Im 16. Jh. zeigte sich dann aber die Tendenz, auch Stipendien für weniger begüterte Studenten auszusetzen, da der nötige akademische Nachwuchs nicht allein aus den Ratsfamilien rekrutiert werden konnte. Dazu allgemein RATAJSZCZAK; auch KRAMM, Studien, 323 f.;

dem Oberstadtschreiber untergeordnet war (und welchen der Oberstadtschreiber auch zu entlohnen hatte) kann man eine Tendenz hin zur universitären Bildung erkennen, allerdings weit weniger stark ausgeprägt als beim Oberstadtschreiber. So erwarb Sebastian Weidener[339] (Weyden, aus Wurzen? im Jahre 1488/89 Unterstadtschreiber) zumindest den Titel eines Bakkalaren, daneben fungierte er aber auch als Schöffenschreiber, was mit ziemlicher Sicherheit auf vorhandenes (praktisches) juristisches Wissen (wie auch immer angeeignet) schließen lässt.[340]

Ein solches brachte auf jeden Fall der Unterstadtschreiber und spätere Doktor beider Rechte Petrus Freitag[341] (aus Königsberg/Preußen, von 1480 bis 1502 Unterstadtschreiber, von 1502 bis 1505 Schöffenschreiber) mit, der jedoch nicht allein für das Amt des unteren Stadtschreibers eine Ausnahme darstellt, sondern ganz allgemein eine außergewöhnliche Persönlichkeit gewesen sein muss. Dies nicht nur, weil er während seiner Tätigkeit an der Universität den Rat in juristischen Sachen beriet (dies war integraler Bestandteil der Symbiose von städtischer und universitärer Führungsspitze[342]), sondern indem er als eines der wenigen (Leipziger) Beispiele gelten kann, dass akademische Bildung im späten Mittelalter tatsächlich auch sozialen Aufstieg bedeuteten konnte.[343]

Weiter ließe sich noch der Bakkalar Melchior Hauser (Unterstadtschreiber von 1503 bis 1506) als Beispiel für universitär gebildetes Personal im Unterschreiberamt anführen.[344] Es

---

LÖFFLER, 355–358; WRIEDT, Studienförderung, 36–44, 48 f.; HESSE, Erfurt, 275 vermutet, dass diese „Akademisierung" der Verwaltung vor allem durch die im Laufe des 15. Jahrhunderts gesteigerte Zahl an Studierenden und universitär Gebildeten, also durch das enorm erhöhte „Angebot" an Gelehrten, zu erklären sei.

338 SCHIECKEL, 76 mit Auflistung der Unterstadtschreiber bis zur Reformation, vgl. ERMISCH, 93 f.; GRAMSCH, Erfurter Juristen, 207 f. (bes. Anm. 54); RACHEL, 55 f.; STEINFÜHRER, Kanzleiwesen, 178.

339 CDS II 16, 226 (M 39); CDS II 17, 187; NBL II/2, 66 f.; RB I Nr. 496, RB II Nr. 947 (1487: Schöffenschreiber), 1188 (1491: Schöffenschreiber), 1216, 1420; LB II, 199; LB III, 136; TB II, 164, 181; JHR 7 1483/84, fol. 75v; JHR 7 1484/85, fol. 200v; JHR 11 1491/92, fol. 78v; JHR 12 1493/94, fol. 77v; JHR 13 1495/96, fol. 74v; vgl. auch SCHMITT, 365. Auch bei Weidener könnte sich bestätigen, dass Angehörige von Stadtbediensteten die Universität besuchten, vgl. CDS II 16, S. 538 (M 42).

340 ISENMANN, Stadt, 144 nennt einen Großteil der städtischen Schreiber „juristische Halbgelehrte".

341 Immat. W 1475, bacc. 1476, iur. utr. bacc., zwischen 1479 und 1506 iur. utr. lic. und iur. utr. dr. (CDS II 16, 301; CDS II 17, 252, sowie ebd. 38, 40, 42–46, 505; RB I Nr. 527 (Unterstadtschreiber), RB II Nr. 2066 (als Notarius 1499 genannt); LB III, 144; JHR 6 1482/83, fol. 210v; JHR 14 1497/98, fol. 81v); BÜNZ, Ratskapelle, 52 f.; SCHIECKEL, 76; SCHMITT, 365 f.; STEINFÜHRER, Kanzleiwesen, 185; DERS., Freitag; DERS., Kanzleiwesen, 183; STIFTUNGSBUCH, Nr. 47; RATAJSZCZAK, 98 (bes. Anm. 225).

342 Im Übrigen nicht nur in Leipzig, vgl. WRIEDT, Bürgertum, 501 f.

343 BOOCKMANN, Mentalität, 303; GRAMSCH, Erfurter, 454, 565; MIETHKE, Karrieren, 348; MORAW, Heidelberg, 551; DERS., Lebensweg, 253; DERS., Gelehrte, 247, 249. Nach IMMENHAUSER, Bildungswege, 146 konnten gelehrtes Wissen und akademische Titel nur Angehörigen der städtischen Oberschicht helfen, ihren Standesnachteil gegenüber dem Adel teilweise zu kompensieren, dazu auch OŻÓG, 79 f.; Zum Studierverhalten des Adels MÜLLER, Universität und Adel.

344 Für die Tätigkeiten eines Unterstadtschreiber: JHR 36 1524/25, fol. 124v; JHR 44 1532/33, fol. 119v; JHR 46 1534/35, fol. 119r: „Benedicto [Zuckschwert, siehe unten] underscheppenschreyber eynen Spieß betzalt vor eyn abeschrifft Magistrum Virgilij Testaments so er copyret geben x gr" oder JHR 13 1496/97, fol. 191r: „Item petro [Freitag] die ordinationes der hantwerge geschrebinn geben xx gr".

zeigt sich zudem eine Verknüpfung der Schreiberämter auf der unteren Ebene, nämlich der des Unterstadtschreibers mit der des Unterschöffenschreibers.[345] Wie bereits für Weidener oder Freitag gesehen, traf dies auch auf deren Nachfolger Johannes Taubhorn[346] (Unterstadtschreiber von 1511 bis 1526) oder Johannes Huber[347] (Unterstadtschreiber von 1527 bis 1538) zu.

3.2.2 Schöffenschreiber

Mit Ausnahme Peter Freitags dürfte sich der Inhaber des Unterschöffenschreiberamtes seine praktischen Rechtskenntnisse wohl eher im Verlauf der Amtstätigkeit angeeignet haben, denn die Anwendung universitär erworbenen juristischen Wissens war anscheinend das Vorrecht der Oberschöffenschreiber,[348] unter denen sich zahlreiche Rechtsdoktoren bzw. Angehörige der Juristischen Fakultät finden lassen.[349]

Bereits von 1474 bis 1483 war der Magister und spätere Dr. iur. can. Johannes Wilde[350] [200] Schöffenschreiber, er war der Vorgänger des Sebastian Weidener. Ab 1495 übernahm (der spätere Bakkalar und Lizentiat beider Rechte) Bernhard Zuckschwert[351] aus Halle das Amt und hatte es bis mindestens 1501 inne. Er dürfte als Beispiel für einen recht häufigen „Karriereweg" gelten, indem zunächst praktische juristische Kenntnisse in städtischen (oder anderen kanzleitätigen) Diensten erworben und diese später durch eine universitär-juristische Ausbildung ergänzt bzw. verbessert wurden. Von 1502 bis 1505 war der bereits genannte Dr. iur. utr. Petrus Freitag[352] Oberschöffenschreiber, sein Nachfolger war der ebenfalls bereits erwähnte Dr. iur. Johannes Lindemann[353] (von 1505 bis 1507), der auch Ordinarius der Juristen war, ihm folgte der Lizenziat beider Rechte Valentin Schmid (Faber)[354] aus Leipzig. Im Rechnungsjahr 1508/09 findet sich ein Magister Müller[355] als Schöffenschreiber, ihm folgte wohl

---

345 RACHEL, 30 f. und passim; SCHMITT, 364 f.

346 JHR 38 1526/27, fol. 126^r; vgl. CDS II 16, 519 (M 62 oder 63).

347 JHR 43 1531/32, fol. 126^r.

348 KRAMM, Studien, 431; RACHEL, 20 und passim; SCHMITT, 365 f.; THIEME, 252; WUSTMANN, Quellen II, 79. Zu praktischen Rechtskenntnissen auch SCHMUTZ, 308 f. und GRAMSCH, Erfurter, 206 f., 557, wonach man für höhere städtische Ämter ohnehin lieber gestandene Juristen anstellte, oftmals unter Übergehung des niederen Kanzleipersonals, vgl. MORAW, Gelehrte, 252.

349 CDS II 11, Nr. 278; weitere Unterschöffenschreiber waren etwa 1504/05 Leonhard Hagen (JHR 17 1503/04, fol. 102^v; JHR 20 1508/09, fol. 137^r; JHR 22 1510/1511, fol. 129^r; LB III, 145) oder der schon erwähnte Lorenz Reibehand. Nach HOYER, Gerichtsbarkeit, 137, wirkten Juristen der Leipziger Universität bis 1574 am Leipziger Schöffenstuhl; vgl. RACHEL, 23, 209 f.

350 JHR 1 1472/73, fol. 246^v; JHR 2 1473/74, fol. 87^v; SCHMITT, 365.

351 JHR 13 1495/96, fol. 74^v; bis JHR 15 1499/1500, fol. 79^v; CDS II 16, 509 (S 11); CDS II 17, 42.

352 JHR 16 1502/03 fol. 253^r; JHR 17 1503/04, fol. 105^r; JHR 17 1504/05, fol. 259^v.

353 JHR 18 1505/06, fol. 130^r.

354 JHR 19 1507/1508, fol. 134^v; CDS II 16, 305 (M 38); CDS II 17, 39, 40.

355 JHR 20 1508/1509, fol. 139^r; JHR 21 1509/1510, fol. 138^r; JHR 22 1510/1511, fol. 130^r; ohne Vornamen ist es fast unmöglich diese Person bei der Fülle an Müller/Moller/Molitoris zu identifizieren.

Dr. iur. utr. August Tirolf[356] aus Leipzig bis 1521 nach. Dessen Nachfolger waren wohl 1522 ein Magister Caspar(?) Holtzel[357] (aus Zwickau?) und von 1522 bis 1524 Dr. iur. utr. Wolfgang Wildeck[358] aus Chemnitz. Ab 1524 übernahm der aus Kamenz in der Oberlausitz stammende Dr. iur. utr. Andreas Franck[359] [55] das Amt des Oberschöffenschreibers bis 1534, ihm folgte der vormalige Unterstadtschreiber und Lizentiat beider Rechte Benedict Schultz[360] aus Breslau im Amt nach. Nach dessen Tod 1537/38 übernahm Dr. iur. utr. Johannes Scheffel[361] aus Weißenstadt (Oberfranken) das Amt.

Damit hatte sich der Bedarf an schreibkundigem Personal in Ratsdiensten aber noch nicht erschöpft,[362] so gab es noch Waageschreiber,[363] Schreiber im Ratskeller[364] oder Korn- und Mühlenschreiber,[365] die wir aber im Einzelnen nicht weiter behandeln wollen.

Es sollte deutlich geworden sein, wie stark der Bereich der städtischen Verwaltung von universitär gebildetem Personal durchdrungen wurde, wie stark auch die Stadt auf solches Personal angewiesen war, besonders auf Stadtschreiber, die – als Hauptverantwortliche für das städtische Verwaltungs- und Rechtsschriftgut – mit der juristischen Praxis vertraut waren, und auf die zumeist als Juristen tätigen Schöffenschreiber, die ihre juristische Expertise mit ins Amt einbrachten bzw. eben jene in einem solchen schärfen und praktische Erfahrung sammeln konnten.[366]

Beiden gemein ist der Sprungbrettcharakter, den diese exponierten Verwaltungsposten für ihre Inhaber boten, ein Aufstieg in den Rat bzw. in den Rang des Bürgermeisters war keine Seltenheit. Man darf die höheren Ämter der städtischen Verwaltung als die integrierenden Werkzeuge gelehrter Elemente in die städtische Obrigkeit schlechthin bezeichnen, quasi als

---

356 JHR 23 1511/1512, fol. 140r; zuletzt: JHR 32 1520/21, fol. 121r; CDS II 16, 334 (M 49); CDS II 17, 38, 44, 46, 48–50, 52–55, 57–59, 331, 365.

357 JHR 33 1521/22, fol. 129r; CDS II 16, 424 (M 33); CDS II 17, 395, 442, 454, 528.

358 JHR 33 1521/22, fol. 129r; JHR 34 1522/23, fol. 125r; JHR 35 1523/24, fol. 126r; CDS II 16, 468 (M 34); CDS II 17, 38, 46, 47, 457.

359 JHR 36 1524/25, fol. 126r; zuletzt JHR 46 1534/35, fol. 126r; vgl. JHR 45 1533/34, fol. 134r.

360 Als Unterschöffenschreiber: JHR 35 1523/24, fol. 203r; JHR 37 1525/26, fol. 203r; als Oberschöffenschreiber: JHR 47 1535/36, fol. 126r; JHR 48 1536/37, fol. 142r; CDS II 16, 475 (P 4); CDS II 17, 45, 58; 1537 erhielt er ein Geschenk auf seine Lizentiatur: JHR 49 1537/38, fol. 141r: „Benedicto Sculteti oberscheppenschreyber zuvorehrungen zw seyner licentiatur dis weyl er Licenciatus wirdit gegeben auß befeleh des rats und burgermeister Sabbathe post Corporis christi anno 1537 [2. Juni 1537] […]“, er verstarb aber noch im gleichen oder im folgenden Jahr: ebd. fol. 153r und 175v: „Vor Benedicti Sculteti Oberscheppenschreybers begrebnis da der Rath alles außgericht und betzalt tut iiij ß lvij gr“.

361 JHR 49 1537/38, fol. 176v; JHR 50 1538/39, fol. 153r; JHR 51 1539/40, fol. 165r; CDS II 16, 547 (M 97); CDS II 17, 38, 54–60, 62 f., 561, 585, 586.

362 RACHEL, 57, 75, 92–97.

363 JHR 1 1471/72, fol. 110r; JHR 5 1480/81, fol. 202v; JHR 11 1491/92, fol. 78r; JHR 15 1499/1500, fol. 79r; JHR 19 1507/1508, fol. 134r; JHR 24 1512/1513, fol. 131r; vgl. auch RB I Nr. 273.

364 JHR 2 1474/75, fol. 253v; JHR 3 1475/76, fol. 92v; JHR 15 1500/01, fol. 203v.

365 Dies übte ab 1510 der Bakkalar Franz Nepitz alias Mordeber aus: JHR 22 1510/1511, fol. 130v; JHR 23 1511/1512, fol. 140v; zuletzt: JHR 51 1539/40, fol. 165v.

366 WUSTMANN, Quellen II, 79 f.

Kanal, der einen Großteil des gelehrten Ratspersonals in eben jene Positionen brachte, von denen aus eine enge Verknüpfung der beiden Beziehungsfelder, nämlich des universitären, aus welchem sie kamen, auf der einen und des städtischen, in welchem sie nun verstärkt wirkten, auf der anderen Seite, möglich wurde. Erst durch diese engen personellen Verknüpfungen von Stadt und Universität, so lautet ja die These, war eine gemeinsame fruchtbare Koexistenz auf lange Sicht möglich geworden. Höchstwahrscheinlich ist, dass durch diese Verflechtung gezielte Absprachen bei der Rekrutierung von „gelehrtem" Amtspersonal getroffen wurden.[367]

3.2.3 Medizinische Versorgung und Ärzte in der Stadt

Eine Stadt von der Größe Leipzigs kam auch im Mittelalter nicht ohne eine zumindest rudimentäre medizinische Versorgung ihrer Einwohnerschaft aus (dies umso mehr, da körperliche Verletzungen keine Seltenheit waren). Die Anstellung von Badern, Wundärzten und Chirurgen[368] durch den Rat, die die Stadtbewohner bei Bedarf aufsuchen mussten, war Ausdruck des obrigkeitlichen Verfügungsanspruches der Ratsherren über die Kommune, sie symbolisierte – neben den strikten Bußen gegen körperliche Gewalt, die Unter- wie Oberschicht gleichermaßen trafen – Fürsorge und Streben nach Wohlergehen der Einwohnerschaft von Seiten des Stadtregiments und damit Legitimation des eigenen Machtanspruchs.[369]

Öfter als mit universitär gelehrten Ärzten kamen die Einwohner Leipzigs im 15. Jahrhunderts natürlich mit den praktischen Ärzten und Badern in Berührung, alleine schon aus Kostengründen, denn der Besuch eines akademischem Arztes war eher der finanzkräftigen Oberschicht vorbehalten. Jener wurde wohl auch nur in wirklich kritischen (und nicht zuletzt letalen) Fällen gerufen, vorher übte man sich in Selbstmedikation und wandte sich an Apotheker oder praktische Ärzte.[370] Trotz allem kann unter dem Schlagwort der städtischen Medizinalversorgung ein weiteres städtisch-universitäres Berührungsfeld eröffnet werden. Wir wollen uns zum einen der Beschäftigung von Ärzten in der Stadt und in städtischen Diensten widmen, weiter den in Leipzig eindeutig universitär bestimmten Apotheken (welche ja nicht nur Medizin, sondern Alltags- und Luxusgüter aller Art wie Farben, Konfekt, Zucker oder Siegelwachs vertrieben),[371] und letztlich soll der für Leipzig typisch starke Einfluss gelehrter Mediziner im Magistrat beleuchtet werden.[372]

---

367 WRIEDT, Universitätsbesucher, 175.

368 JHR 16 1501/02, fol. 23^{v}: „Item frantz hacke der barbirer ist auß des Rats gehorsam gegangen und dem Rathe trewlos und meineydig wurden und einen studenten gehawen dor umbe her dem Rathe ii fl geben solt ingenommen iiii ß"; JHR 17 1503/1504, fol. 103^{v}; JHR 20 1508/1509, fol. 134^{r}: „Item Nickel müller deme bader darum das er Jacob belenn geheylt zo er ins raths gescheffthen schadenn entpfangenn alßo vor artz gelt geben lviij gr"; JHR 41 1529/30, fol. 119^{v}; vgl. KOLLER, 24; RACHEL, 171; auch Studenten waren davon nicht ausgenommen: WUSTMANN, Quellen II, 30.

369 KINTZINGER, Medicorum, 67.

370 KINTZINGER, Medicorum, 89, 91.

371 WUSTMANN, Apotheken, 197 199

372 STEINFÜHRER, Ratsbücher I, XIX, XXV; DERS., Rat, 18 f., 22.

In den Jahreshauptrechnungen findet sich nur ein einziger „angestellter" akademischer Arzt, Dr. med. Georg Schiltel[373] aus Hahnbach (Oberfranken), der ab 1512 als „Ratsfreund" direkt dem unmittelbaren Ratspersonal (wie Stadtschreiber, Syndici etc.) zugeordnet war.[374] Schiltel nahm damit eine exponierte Stellung gegenüber den sonst vom Rat entlohnten Badern und praktischen Ärzten ein, die weder ein ähnliches Honorar wie er erhielten[375] noch das gleiche Sozialprestige genossen, welches Schiltel über seinen akademischen Doktortitel mit einbrachte. Er dürfte durch die Anstellung als Ratsarzt ein in etwa ähnlich hohes soziales Ansehen besessen haben wie der Ratssyndikus.[376]

Schiltel wurde jedoch nur bis 1516 beschäftigt, dann wurde ihm der Sold seitens der Stadt wieder aufgekündigt.[377] Eine mögliche Erklärung dafür (es sei denn, persönliche Animositäten wären der Grund gewesen, was sich aber nicht fassen lässt) könnte darin bestehen, dass aufgrund der ohnehin schon im Rat sitzenden akademischen Ärzten ein zusätzlich durch den Rat beschäftigter und besoldeter Mediziner entweder als überflüssig oder als für den Rest der *doctores medicinae* geschäftsschädigend empfunden wurde. Da sich die Klientel, welche sich gelehrte Ärzte auch leisten konnte, aus der gleichen Schicht rekrutierte wie die ratsfähigen Mediziner, dürfte dies gar nicht so abwegig sein. Es wäre natürlich auch möglich, dass auch schon vor dem Einsetzen der Jahreshauptrechnungen 1471 akademische Ärzte direkt vom Rat angestellt wurden, allein es fehlt die Überlieferung, etwa Anstellungsverträge.[378]

Jedoch sollte die Bedeutung universitärer Mediziner (und auch der medizinischen Fakultät)[379] für die Stadt nicht unterschätzt werden, weniger für die Masse der Einwohner als ganz explizit für den Rat, der sich ihrer (und meistens seiner medizinischen Ratsfreunde) bediente.[380] Vor allem in Zeiten grassierender Seuchen, die Leipzig besonders Anfang des 16. Jahrhunderts recht häufig trafen, war die Hilfe gelehrter Mediziner unumgänglich:

---

373 CDS II 16, 416 (B 34); CDS II 17, 73, 77 f., 364, 384, 394, 396, 400, 402, 406, 411, 413, 416, 418; TB II, 166, 187; KUSCHE, Ego, 525–527, Nr. 25; RACHEL, 172; SCHIRMER, 229 (Anm. 409).

374 JHR 24 1512/1513, fol. 131ᵛ: „doctori georgio schiltel des Raths arczt zu jarsolde xiiij ß"; JHR 25 1513/1514, fol. 127ᵛ; JHR 26 1514/1515, fol. 131ᵛ; vgl. KINTZINGER, Studens, 24; WRIEDT, Bürgertum, 509; DERS., Gelehrte, 440; DERS., University, 59.

375 Zu Ärztehonoraren: KINTZINGER, Mediocorum, 72.

376 KINTZINGER, Mediocorum, 70. Zwar erhielt der Ratsyndikus ein weitaus höheres Honorar, Schiltel lag aber noch über der „Ehrengabe" von fünf Schock Groschen, die der Ordinarius der Juristen erhielt.

377 JHR 27 1515/1516, fol. 130ᵛ: „Doctori schiltel des Raths arczt zu jharsolde xiiij ß. Und ist Ime diser solt dicz jhar auffgesaget".

378 Mit Ausnahme eines 1469 angestellten Ratsbarbierers: CDS II 8, Nr. 442, S. 372: „[…] darvmbe sal er alle des rats dyner, wo die in des rats geschefften gewundet worden, mit wunterzney vffs vlissigst vorsorgen vnde vmbe sust bynden […]"; dass medizinisches, jedoch nicht-universitäres Personal wie Barbiere, Chirurgen etc. vom Stadtrat entlohnt wurde haben wir bereits gezeigt.

379 JHR 23 1511/1512, fol. 168ʳ: „Der facultet der Ertzney darumb das sie den burgern in der stat gutwillen beweysen und disputacionis auffarhten […]", BÜNZ, Gründung, 247–257; HOYER, Gründung, 91f.

380 JHR 40 1528/29, fol. 122ʳ: „Vor etzliche artzney so Doctor Aurbach [175] Christofeln Kybisch des Rats knechte als er yrre wurde, geschriben, in dye Apotheca geben x gr".

„Doctori Johann hellewetter zuvorehrunng darumb das er sich hat vormogen lassen von Egidij biß uff Michaelis [1. bis 29. September 1530] alhir zubleyben, und den lewten, welche dye schweyssucht angestossen, zurachen (!) und helffen, xx gulde groschen gegeben thut vij ß xl gr“[381]

Dabei spielte es keine Rolle, ob die Mediziner aus der heimischen oder einer anderen Universität kamen:

„Item dem Artzte petro von Wittenberg der dye krangken und pestilentzischen Im Spital zu S. georgen (Nochdem der besoldte Doctor Drembeck auch geflohen) diß sterben uber visitiret und getreulich curiret hat, pro sallario suo gegeben viij ß xlv gr“[382]

In „Pestzeiten“ war wohl auch eine andere Gruppe von Universitätsverwandten von entscheidender Bedeutung, nämlich die Drucker, welche die in der Stadt verteilten medizinischen Anschläge der gelehrten Ärzte vervielfältigten.[383]

3.2.4 Apotheker

Ob die älteste Leipziger Apotheke, die Löwenapotheke, tatsächlich eine genuin „universitäre“ Einrichtung war, in dem Sinne, dass sie entweder von Prager Magistern oder von der Medizinischen Fakultät gegründet worden sei, lässt sich nicht entscheiden.[384] Wichtiger für das Thema dieser Arbeit ist jedoch der starke universitäre Bezug, welchen die Apotheken und deren Betreiber im Laufe des 15. Jahrhunderts erhielten, in Verbindung mit der Tatsache, dass nach der Gründung der Universität 1409 sehr bald die ersten Magister und Mediziner über das Apothekengeschäft Einlass in den Stadtrat fanden und so einen wichtigen Platz im städtisch-universitären Zusammenspiel einnahmen.

Als frühestes Beispiel in der Reihe von in den Rat aufsteigenden Medizinern findet sich der aus Frankfurt/Oder stammende Magister und Dr. med. Nikolaus Schultz [159], der 1435 das Haus der Löwenapotheke erwarb, im gleichen Jahr war er auch Ratsmann.[385] Ihm folgten, sowohl was Besitz dieser Apotheke als auch Sitz im Rat anbetraf, die Apotheker Johann König[386]

---

381 JHR 41 1529/30, fol. 144^{r}; JHR 42 1530/31, 146^{v}: „Doctori Caspar kegeler, das er das Sterben alhir blieben und dye pestilentischen curiret hat, zu Jharsolde vorgnuget xvij ß xxx gr“; BEIER/DOBRITZSCH, 51; zu Kegeler: KUSCHE, Ego, 681 f., Nr. 122

382 JHR 42 1530/31, fol. 147^{r}; JHR 43 1531/32, fol. 143^{r}: „Item dem artzte von wittenberg der zu den pestilentischen und andern krangken Ins Spital zu S. Georgen gegangen, zu vorehrunge und erstattung seyner Artzey (!), entricht j ß xlv gr“.

383 JHR 41 1529/30, fol. 144^{r}: „Doctori Caspar kegeler, der dem Rathe seyn Regimen pestilentiale dedirirет und zugeschrieben, zuvorehrung entricht vij ß“; JHR 42 1530/31, fol. 145^{v}: „Melchior Lotthern von lx anschlagsbriven Doctori Casparn Regimen pro infect pesto zedrucken x gr“.

384 WUSTMANN, Apotheken, 194 f. ist dagegen, CZOK, 56 dafür; vgl. BEIER/DOBRITZSCH, 50.

385 WUSTMANN, Apotheken, 195.

386 Rat Nr. 162; WUSTMANN, Apotheken, 195, dieser erwarb 1440 die Apotheke und saß 1466 zum ersten Mal im Rat, vgl. HOYER, Alltag, 242.

und der Magister Georg Huter[387] [72], letzterer stammte aus einer Apothekerfamilie, denn sein Vetter Johannes Huter war ebenfalls Apotheker und Ratsmann.[388] Daneben gab es freilich noch weitere Apotheken in Leipzig, deren Zahl sich im Laufe des 15. Jahrhunderts parallel zum Anstieg der Stadtbevölkerung erhöhte.[389]

Neben dem schon erwähnten Angebot an Siegelwachs, Konfekt und anderen eher für den Bedarf der Oberschicht ausgerichteten Konsumgütern[390] war eine der Hauptaufgaben der Apotheken natürlich die Bereitstellung von Medizin, Tinkturen, Salben etc.[391] Diese wurden zwar auch von Ärzten ausgegeben[392], doch die Apotheker besaßen das Monopol auf Arznei und Wundmittel, Universitätsärzten kam wohl eher die Überwachung der Qualität der Produkte zu.[393] Besonders in Seuchenzeiten müssen die Apotheker eine besonders wichtige Rolle gespielt haben, dürften sie doch in Anwendung und Wirksamkeit medizinischer Produkte weit mehr praktische Erfahrung besessen haben als die eher theoretisch ausgebildeten Universitätsärzte[394] (damit soll freilich nicht gesagt werden, dass akademische Mediziner von akuter Patientenbehandlung, bei aller humanistischen Kritik, keine Ahnung hatten – ihr regelmäßig in den Jahreshauptrechnungen dokumentierter Einsatz in der Stadt spricht eine andere Sprache).

3.2.5 Mediziner im Rat

Ein für das Leipziger Verhältnis auffälliger Befund ist die Tatsache, dass zuerst Mediziner (Apotheker und Ärzte) und nicht Juristen als Teil des oft so formulierten „akademischen Elements" in die Kreise der städtischen Obrigkeit gelangten und damit zu jener engen Verknüp-

---

387 Dieser erwarb die Löwenapotheke 1477 und war nach Wustmann bereits seit 1465 Vormund der nachgelassenen Kinder des Apothekers Johann König: WUSTMANN, Apotheken, 195.

388 Rat Nr. 142, Johannes Huter verstarb angeblich im Alter von 114 Jahren: HÄUSERBUCH Nr. 149; WUSTMANN, Apotheken, 201. Möglicherweise war auch der Magister Laurentius Fohel [50] (Sohn des Ratsmannes Peter Fohel, Rat Nr. 90) Apotheker, als solcher in: JHR 13 1495/96, fol. 82^{r}.

389 So etwa die Salomonapotheke, die zwischen 1470 und 1480 entstand, oder die um 1520 entstandene Mohrenapotheke, für Details WUSTMANN, Apotheken, 196 f.

390 JHR 17 1503/1504, fol. 103^{v}: „Item hanßen huter dem apotegker syn zcedula vor sigelwachs und recept und zugker ßo die herrn bey ime genommen haben xxiiij gr", WUSTMANN, Apotheken, 197–199.

391 JHR 42 1530/31, fol. 147^{r}: „Item Inn Johann huters und Michel hofemans apotheken vor preservativa und andere medicina, vor dye Bawmeister Statschreybere und understadtschreyber nocheinander diß sterben uber außgegeben iii ß lv gr"; JHR 46 1534/35, fol. 120^{v}.

392 JHR 42 1530/31, fol. 121^{r}: „Doctorj Caspar kegeler pro preservativis pestilium x gr".

393 CDS II 8, Nr. 470: „[…] das auch die doctores alle iar eins zcu einer zceit, als sie sich des vorenygen sollen, in die apotecken gehin vnd die materialien eigentlich besehen […]"; KINTZINGER, Medicorum, 65 (Anm. 8); RACHEL, 173; WUSTMANN, Apotheken, 199–201.

394 JHR 31 1519/1520, fol. 123^{v}: „Item nach deme der under stadschreiber krang gewesen hat Ime der Rat die ercznei aus der apoteken beczalt dafor geben […]"; JHR 33 1521/22, fol. 125^{r}: „Item pro medicina et materialibus in Hansen huters apothecken vor dye newen krangken lewte so mit der pestilentz behafft, als es der Barbirer gesell angegeben, das er solt genommen haben vj ß"; Zur Ausbildung universitärer Mediziner: IMMENHAUSER, Bildungswege, 211; CDS II 11 Nr. 263.

fung des universitären und städtischen Führungspersonals beitrugen, die sich vor allem Ende des 15. und Anfang des 16. Jahrhunderts (nun allerdings mit einem Übergewicht der Juristen) im Rat niederschlug.[395] Akademisch gebildete Mediziner bereiteten quasi den Weg für den Aufstieg der Gelehrten in den Leipziger Rat vor, den die Juristen konsequent zu Ende gingen. Dieser basierte zu einem guten Teil darauf, dass die Söhne der im Rat sitzenden Mediziner verstärkt eher das Studium der Jurisprudenz denn der Medizin anstrebten. Da es in Leipzig kein abgeschlossenes Patriziat gab, war auch die Integration von Gelehrten als „neuen Kräften“ in die städtische Oberschicht jederzeit möglich.[396]

So folgten dem schon erwähnten Dr. Nikolaus Schultz[397] aus Frankfurt/Oder Ärzte wie Dr. Jacob Meseberg [100] aus Stendal (1441 erstmals im Rat), Dr. Johann Meurer[398] (1452), Dr. Nicolaus Pistoris [122] (1453), Dr. Valentinus Schmiedeberg[399] [153] (1470) oder Dr. Simon Pistoris [123] (1494) und später noch der bekannte Dr. med. Heinrich Stromer von Auerbach [175]. Der Aufstieg von Juristen in zweiter Generation über ihre „medizinischen Vorfahren“ in erster Generation zeigt sich bei dieser Auswahl größtenteils bestätigt: Zwar dürfte Dr. med. Nikolaus Schultz noch der Großvater des späteren Legisten Dr. leg. Ludwig Schultz [161] gewesen sein, Dr. med. Jacob Mesebergs Sohn, Dr. decr. Leonhard Meseberg [101] gelangte jedoch als Jurist in den Rat. Ebenfalls Jurist wurde der Sohn des Dr. med. Valentin Schmiedeberg, Dr. iur. Heinrich Schmiedeberg [154]. Nicht zuletzt sind die Pistoris zu nennen, aus denen nicht nur berühmte Juristen wie der herzögliche Kanzler Dr. utr. iur. Simon Pistoris [126] und dessen Sohn Dr. utr. iur. Modestinus Pistoris [128] hervorgingen, sondern auch gelehrte Mediziner wie der Dr. med. Christoph Pistoris [126] (er war der Bruder des Kanzlers Simon Pistoris und Sohn des Dr. med. Simon Pistoris [123]). Auch wenn nicht alle dieser „Juristen zweiter Generation“ tatsächlich im Stadtrat saßen, so wird doch deutlich, dass den universitären Medizinern eine ähnlich gewichtige Bedeutung wie den gelehrten Juristen im Rat zugesprochen werden muss.

3.3 Arten der „Kommunikation“ zwischen Stadt und Universität

3.3.1 Geschenkpraxis des Rates

Hebt man die städtisch-universitären Beziehungen von der unteren Ebene der Begegnung, das heißt vor allem von Versorgung, Wohnraum und Ausübung eigener Rechte und Freiheiten ab, und wendet seinen Blick auf Phänomene der mittleren Ebene, besonders auf Tätigkeiten, die gemeinhin mit dem Merkmal „gelehrt“ versehen werden, so stellt man fest, dass im späten Mittelalter diese mittlere Ebene etwa der städtischen Verwaltung von universitär gebildetem Personal durchdrungen wurde. Wir haben dies bereits für den Bereich der Stadtschreiber und der Mediziner gesehen. Eventuell könnte man Ähnliches – wenn auch in geringerem Maße –

---

395 STEINFÜHRER, Stadt, 38; DERS., Ratsbücher I, XXV; DERS., Rat, 22; WUSTMANN, Quellen II, 80; vgl. KINTZINGER, Medicorum, 85 f.

396 STEINMÜLLER, 140; STEINFÜHRER, Stadt, 37; DERS., Rat, 17 f.; vgl. WRIEDT, Gelehrte, 442.

397 HOYER, Stadt, 166; DERS., Wirtschaft, 67 f.; RACHEL, 7; SCHULZE, 28.

398 Rat Nr. 199.

399 STIFTUNGSBUCH, Nr. 50.

für die Nikolaischule behaupten, deren Schulmeister Universitätsmagister[400] waren. Diese beschäftigten zudem Bakkalaren als Gehilfen.[401] Im Gegenzug nahm die Universität im Repräsentationsbestreben der Stadt einen wachsenden Stellenwert ein. Im Verlauf des 15. Jahrhunderts wurde nicht nur die personelle Verflechtung von Stadt und Universität immer enger, ebenso nahm die Identifikation mit der Universität „vor Ort" (als in Leipzig „heimisch") zu. Dies äußerte sich vor allem in der äußerst aktiven Geschenkpraxis des Rates gegenüber der Universität.

Geschenke waren im Mittelalter natürlich in erster Linie Kommunikationsmittel und politisches Werkzeug.[402] Dies darf man auch für die städtischen Geschenke an die Universität vermuten. Gleichzeitig beinhalteten Geschenke einen Verzicht auf Reziprozität von Seiten des Beschenkten. Es kam vor allem auf die (symbolische) Wirkung an, die diese Schenkungsvorgänge ausübten.[403] Geschenke waren Teil der Sichtbarmachung des Obrigkeitsanspruches des Rates gegenüber der Universität innerhalb der Stadtmauern, sie waren Werkzeuge in der Austarierung des Machtverhältnisses zwischen diesen beiden fürstlich privilegierten Kooperationen.[404] So erhielten denn nicht nur Universitätsangehörige, sondern etwa auch Apotheker[405] oder Schulmeister[406] Geschenke, meist in Anerkennung ihrer Dienste.[407]

Wie im Mittelalter üblich, waren auch in Leipzig die Geschenke des Rates meist flüssiger Natur (das heißt in Form von Bier und Wein). Ein wichtiger Bestandteil der städtischen Geschenkpraxis gegenüber der Universität beinhaltete das Schenken von Wein zu den Magisterschmäusen, den sich an die Magisterpromotion anschließenden Festessen, welche meist im Januar oder Februar begangen wurden. Bereits in der ersten erhaltenen Stadtrechnung 1471/72

---

400 KINTZINGER, Studens, 14–21, 25–27; KRAMM, Studien, 315–320; STEINFÜHRER, Stadt, 37; TÖPFER, 43; vgl. IMMENHAUSER, Bildungswege, 392; WRIEDT, Gelehrte, 440; DERS., University, 60 f.; JHR 24 1512/1513, fol. 131^{v}: „Magistro Rumpffer dem Schulmeyster, uff dizmall und pey disim Rath nur das halbe Jhar vorsolt [...]"; JHR 25 1513/1514, fol. 127^{v}; JHR 35 1523/24, fol. 143^{r}: „Magistro Conrado Birgkeimer Schulmeister In S. Niclas dyeweil er itzo nit Schuler hat, yme auch dye durch dye Thomaßer Monche und sust entzogen und abgespent werden [...]"; JHR 38 1526/27, fol. 143^{r}; JHR 39 1527/28, fol. 145^{r}; Mag. Johannes Rumpfer (aus Rotenburg, später Dr. med?): CDS II 16, 412 (B 30); CDS II 17, 74–76, 360, 377; Mag. Konrad Birkheimer (aus Nürnberg): CDS II 16, 486 (B 164); CDS II 17, 470, 533, 581, 583; Mag. Johannes Muschler (aus Oettingen, später Dr. iur. utr.): CDS II 16, 572 (B 108); CDS II 17, 38, 56 f., 63 f., 565, 579, 581, 583, 594, 598, 608, 612, 615, 618, 620, 622, 625, 629–631.

401 JHR 41 1529/30, fol. 143^{v}; JHR 42 1530/31, fol. 145^{v}: „Magistro Joannj Muschlero Schulmeister zu S. Niclas weyl er bey dez knaben sampt seynen Baccalauris guten vleyßs furwendt, und doch wenig von yne einzukommen hat, zuvorehrung entricht v ß".

402 GROEBNER, Gefährliche, 52 f., 68 f., 82 und passim.

403 GROEBNER, Gaben, 17–19; DERS., Gefährliche, 53; SCHWINGES, Mückensenf, 19 f.

404 „Schenken repräsentiert obrigkeitliche Legitimität", GROEBNER, Gaben, 19 f., 34, das Zitat ebd. 20; DERS., Gefährliche, 52, 71.

405 JHR 13 1495/96, fol. 82^{r}: „Sabato postquam tiburcy [16. April 1496] mgro fohel [50] dem Appotecker geschanckt ii halb st Renischwayn zu ij gr facit vj gr".

406 JHR 9 1487/88, fol. 94^{v}: „Sabato Jubilate [26. April 1488] dem schulmeister mgro hofeler und seinen gesellenn ad prandium baccalaureato geschanckt viij kannen maluasier [...] viij kannen Reynfal"; JHR 51 1539/40, fol. 161^{v}.

407 JHR 46 1534/35, fol. 143^{v}.

wird dieses Geschenk erwähnt, und die Regelmäßigkeit, mit der das städtische Weingeschenk *ad prandium Aristotelis* in den Rechnungen Jahr für Jahr verzeichnet wurde[408], lässt vermuten, dass bereits vor 1471 Ähnliches als ein fester Bestandteil des kommunikativen Austauschs zwischen Stadt und Universität, fast schon in ritualisierter Form, etabliert worden war.[409] Geschenkt wurde, was der Weinmarkt Leipzig[410] hergab, vor allem Malvasia, Reinfal, auch Veltliner bzw. „Welschwein“ (also südeuropäische, besonders italienische Weine), Rheinwein und Elsässer aus dem Westen, Frankenwein aus Oberdeutschland, aber ebenso Wein aus Kötzschenbroda, weiter so genannter „Böhmischwein“ und später zudem Muskateller (ebenfalls aus Südeuropa stammend).[411] Landwein wurde nur höchst selten geschenkt. Der Weinhandel in Leipzig lag fest in der Hand ratsfähiger Kaufleute, zum Teil aber ebenfalls der im Rat vertretenen Universitätsdoktoren.

Ab dem 16. Jahrhundert, regelmäßig ab den 1520er Jahren, wurden diese Weingeschenke noch um Biergeschenke für die Magisterschmäuse ergänzt.[412] In der Regel wurden drei bis vier Stübchen Wein (rund sechs bis acht Kannen) geschenkt, meist als Mix verschiedener Sorten (also immer je ein Stübchen Reinfal, Malvasia, Rheinwein etc.).[413] Auch der Rektor der Universität erhielt vom Rat regelmäßig Geschenke,[414] dies wieder als Teil der Ausdifferenzierung der Machtverhältnisse.[415]

---

408 JHR 1 1471/72, fol. 116v; JHR 2 1474/75, fol. 264v: „Item der universiteten ad prandium aristoteles geschanckt ii halbe stoben maluaser faciunt xx gr unnd ii halbe stoben welschwein faciunt xiiii gr ii d unnd ii halbe stobe Reynfall faciunt xiii gr ii d und ii halbe stobe Reinischen wein faciunt viii gr“; etc. bis zur letzten Erwähnung im Untersuchungszeitraum JHR 51 1539/40, fol. 176v: „den Magistranden auff ir prandium geschanckt vier kannen muscatel vier kannen Reinfall vier kan Rheinisch weyn und vier kannen kotzperger weyn tut lviij gr vj d“; SCHWINGES, Mückensenf, 26.

409 Ausnahmen vom Magistergeschenk gab es nur selten, etwa wenn sich Straftäter in den Kollegien aufhielten oder sonst das Verhältnis kurzzeitig zerrüttet wurde: JHR 5 1480/81, fol. 197v und 211v: „Den drabanten die des morders umbe das collegium bewarten den der Rat darnach uf bevhell und schrift unser gnedigen herrn von sachsen daruß namen j vaß Torgauer facit j ß xx gr“ (hierbei hatten die Stadtknechte ein Kollegiengebäude zwei Wochen lang wegen des genannten Mörders, der sich darin aufhielt – und sich damit städtischer Jurisdiktion entzog – belagert, so KUSCHE, Ego, 397); JHR 11 1492/93; JHR 13 1496/97, fol. 189v: „Item [Sabbato postquam conceptio marie (10. Dezember 1496)] den wechtern gregern hempel der uff der nawstrasse Burchart becherer dem grossen colleggio Symon Smidt ufm thorm uff der hofestadt bey dem fursten colleggio gewacht geben xxviii gr.“ Sonst wurde sogar explizit darauf verwiesen, dass: „Man hat diß Jhar keyn prandium Arestotelis gehalten, dann es ist keyne promotio Magistrandoris gewest“ (JHR 40 1528/29, fol. 140r).

410 SCHIRMER, 185; SPRANDEL, 64–67, 71.

411 SPRANDEL, 25–29, 33 und passim, 42.

412 JHR 16 1502/03, fol. 263r.

413 Nach BÜNZ, Ratskapelle, 37 entsprach ein Stübchen fünf Litern. In Basel erhielten Absolventen der Bakkalarsprüfung zwei Kannen Wein, ein Magister vier, ein zum Doktor promovierter Akademiker acht Kannen: GROEBNER, Gefährliche, 54 f.

414 Beispiele: JHR 1 1472/73, fol. 252v; JHR 4 1478/79, fol. 214r: „Uf Sonabendt nach Exaudi [29. Mai 1479] dem Rectori zu seinem essen geschanckt j stobichen maluasier j stobichen Reynfall, j stobichen Welschwein und j stobichen Reinischweyn“; JHR 6 1482/83, fol. 220v; JHR 9 1488/89, fol. 232v: „Item mgro Coburg dem Rectorii ad prandium suum Rectoraty geschanckt vj kannen maluesier und vj kannen

Der Stadtrat gab also großzügig und signalisierte so nicht nur Wohlwollen und Fürsorge um die heimische Alma Mater, sondern zementierte gleichzeitig den eigenen Legitimitätsanspruch innerhalb seiner Stadtmauern gegenüber den Universitätsprivilegien. Denn Annahme von Geschenken ohne reziproke Wiedergabe auf gleiche Weise symbolisierte eindeutig die bestehenden Verhältnisse innerhalb der Stadt,[416] in welcher der Rat gönnerhaft die schützende Hand über der Hohen Schule ausbreitete und diese dies ohne Widerstreben akzeptierte. Geschenke waren geeignete Intrumente um universitäres Führungspersonal (also vor allem Absolventen höherer Fakultäten) an die Stadt zu binden bzw. zumindest dieser anzunähern. Besonders Promotionsfeiern von Ratsherrensöhnen (v. a. wenn diese höhere akademische Grade erlangten) wurden vom Stadtrat eifrig mit Geschenken bedacht, dies soll jedoch in Kapitel 4 besprochen werden.[417]

3.3.2 „Gegenleistungen" durch Universitätsmitglieder

Die Universität als Gesamtkooperation konnte nur selten bzw. gar nicht in angemessener Weise auf die vom Rat strategisch geplanten Geschenke reagieren. Letztendlich fiel das Feld der „Honorierung und Beschenkung" einzelnen Universitätsangehörigen zu, immer verbunden mit einer Art informellen Bindung des Beschenkten an den Schenkenden. Geschenke an den Rat waren denn auch zumeist Versuche, persönlich-individuelle Beziehungen mit den Ratsherren zu verbessern, sie wurden nicht repräsentativ für die Universität getätigt.[418]

Ein in der Forschung zur Universität Leipzig bisher kaum behandeltes Phänomen dürfte als typisch dafür gelten, was Universitätsangehörige dem Rat im Gegenzug zu dessen ausgiebigen Weingeschenken darbringen konnten – neben dem Rat gewidmeten Büchern oder „Liedern"[419] (wie es z. B. durch den späteren iur. utr. bacc. Christoph Hegendorffer[420] (alias Seidensticker) aus Leipzig geschah). Die Rede ist von der Aufführung von Theaterstücken, besonders von

---

welschwein facit xlviij gr silbern"; JHR 11 1492/93, fol. 202^{v}; JHR 12 1494/95, fol. 208^{r}; vgl. auch die recht spitze Bemerkung des Rats über das Trinkverhalten einiger Rektoren in CDS II 11, Nr. 276.

415 GROEBNER, Gefährliche, 72.

416 GROEBNER, Gefährliche, 105: „Diese Geschenke sind umso wirksamer oder, wenn wir so wollen, rechtsverbindlicher, je regelmäßiger sie sind."

417 Nach GROEBNER, Gefährliche, 93 waren städtische Geschenke „augenfällige Präsentation städtischer public relations."

418 JHR 32 1520/21, fol. 139^{r}; JHR 41 1529/30, fol. 121^{r}: „Magistro petro Silnio der dem Rathe etzliche Sermones Doctori andree prolis geschangkt zuvorehrunge gegeben xlij gr", derselbe Magister hatte im Vorjahr dem Rat eine Abhandlung gegen Luther und dessen Lehren geschenkt: JHR 40 1528/29, fol. 145^{r}: „Magistro petro Silino der eyn buchlein das er Contra Lutherius gemacht, dem Rathe dediriret hat, zu vorehrung ij ß xlviij gr", ebenso JHR 48 1536/37, fol. 133^{r}, ebd. fol. 130^{v}.

419 JHR 31 1519/1520, fol. 146^{r}: „Baccalaureo hegendorffer, der etliche Carmina gemacht und die dem rate zugeschriben und dieweil döser dan ein statkint und sich rümelich anlest hat ime der Rat zuvorerung gegeben j ß xlv gr".

420 CDS II 16, 529 (M 50); CDS II 17, 26, 49, 486 f., 503, 556, 560 f., 564, 568 f., 574, 577, 579, 581, 583; zu Hegendorf alias Christoph Seidensticker: HEIN/JUNGHANS, 104.

antiken Autoren.[421] Dies sind eindeutig Phänomene eines humanistischen Einflusses, der sowohl Universität als auch städtische Oberschicht Anfang des 16. Jahrhunderts erfasst hatte. Die Jahreshauptrechnungen geben Auskunft über mindestens zwei Theateraufführungen, die Leipziger Universitätsmagister für den Stadtrat aufführten, zum einen 1515 Terentius (gezeigt wurde „Der Eunuch“)[422] und zum anderen 1517 Plautus[423] (beide Autoren waren humanistisches „Standardprogramm“ und nicht außergewöhnlich). Die Aufführungen dürften beim Fastnachtstanz, zur Ende der Amtszeit des sitzenden Rates, auf dem Rathaus abgehalten worden sein.[424]

Schon allein der städtisch-obrigkeitliche Aufführungsrahmen verdeutlicht, dass universitär-städtische Verflechtungen auch auf intellektuell-kultureller Ebene stattfanden. Man mag ohne Zweifel vor allem die im Rat vertretenen Juristen, die in Italien studiert hatten – etwa Dr. iur. Simon Pistoris [126] (oder dem Rat zumindest nahe standen, wie etwa Dr. iur. Heinrich Scheibe [150]) – aber auch andere gebildete Ratsherren als hauptsächliche Akteure bei der Verbreitung humanistischer Tendenzen und Ideen im städtischen Umfeld annehmen. Freilich war dies ein Trend, der schon im 14. Jahrhundert begonnen und in anderen Städten des Reiches weitaus stärker und wirksamer vorangetragen wurde.[425]

Zudem pflegten diese Gelehrten im Rat auch gute Kontakte nach Wittenberg,[426] wie z. B. Dr. iur. Ludwig Fachs [46], während sich einige an der Universität „alteingesessene“ Magister, auch zum Ärger Herzog Georgs von Sachsens, gegen diese aufkommenden neuen Ideen wandten:

> „Es haben aber yn kurtzer zceit die poetischen resumpciones uberhandt genommen, das die artes sere undergedruckt wurden, dan die poeten unde oratores seint nicht swer zcu lernen auss welchen die iugenth weltliche wergk unde handel underweisset wird, derhalben sie geneiget die zcu horen unde die iungen magistri die zcu resumiren seint, auss welchen resumpcionibus die gesellen horen streitten, schlagen unde hawen, auch amasien lernen erkennen unde unzcucht, welchs sie aus iunglicher hitze unde zcuneigung dornoch uben unde vorbrengen.“[427]

Bücherwidmungen, Lieder und Theaterstücke verdeutlichen, dass städtisch-universitäre Beziehungen zu einem gewissen Grade ein gegenseitiges Geben und Nehmen waren und nicht nur einseitig geschahen. Dass der Rat diesen wechselseitigen Austausch jedoch deutlich domi-

---

421 Zum Theater: KREUDER.

422 JHR 26 1514/15, fol. 152r: „Item als magister lemberger und andere magistri und studenten Comedian terencij ennüchum genant, uff dem rathauß uff allerman vaßtnacht gespilt und so dan vormals keyne alhir gespilt wurden, ist ime gegeben zuvorerung iij ß xxx gr“; zu Terenz: VILLA.

423 JHR 28 1516/17, fol. 154v: „Item magister lemberg hat dicz Jhar ein Comediam plauti uff dem Rathaus im abschide des Raths agirt darumb hat Ime der Rath gegebenn zuvorerung iij ß xxx gr“; vgl. zu Plautus: BRUNHÖLZL und SOTTILI, 206 (Anm. 120).

424 BÜNZ, Gründung, 286; BRUCHMÜLLER, 49 f. ; allg. KREUDER, 286.

425 SOTTILI, 187, ebd. 188–194 für Beispiele; vgl. MIETHKE, Studenten, 64 f.

426 BEYER, 55 f.; vgl. MORAW, Verfassung, 341 und BOOCKMANN, Mentalität, 308, der Juristen von vornherein als „literater“ einschätzt, aufgrund ihrer genuinen Aufgaben (Gutachten und Gesandtschaften) und der bei ihren Schriften höheren Überlieferungswahrscheinlichkeit.

427 CDS II 11, Nr. 235; 254, 257; BEYER, 58–60, CZOK, 60, FRIEDBERG, 17; TÖPFER, 53 und passim.

nierte, dürfte vor allem daran liegen, dass er weit einfacher als Repräsentant der gesamten Kommune auftreten konnte als etwa der Rektor für die Universität (zwölf Ratsherren und ein Bürgermeister, die es gewohnt waren, ihre Beschlüsse per Mehrheitsbeschluss anzunehmen, konnten wohl weit schneller handeln als ein alle halbe Jahre wechselnder Rektor, der durch ein kompliziertes Wahlverfahren ermittelt wurde,[428] sich mit Konzil, Fakultäten und Nationen auseinander zu setzen hatte[429] und etwa auf die Juristenfakultät keinen Einfluss besaß). Somit konnte der Rat seinen Legitimitätsanspruch (auch auf Durchsetzung seiner Rechtsprivilegien) über das Instrument des Geschenkwesens weit deutlicher machen als die in sich zersplitterte Universität. Einzelne Universitätsangehörige hingegen konnten Geschenke als optimales Mittel einsetzen, um ihren Stand bei der städtischen Obrigkeit zu verbessern.

3.3.3 Universitätslekturen

Eine andere Form städtischer Einflussnahme auf universitäre Belange waren die Einrichtungen von Lekturen, das heißt von vom Rat verwalteten Stiftungen für Universitätslehrer, die ein bestimmtes Lehrangebot zu erbringen hatten. Zwar wurden diese Lekturen meist für Juristen eingerichtet[430], oft aber bestand der Wunsch nach Förderung bestimmter Studieninhalte, wie etwa die Lesungen durch Dr. Johannes Knolleisen, genannt Allenstein,[431] in der Moralphilosophie des Aristoteles, deren Zinsen der Rat ausgab.[432] Wohl im Zuge der Reformbestrebungen Herzog Georgs Anfang des 16. Jahrhunderts bemühte sich der Stadtrat um eine verbesserte Ausstattung der Universität, so dass ab 1503/04 eine jährliche Stiftung von 30 Gulden eingerichtet wurde, die bis mindestens 1539 Bestand hatte.[433]

---

428 SCHWINGES, Rektorwahlen, bes. 55 f.

429 Die Artistenfakultät und die Anzahl der Magister waren Mitte des 15. Jahrhunderts bereits recht groß, viele von ihnen waren nicht im Konzil vertreten, Aufstiegschancen waren dementsprechend gering. Somit konnten Rektor und Konzil nicht immer für die gesamte Fakultät oder die Universität sprechen: BÜNZ, Cristianus, 19. Mit dem Aufkommen des Frühhumanismus (BÜNZ, Gründung, 257–268) und der Reformation (ebd. 317–321) Anfang des 16. Jahrhunderts haben vor allem junge Magister, die außerhalb des Konzils standen, ihren Protest gegen diese Missstände kundgetan, was die alteingesessenen Magister verärgerte: CDS II 11, Nr. 231, 235, 252, 306; CDS II 17, 454 f.; vgl. für die Juristen CDS II 11, Nr. 340.

430 Etwa die Lektur der Legisten durch Dr. Seeburg, der ja auch sonst dem Rat eng verbunden war: JHR 3 1475/76, fol. 112ʳ: „Doctor Johannes Seburg der legista hat uff diß jar von dem rate deß ersten xxv gulden rh seiner lectur halben entpfangen, als das unser gendige herrn durch den marschalk geschafft haben, sollen einteils dem rate von der pension etzlichen lehen wann die gefellet wirden beczalt werden nach lauth des rantmeisters zcedelln"; etc. diese ging später an andere Juristen: JHR 5 1479/80, fol. 93ᵛ; JHR 5 1480/81, fol. 226ʳ; JHR 6 1481/82, fol. 103ʳ; JHR 6 1482/83, fol. 236ʳ; RB II, Nr. 2274; BOOCKMANN, Lebenswelt 170 f., 177; STEINFÜHRER, Freitag, 328. Seeburg bezeichnete in seinem Testament den Juristen und Bürgermeister Johannes Wilde [200] als seinen Freund.

431 STIFTUNGSBUCH, Nr. 28. Sie betrug drei Gulden je auf Walpurgis und Michaelis von 100 Gulden Hauptsumme; zu Knolleisen alias Johannes Wilhelm: HEIN/JUNGHANS, 152.

432 JHR 16 1502/03, fol. 271ᵛ; letzte Erwähnung JHR 26 1514/1515, fol. 157ᵛ und 162ᵛ.

433 JHR 17 1503/04, fol. 126ʳ: „Item die vnniversitet ßo ir der Rath zu besserunge und zuerhebunge derselbigen hat zugesaget haben xxx fl"; letzte Erwähnung JHR 51 1539/40, fol. 197ʳ; vgl. CZOK, 56.

Es zeugt vom „schulähnlichen“ Charakter, den die Artistenfakultät inzwischen eingenommen hatte, wenn diese Stiftung später dahingehend konkretisiert wurde, dass die Artes-Lektionen gratis gelesen (das heißt ohne Einnahme von Hörergeldern) und mindestens ein Leipziger Magister mit einer solchen Lektion – zur Aufbesserung seines Einkommens – versorgt werden sollte.[434] Die Annahme von der Universität als Schulersatz in Leipzig für eine rudimentäre Ausbildung der Stadtkinder ist hier mit Händen zu greifen. Freilich, alle diese Stiftungen werden wohl zuvorderst durch den Reformwillen Herzog Georgs des Bärtigen ins Rollen gebracht worden sein, so dass zeitweilig die Lekturen für Moralphilosophie und die Stiftung zur „Erhebung der Universität“ unter der Rubrik „Zinsen im Namen des Landesherrn“ verbucht wurden.[435]

Dies muss auch für die zahlreichen humanistischen Lekturen angenommen werden, die der Rat (meist gar explizit im Namen des Landesherrn) verwaltete, wie etwa eine Griechischlektur durch den Humanisten Petrus Mosellanus[436] oder eine ab dem Jahre 1519/20 eingerichteten Lektur für Hebräisch.[437] Diese Lekturen müssen aber auch Akzeptanz innerhalb des Rates gefunden haben (bei der nicht geringen Anzahl an ebenfalls humanistisch interessierten Doktoren im Rat dürfte dies nicht schwierig gewesen sein).[438] Es ist anzunehmen, dass der Rat über die Verwaltung der Stiftungen und Lekturen zu einem gewissen Grade die Bindung der Universität an die Stadt, nicht nur in materieller, sondern auch in geistiger Hinsicht festigen konnte.

---

434 JHR 26 1514/1515, fol. 162r: „der universitet zu irer erhebung und das die lectiones in artibus gratis gelesen und alle jhar uffs wenigste eyn statkint mit eyner lectionem vorsorgen xxx fl“. Die Abschaffung von Hörergeldern konnte auch im Zusammenhang mit reformatorischer Kritik am Universitätsbetrieb stehen, vgl. IMMENHAUSER, Universitätsbesucher, 86; Für eine Stipendienstiftung für Angehörigen ratsfähiger Familien nach 1539: GÖẞNER, 155; RATAJSZCZAK, 52 und passim. Vgl. auch LÖFFLER.

435 JHR 20 1508/09, fol. 215r ff.; JHR 24 1512/1513, fol. 200r ff, ebd. fol. 212v: „der universitet alhyr zu Lipczig von iijc fl in wegis stadt jezt viij fl“; JHR 25 1513/1514, fol. 199r ff.; JHR 26 1514/1515, fol. 205r ff.; danach wurde sie nicht mehr verzeichnet.

436 JHR 29 1517/1518, fol. 155v: „Item dem müslano [Mosellanus] darumb das er dis jar in der universitet grekisch gelesen, hat ime der Rath uff ansuchen u. g. h. zustewer gegeben vij ß“; zu Mosellanus alias Petrus Schade: HEIN/JUNGHANS, 134; KUSCHE, Ego, 786–788, Nr. 183.

437 Beispiele: JHR 31 1519/1520, fol. 145v und 146r: „Magistro gnostopolitaw der im hebreischen den winter uber gelesen geben j ß xlv gr“; JHR 32 1520/21, fol. 138v und 139r; JHR 33 1521/22, fol. 147v und 148v; JHR 34 1522/23, fol. 210r; JHR 35 1523/24, fol. 143v und 144r; JHR 36 1524/25, fol. 143v, 144r und 210r; JHR 37 1525/26, fol. 145v, 147v u. 221v; JHR 38 1526/27, fol. 143v und 144r; JHR 43 1531/32, fol. 144r: „Anthonio Margarite hebreo zu besserung seyns soldes von der hebreischen lection, auß beschließ der Rethe uff diß Jhar gegeben vij ß“; JHR 44 1532/33, fol. 143v.

438 CZOK, 56; Zu Mosellanus Wirken und den Reformplänen Herzog Georgs auch BAYER, 55–61; TÖPFER, 55 f., wonach die alten Sprachen in Leipzig aber eher nachrangig blieben.

4. Die „Mikroebene": Städtisch-universitäre Entscheidungsträger und ihre Netzwerke

4.1 Juristen und Syndici in Ratsdiensten

Über die Beilegung eines Streits zwischen dem Rat der Stadt Leipzig und dem Thomaskloster vor Herzog Georg im August 1522 bemerkte der Klosterkämmerer Martin Kramer:

> „[…] Als do ist vff iar vnnd tag wy oben ernant dy sache zcuuorhoer angestalt wurden zcw schlosse, hat vnser gestifft nymandt kundt haben, der dye sache hette wolt antragenn an seyne gnade, hat keyn doctor wolt wider den radt stehen. Szo hat vnser stifft vnsern g. h. den landisfursten gebeten: Dy weil nymandt wider den radt will thun, ßo sindt wyr selbst zcw wenigk, die sache anzcutragen, szo mogen wir auch keynen fromden doctorem vor s. f. g. furen, bittende vns eynen doctorem zcugeben, der vnser not fur truge, das welten wyr vordynen. […]"[439]

Allzu wörtlich muss man die klar parteilichen Aussagen des Kämmerers nicht nehmen, doch drückt sich in dieser Bemerkung ein Phänomen städtisch-universitärer Beziehungen so überdeutlich aus, dass es den Zeitgenossen selbst auffiel: Die engen Beziehungen der universitär gebildeten Juristen zur städtischen Oberschicht. Wir haben bereits im Abschnitt 3.2 diese Verbindungen deutlich bei den juristisch konnotierten Schreibertätigkeiten gesehen, und als ebenso wirkmächtig muss die personale Verflechtung zwischen den Entscheidungsträgern der beiden hier zu behandelnden Institutionen angesehen werden. Die Juristen können aus gutem Grund als die universitäre „Oberschicht" schlechthin gesehen werden, nicht nur indem sie sich schon räumlich vom Rest der Universität in der Stadt absonderten, sondern vor allem dadurch, dass sie einen deutlich höheren sozialen Status, besonders gegenüber den Mitgliedern der Artistenfakultät besaßen.[440]

Will man von Leipzig als dem Erbe Prags reden, so muss man ebenso zur Kenntnis nehmen, dass das Prager Problem der zwei Universitäten (d. h. einer Juristenuniversität und einer Universität der restlichen Fakultäten) auch in Leipzig nicht voll überwunden werden konnte, selbst wenn die Juristen keinen eigenen Rektor stellten. Die Angehörigen der Juristenfakultät, sozial meist aus dem Adel oder der städtischen Oberschicht (bzw. auch städtischem Adel) stammend, waren auch keine Jugendlichen mehr, sondern gut ausgebildete und oft wohlsituierte Männer, die nicht selten im Ausland (besonders in Italien) studiert hatten.[441]

Der Bedarf an rechtlicher Beratung und juristischen Dienstleistungen für die städtische Obrigkeit war mit der zunehmenden Durchdringung jeglichen Verwaltungsakts und offizieller Beziehung durch das römische Recht ganz allgemein im Reich seit dem 14. Jahrhunderts gestiegen, und es dürfte nicht unbedeutend gewesen sein, eine Juristenfakultät vor Ort gehabt zu haben.[442] Die Vertretung der eigenen Stadt durch juristische Räte mochte bei Verhandlungen

---

439 CDS II 9, Nr. 412.

440 GRAMSCH, Erfurter, 562; SCHWINGES, Studentenbursen, 562.

441 BÜNZ, Gründung, 41 f.; IMMENHAUSER, Bildungswege, 148; MORAW, Gelehrte, 245, 250; SCHWINGES, Universitätsbesucher, 364 f.

442 ISENMANN, Gesetzgebung, 32 f.; SCHMUTZ, 303; STEINFÜHRER, Stadt, 36; DERS., Kanzleiwesen, 182 f.; WRIEDT, Bürgertum, 503 f. Im Übrigen dürften auch wirtschaftlich aktive Stadtbürger des Öfteren

nicht selten einen entscheidenden Vorteil bedeutet haben. Auch in Leipzig lässt sich die Indienstnahme von Juristen fassen, so wurde bereits in der ersten überlieferten Rechnung der Legist Dr. Johannes Preußer [129] für seine Dienste entlohnt.[443] Besonders die juristische Vertretung der Stadt nach außen hin nahm Ende des 15. und Anfang des 16. Jahrhunderts deutlich zu,[444] auch im Auftrag des Rates, etwa als Gesandtschaft an den Hof des Landesherrn.[445]

Die personelle Verbindung von rechtsgelehrten Ratsmitgliedern und der Juristenfakultät erlaubte es der städtischen Obrigkeit diese zusätzlich mit einzuschalten[446] (wie man sich übrigens auch an die juristischen Fakultäten anderer Universitäten wie etwa Tübingen[447] und sogar Wittenberg[448] wandte), wie natürlich auch die im Rat sitzenden Juristen persönlich aktiv wurden (nicht im Namen der Fakultät, sondern als Mitglieder des Rates).[449]

4.1.1 Der Ordinarius der Juristenfakultät

Ein enorm wichtiges Bindeglied zwischen Stadt und Universität auf der Mikroebene nahm der Ordinarius der Juristen als Schnittstelle zwischen den Führungsspitzen der beiden Institutio-

juristischen Beratungsbedarf besessen haben, etwa der Faktor der Fugger Andreas Matstedt (Rat Nr. 195) oder der Ratsmann Conrad Preußer [130], die dem Legisten Dr. Johannes Seeburg jeweils ein Anwaltshonorar schuldeten: BOOCKMANN, Lebenswelt, 175; DERS., Mentalität, 297; SCHMUTZ, 311, fragt, wie man Juristen im Alltag überhaupt nutzte; vgl. RB I, Nr. 296; RB II, Nr. 2183; CDS II 9, Nr. 319.

443 JHR 1 1471/72, fol. 108r:" „Item dem legisten doctore Breuser geben einen halben jare solt von unser gnedigen herrn und des Rates wegen xxv gulden vor yden gulden xxiii gr facit ix ß xxxv gr".

444 WRIEDT, Bürgertum, 511; JHR 13 1495/96, fol. 87r; JHR 19 1507/08, fol. 151r; JHR 27 1515/1516, fol. 141r: „Item Sbto post purificationis [9. Februar 1516] doctori breytenbach als er pro loco responirt [...]"; JHR 29 1517/1518, fol. 143r; JHR 33 1521/22, fol. 137r und 138r: „Quarta post Egidij [5. September 1522] licenciatum wildeck scheppenschreiber als er pro loco respondiret [...] xxxij gr"; JHR 40 1528/29, fol. 136v; JHR 42 1530/31, fol. 136r.

445 JHR 21 1509/10, fol. 144v; BOOCKMANN, Mentalität, 311 f., 315 f.; IMMENHAUSER, Bildungswege, 214, allg. GILLI, 9 f.; HESSE, Erfurt, 276; OŻÓG, 90–92; SCHMUTZ, 309 f., 315; SCHUBERT, Motive, 25; WRIEDT, Universitätsbesucher, 176–179.

446 JHR 49 1537/38, fol. 145v: „Der Juristen facultet pro studio sentencie in causa moritz pflugs et sue adularie iij ß xij gr [...]"; allgemein: ISENMANN, Gesetzgebung, 178–239; zur Tätigkeit von Juristen GRAMSCH, Erfurter, 456, 459 f. und passim. Gefördert wurde die Nutzung der juristischen Fakultät Leipzigs auch durch die Landesherren: CDS II 8, Nr. 176; RACHEL, 26. Zur Leipziger Juristenfakultät: BÜNZ, Gründung und Entfaltung, 235–247 und bald auch die Dissertation von Herrn Marek Wejwoda, M.A. (Leipzig), welchem ich für zahlreiche Hinweise und Anregungen zu danken habe.

447 JHR 43 1531/32, fol. 144v: „Der Juristen facultet zu Tübingen vor eyn Consilum in der Biersachen den Rath und Georgen von Haugwitz zu Cleberg belangenn, auff yr schreybenn lxvij fl geschigkt durch Lazarium Heugel thun xxiij ß xxvij gr"; JHR 45 1533/34, fol. 146v; JHR 46 1534/35, fol. 143v.

448 JHR 49 1537/38, fol. 145v: „[...] den doctoribus zw wittenbergk in eadem causa xlij gr".

449 JHR 15 1499/1500, fol. 90v: „Item doctori wilden dem Rathe diß jar retig gewest [...]"; zuletzt: JHR 18 1505/06, fol. 130r und 137r, CZOK, 57; RACHEL, 47 nimmt an, dass Wilde hier eine dem Syndikus ähnliche Funktion einnahm. Dr. Johannes Wilde [200] saß auch im ernestinischen Oberhofgericht: SCHIRMER, 319 f.; allgemein: WRIEDT, Gelehrte, 445–448.

nen ein.[450] Eine enge Verbindung des Stadtrats mit dem Ordinarius kann spätestens mit Dietrich von Bocksdorf (Ordinarius von 1442 bis 1463) festgemacht werden, welcher nicht nur in städtisch-universitären Streitigkeiten vermittelte (wie in 3.2.1 gesehen) und als Syndikus[451] fungierte, sondern auch eine vom Rat verwaltete Studienstiftung für Juristen einrichtete, welche es dem Rat später erlaubte, daraus eine Art Stiftung für ihre Stadtschreiber bzw. dem Rat verbundene Juristen zu schaffen. So gehörten zu den Empfängern der 40 Gulden jährlich etwa der Bürgermeister (und vorherige Stadtschreiber) Magister Johannes Schober [158], die Oberstadtschreiber Dr. utr. iur. Johannes Wilde [200] und Magister Georg Breunsdorf [33] oder Dr. utr. iur. Heinrich Scheibe iun. [146], Jurist und Sohn des Bürgermeisters Ludwig Scheibe [145].[452] Auch Bocksdorfs Nachfolger Dr. decr. Johannes Scheibe [144] war bereits

450 Auch im landesherrlichen Dienst war der Ordinarius gefragt: HESSE, Erfurt, 282.

451 BÜNZ, Ratskapelle, 43 f.; RACHEL, 44 f., 205 f.; STEINFÜHRER, Stadt und Universität, 36. Zu Bocksdorf künftig die schon erwähnte Dissertation von Herrn Marek Wejwoda.

452 Die Stiftung war für Angehörige aus Bocksdorfs Geschlecht gedacht, der Rat hatte aber das Besetzungsrecht, falls der Älteste der Bocksdorfschen Familie keinen Kandidaten vorschlug. Die Zinsen umfassten jährlich 40 fl und wurden je 20 fl auf Jacobi und 20 fl auf Weihnachten (später Purificationis) zum Wiederkauf ausgegeben. STIFTUNGSBUCH, Nr. 10; RB I, Nr. 934; RATAJSZCZAK, 94 (bes. Anm. 235); SCHLENKRICH, 12 f. Mit Einsetzen der Jahreshauptrechnungen hatte noch Nickel von Bocksdorf die Stiftung inne (JHR 1 1471/72, fol. 137^{r} und fol. 148^{r}, CDS II 8, Nr. 402). Ab dem Rechnungsjahr 1476/77 hatte der Bürgermeister Johannes Schober die Stiftung, (JHR 3 1476/77, fol. 241^{r} und ebd. fol. 248^{r}) bis 1480/81 (JHR 5 1480/81 fol. 233^{v}). Auf Weihnachten 1480 erhielt Magister Johannes Wilde die Zinsen (JHR 5 1480/81 fol. 229^{r}), er empfing die Stiftung bis 1487/88, (JHR 9 1487/88, fol. 104^{r} und 108^{v}). Ab 1488/89 erhielt Heinrich Scheibe iun. die Stiftung (JHR 9 1488/89, fol 243^{v} und fol. 249^{r}) diese hatte er bis 1497/98 (JHR 14 1497/98, fol. 104^{r} und 106^{r}). Ab dem Rechnungsjahr 1495/96 wurden die Zinsen allerdings mit Schulden des Bürgermeister Ludwig Scheibe beim Rat verrechnet, da dieser 80 fl für das Studium seines Sohnes Heinrich geliehen hatte: WUSTMANN, Quellen II, 147–149. Von 1498/1499 bis mindestens 1505/06 (JHR 1506/07 ist verloren) besaß Georg Breunsdorf, der spätere Oberstadtschreiber, die Stiftung (JHR 14 1498/99, fol. 228^{r}, zuletzt JHR 18 1505/06, fol. 157^{r} und 159^{v}). Gut möglich, dass dieser die Stiftung mit der Übernahme des Oberstadtschreiberamts aufgab. Ab 1507/08 wurde ein Donatus von Bocksdorf als Empfänger genannt (JHR 19 1507/08, fol. 157^{v} und fol. 163^{r}), bis 1511/12 erhielt dieser vermutlich die Zinsen (JHR 23 1511/1512, fol. 178^{r}). Die Zinsen auf Purificationis 1511/12 gingen an einen Dietrich von Bocksdorf, (JHR 23 1511/1512, fol. 183^{v}) oder zumindest an die Familie Bocksdorf (JHR 24 1512/1513, fol. 160^{v} und 166^{r}; zuletzt JHR 27 1515/1516, fol. 159^{v} und 166^{r}). Ab 1516/17 scheint die Stiftung zunächst verfallen zu sein (JHR 28 1516/17, fol. 154^{v}), trotzdem erhielt im selben Jahr noch Johannes von Panewich/Pauewitz die Zinsen (ebd. fol. 161^{v} und 168^{r}). 1517/18 hatte die Stiftung an Wert eingebüßt (JHR 29 1517/1518, fol. 129^{v} und fol. 166a) 1518/19 und 1519/20 fehlte sie völlig. 1520/21 gab sie der Rat wieder an Johannes Panewitz, die Hauptsumme schien neu angelegt worden zu sein (JHR 32 1520/21, fol. 201^{v} und JHR 33 1521/22, fol. 206^{v}). 1522/23 musste die Hauptsumme anscheinend wieder neu angelegt werden, da wohl Ernst von Schönburg das Gut, auf welchem sie lag, erworben und die Zinsen abgelöst hatte (JHR 34 1522/23, fol. 131^{v} und 202^{v} und JHR 35 1523/24, fol. 144^{r}). Weiterhin erhielt Johann von Pauewitz/Panewitz die Stiftung (ebd. fol. 204^{v}, ebenso JHR 36 1524/25, fol. 204^{v}), ab 1525/26 dann ein Andreas von Panewitz (JHR 37 1525/26, fol. 205^{r}) im folgenden Jahr fehlte die Stiftung völlig. Sie tauchte erst 1532/33 wieder auf und wurde einem „Christopharo von Buxdorff hansen von Buxdorffs sone" ausgezahlt (JHR 44 1532/33, fol.

vor seiner Zeit als Ordinarius Syndikus und Prokurator des Rates gewesen (vgl. 3.3.2).[453] Die enge Bindung an die städtische Obrigkeit wird also sichtbar noch bevor man sie in den Jahreshauptrechnungen greifen kann und bereits 1471 erhielt der damalige Ordinarius Dr. Johannes Ebernhausen (von 1470 bis 1479) zehn Gulden Sold, „nach alter Gewohnheit:"

> „Item der Burgermeister Hans stockart hat dem ordinario doctor Ewernhusn [...] geschancket und geben von Rates wegen alß gewonlich ist x Rh gulden soldes."[454]

Da dessen Nachfolger, Dr. Johannes von Breitenbach[455] (von 1479 bis 1508), Dr. Johannes Schantz[456] (1508/09), Dr. Johannes Lindemann[457] [91] (von 1509 bis 1519), Dr. Simon Pistoris iun.[458] [126] (von 1519 bis 1523), Dr. Johannes Köchel[459] [79] (1524/25) und Dr. Georg von Breitenbach[460] (von 1525 bis 1539) ebenfalls durchgängig vom Rat ein Ehrengeschenk von fünf Schock Groschen „nach alder gewonheit" erhielten, darf das Verhältnis der städtischen Obrigkeit zur Juristen-fakultät als eine der ältesten Verknüpfungspunkte zwischen Stadt und Universität im spätmittelalterlichen Leipzig angesehen werden.[461] Der Ordinarius war nicht nur in beratender Funktion tätig,[462] er erstellte auch Gutachten oder Sentenzen[463]

206ʳ), im Jahr darauf fehlte sie wieder und tauchte auch bis 1539/40 nicht mehr in den Jahreshauptrechungen auf. Zu der Stiftung gehörte auch die juristische Bibliothek Bocksdorfs, zum Teil mit eigenen Werken, die von den Stipendiaten, wie auch Stadtschreibern und Syndici des Rates genutzt wurde und den Grundstock der späteren Ratsbibliothek bildete, siehe dafür STEINFÜHRER, Freitag.

453 Nach SCHLENKRICH, 12 f. war er auch ein Schüler Dietrich von Bocksdorfs.

454 JHR 1 1472/73, fol. 242ʳ; ebd. 246ᵛ, 296ᵛ; vgl. weiter JHR 2 1474/75, fol. 253ᵛ; JHR 3 1476/77, fol. 212ᵛ; JHR 4 1477/78, fol. 71ᵛ; JHR 4 1478/79, fol. 204ᵛ; RACHEL, 184; STEINFÜHRER, Stadt, 36.

455 JHR 5 1479/80, fol. 69ᵛ: „Doctori Johanßen Breitenbach dem ordinario dem Rate retig zu sein nach alder gewonheit geschanckt v ß silbern montz"; zuletzt JHR 17 1503/04, fol. 105ʳ; vgl. JHR 25 1513/14, fol. 147ʳ: „Licenciato Breitenbach hat gefordert vom Rath seynes vaters solt dem der rath denselbigen im letztten jhar nicht sal gereicht haben [diesen reicht der Rat aus und untersagt damit jeden weiteren Anspruch von Seiten Breitenbachs] ij ß xxx gr"; Zu Johannes von Breitenbach: FRIEDBERG, 115, Nr. 8; zu dessen Sohn gleichen Namens (Theologe): HEIN/JUNGHANS, 85; KUSCHE, Ego, 568–588, Nr. 65

456 JHR 19 1507/08, fol. 134ᵛ; JHR 20 1508/09, fol. 139ᵛ, FRIEDBERG, 115, Nr. 9.

457 FRIEDBERG, 115, Nr. 10.

458 JHR 31 1519/1520, fol. 128ᵛ; JHR 32 1520/21, fol. 121ᵛ; JHR 34 1522/23, fol. 125ᵛ; JHR 51 1539/40, fol. 165ᵛ, FRIEDBERG, 115, Nr. 11.

459 FRIEDBERG, 115, Nr. 12.

460 JHR 36 1524/25, fol. 126ᵛ; JHR 37 1525/26, fol. 128ᵛ; JHR 46 1534/35, fol. 126ᵛ; JHR 50 1538/39, fol. 153ᵛ; FRIEDBERG, 115, Nr. 13; Für Verhandlungen des Rats mit Breitenbach: WUSTMANN, Quellen II, 160 f., die neben dem Gehalt auch die übliche Verpflichtung enthielten, nicht gegen den Rat und die Bürgerschaft zu handeln. Im Gegenzug verpflichtete sich Breitenbach „hulflich und retig sein mit schreiben und rathen [...] inmaßen seine furfahren gethan hetten".

461 WUSTMANN, Quellen II, 158 f.

462 JHR 2 1473/74, fol. 88ʳ: „Doctor Ewernhußen dem Ordinario daß er dem Rate diß jar retig und hilfflich gewest ist geschanck x gulden rinischer faciunt an muntze iiii ß hoer".

und wirkte nebenbei im Schöffenstuhl, wie etwa Georg von Breitenbach.[464] Zudem verreiste er des Öfteren im Auftrag des Rates.[465]

Ähnlich der Juristenfakultät zu Erfurt kann man auch für Leipzig annehmen, dass diese vom sozialen Ansehen her am höchsten stehende Fakultät gezielt von Angehörigen ratsfähiger Familien durchdrungen wurde, z. B. von den Pistoris oder Scheibe. Andererseits hatten die Mitglieder der Fakultät die besten Vorraussetzungen (sozial wie auch durch ihre Fachkenntnisse), in Ratskreise aufzusteigen, wie Lindemann oder Köchel. Am Ende zeigt sich deutlich, dass an ihrer Spitze, d. h. Rat und Juristenfakultät, Stadt und Universität Leipzig sehr eng miteinander verwoben waren. Ein Befund, der schon Zeitgenossen aufgefallen war und besonders bei anderen Universitätsmitgliedern auf Kritik stieß:

> „[...] Item natio sege das vor gut ann, das keyn doctor adir magister dem radt mit eyden vorhaft, auch der ordinarius dieweil her eyner auß den dreyn burgirmeistern ist in unßern radt gefurdit wurde. [...]“.[466]

Diese enge Verbindung lockerte sich erst nach „unten“, das heißt zur Makroebene der Einwohner und der „Massenuniversität“ hin auf und brachte die alltäglichen Probleme mit sich, die die städtisch-universitäre Spitze zu lösen hatte.

4.1.2 Syndici

Der Prozess zunehmender Bedeutungssteigerung rechtlicher Fachkenntnisse, vor allem die verstärkte Verbreitung des römischen Rechts, aber auch die sich ausbreitende Schriftlichkeit, führten dazu, dass unmittelbar auf universitäres Personal zur rechtsberatenden Tätigkeiten, vor allem direkt auf Doktoren, zurückgegriffen wurde. Daraus entwickelte sich eben jenes Amt

---

463 JHR 14 1497/98, fol. 98^{r}: „Sabato posquam nati marie [15. September 1498] doctori breytenbach dem ordinario den scheppen eine Informacion und underichtung des Rechtenn uber [Auslassung im Original] gemacht gebenn x gulden.

464 JHR 38 1526/27, fol. 126^{v}; zuletzt JHR 49 1537/38, fol. 153^{v}; Bsp.: RB I, Nr. 192; RACHEL, 44.

465 RB I, Nr. 105: „[...] haben die buwemeister Hanßin, dem reytenden knechtin, uff die reyße geyn Rome, alßo er mit dem ordinario [Dr. Johann Scheibe [144]] reytn 3 rh fl [gegeben]. Sall er dem rathe widdergebin, wenn er wydderkommen wirt von Rome.“; JHR 1 1472/73, fol. 242^{v}: „Uff Sonnabent noch corporis christi [19. Juni 1473] Jorg Heintz dem furmann geben j ß iiii gr das er den ordinario doctorem Ewernhußen und doctor lahm uff gescheffi unser gnedigen herrn gein dreßden [fuhr]“; JHR 24 1512/13, fol. 137^{r}; JHR 29 1517/1518, fol. 140^{r}; JHR 30 1518/1519, fol. 131^{v}; JHR 41 1529/30, fol. 132^{r}. Diese Inanspruchnahme des Ordinarius, v. a. in auswärtigen Angelegenheiten, war Grund zahlreicher Klagen aufgrund ausfallender Lektionen: FRIEDBERG, 13 f., 21 f.; HOYER, Gründung, 92 f.; CDS II 11, Nr. 287.

466 CDS II 11, Nr. 234.

des Syndikus, welches sich schrittweise aus dem Stadtschreiberamt herauslöste[467] und dieses an Ansehen und Stellung im Rat übertraf.[468]

Der Syndikus war zugleich für Rat wie Leipziger Bürger tätig und durfte, ähnlich dem Ordinarius, keine auswärtigen Rechtsangelegenheiten gegen diese annehmen[469], auch musste er im städtischen Auftrag reisen.[470] Der Begriff des Syndikus selbst als Rechtsvertreter des Stadtrates in juristischen Verhandlungen tauchte bereits in der Mitte des 15. Jahrhunderts auf.[471] Ob dies allerdings mit einer festen Anstellung in Ratsdiensten verbunden war, wurde schon von Walther Rachel bezweifelt,[472] denn erst 1464 war das Amt als solches mit Dietrich von Bocksdorf nachweisbar.[473] Nachdem 1472 das Stadtschreiberamt von dem des Schöffenschreibers getrennt wurde (aufgrund von Kompetenz- und Gehaltsstreitigkeiten), sollte der Schöffenschreiber der Stadt als Syndikus fungieren.[474] Ebenso dürfte der Ordinarius der Juristen, wie bereits in 4.1.1 gesehen, dem Rat als ein bedarfsweise verpflichteter und entlohnter Syndikus gedient haben.[475] Aufgrund der Besoldung durch die Vikarie der Ratskapelle kann man auch Dr. Leonhard Meseberg [101] als einen Syndikus des Rates annehmen.[476]

Der erste regelmäßig von der Stadt entlohnte und also als Stadtsyndikus angestellte Jurist findet sich erst 1507/08 mit Dr. iur utr. Johannes Lindemann[477] [91], welcher vorher erst Oberstadtschreiber, dann Schöffenschreiber gewesen war. Die Herausbildung des Syndikusamtes aus eben diesen beiden Schreiberämtern könnte nicht deutlicher ausfallen,[478] auch die Verbindung zur Juristenfakultät nicht, denn Lindemann war gleichzeitig auch deren Ordinarius und

---

467 ISENMANN, deutsche Stadt, 144 f.; KOLLER, 24 f.; SCHMITT, 365; STEINFÜHRER, Kanzleiwesen, 182; DERS., Stadt, 36; WRIEDT, Gelehrte, 441 f.; DERS., Bürgertum, 495, 501–504, 507, 510, 514; DERS., Stadtrat, 521–523; DERS., Studienförderung, 36; Zur zunehmenden Verschriftlichung in der Verwaltung: STEINFÜHRER, Kanzleiwesen, 165 (bes. Anm. 11); vgl. MORAW, Heidelberg, 532–541; WRIEDT, Verwaltung, 19–23; DERS., Universitätsbesucher, 169–180.

468 ISENMANN, Stadt, 143 f.; KINTZINGER, Studens, 24; KRAMM, Studien, 422–426; vgl. WRIEDT, University, 56–58; Die Amtsschreiber und Syndici Leipzigs wurden vor allem aus Einkünften der Ratskapelle bezahlt, BÜNZ, Ratskapelle, 47 f., 60 f.; FRIEDBERG, 13; KRAMM, Studien, 432 f.; RACHEL, 45 f.; CDS II 8, Nr. 376.

469 RACHEL, 49; WUSTMANN Quellen II, 137–147.

470 JHR 36 1524/25, fol. 132^{v}; JHR 37 1525/26, fol. 134^{r}–134^{v}; JHR 38 1526/27, fol. 132^{v}.

471 CDS II 8, Nr. 277, 282, 376; BÜNZ, Ratskapelle, 47 für den Ratssyndikus Nikolaus Gutteren (1464).

472 RACHEL, 45, ebd. 46 f. für die Leipziger Syndici.

473 BÜNZ, Ratskapelle, 48; Im Übrigen fungierten auch Theologen wie Dr. Johannes Eutritzsch [44] als Syndici, jener von 1464 bis 1487, vgl. ebd. 44, 50.

474 CDS II 8, Nr. 460 und RB I, Nr. 309; FRIEDBERG, 14; RACHEL, 22.

475 So ließe sich ein Vermerk im Testament des Dietrich von Bocksdorf verstehen. Der Stipendiat „sal uch vnd ewern nachkomelingen helffen raten so best er mag; also ich getan habe", (CDS II 8, Nr. 363).

476 BÜNZ, Ratskapelle, 50 f.; vgl. WUSTMANN, Quellen II, 132 f.

477 JHR 19 1507/08, fol. 134^{v}: „Doctori Johann lindemann Sindico auß beuehl und beschluß der herrn [...] zu jarsold geben xxxv ß"; JHR 20 1508/09, fol. 139^{v}; JHR 21 1509/10, fol. 138^{v}; JHR 22 1510/11, fol. 130^{v}; WUSTMANN, Quellen II, 151 f.; Er war als Syndikus auch für die Vikarie der Ratskapelle vorgesehen, wurde aber bei Leonhard Mesebergs [101] Tod 1512 nicht berücksichtigt: BÜNZ, Ratskapelle, 51, vielmehr erhielt diese der Oberstadtschreiber Egidius Morch [110], vgl. ebd. 51 f.

478 BOOCKMANN, Mentalität, 299 f.; KRAMM, Studien, 439 f.

erhielt ab 1511 entsprechend sowohl den Lohn als Syndikus wie auch das Ehrengeschenk des Rates für den Ordinarius und zwar bis 1519.[479] In den Jahren 1514 und 1517 war er außerdem noch Bürgermeister[480] und verkörperte damit wie kaum ein anderer die enge personelle Verflechtung der Juristen mit der städtischen Obrigkeit.[481] Sein Nachfolger war von 1519 bis 1523 der schon häufiger erwähnte Dr. utr. iur. Petrus Freitag,[482] der als Unterstadtschreiber und Schöffenschreiber eine ähnliche Karriere wie Lindemann beschritten hatte, ohne jedoch Ordinarius zu werden (er war aber Mitglied der Juristenfakultät und promovierte zahlreiche Juristen, die später in städtischen Diensten aktiv wurden). Von 1523 bis 1526 wurde Dr. iur. utr. Johannes Köchel [79] als Syndikus entlohnt,[483] 1523/24 auch als Ordinarius der Juristen.[484] Auch er war Stadtschreiber gewesen und wurde 1525 Ratsmann. Ihm folgte als letzter Syndikus in unserem Untersuchungszeitraum der nicht minder bekannte Dr. utr. iur. Ludwig Fachs[485] (aus Langensalza) [46]. Er war gleichzeitig Ratsmann, ab 1534 Bürgermeister, 1542 wurde er Ordinarius der Juristen.

Die Syndici mussten, anders als die Stadtschreiber, nicht mehr ihr Amt als Sprungbrett in den Stadtrat ansehen, sondern sie waren bei der Amtsübernahme bereits Teil der städtischen Obrigkeit (mit Ausnahme des Petrus Freitag, der allerdings hohe geistliche Weihen erhalten hatte und deshalb nicht im Rat saß). Die Verbindung des universitären Elements im Rat über die Syndici hatte also eine andere Qualität als über das Amt des Stadtschreibers, denn die Syndici waren als Ratsleute und Bürgermeister gleichzeitig Entscheidungsträger, nicht nur (wenn auch hochqualifizierte und gut besoldete) Bedienstete wie Stadt- oder Schöffenschreiber.[486] Mit gleichzeitiger Wahrnehmung des Ordinariats der Juristen war die Symbiose zwischen städtischer und universitär-juristischer Oberschicht in Leipzig vollends perfekt.

4.2 „Studienförderung“ von Ratsbediensteten und Ratsherrensöhnen

4.2.1 Städtische Amtsträger

Die Funktionalität universitär erworbener juristischer Fachkenntnisse für die spätmittelalterliche städtische Verwaltung muss mittlerweile nicht mehr betont werden. In diesen Kontext reihen sich ganz besonders Gaben des Rats an von ihm besoldete Amtsträger ein, welche Abschlüsse höherer Fakultäten (vornehmlich der juristischen) erlangt hatten. Dabei reden wir

---

479 JHR 23 1511/12, fol. 140^{v}; zuletzt: JHR 30 1518/1519, fol. 125^{v}.

480 JHR 26 1514/1515, fol. 131^{r}; JHR 29 1517/1518, fol. 134^{r}, er hatte damit insgesamt ein Einkommen von 150 Gulden im Jahr allein aus städtischen Diensten; vgl. RACHEL, 198.

481 DOTZAUER, 135; HOYER, Gerichtsbarkeit, 137; STEINFÜHRER, Stadt, 38; DERS., Rat, 19. Nach RACHEL, 47 f. gehörten Syndikat und Ratsherrenwürde bis 1571 zusammen.

482 JHR 31 1519/1520, fol. 128^{v}; JHR 32 1520/21, fol. 121^{v}; JHR 34 1522/23, fol. 125^{v}, er folgte Egidius Morch [110] als Inhaber der Ratskapelle (1520–1522), sein Nachfolger war der Jurist (und Geistliche) Dr. Heinrich Scheibe iun. [146] (1522–1536): BÜNZ, Ratskapelle, 52–54.

483 JHR 36 1524/25, fol. 126^{v}; JHR 37 1525/26, fol. 128^{v}.

484 JHR 35 1523/24, fol. 126^{v}.

485 JHR 38 1526/27, fol. 126^{v}; zuletzt: JHR 51 1539/40, fol. 165^{v}.

486 BOOCKMANN, Juristen, 206.

aber nicht von Studienstiftungen, die etwa der Rat gezielt an zukünftiges Amtspersonal ausgab (die Bocksdorfsche Stiftung könnte etwa als ein Beispiel diese Art der Förderung gelten).[487]

Zu unterscheiden sind diese Gaben qualitativ von den Promotionsgeschenken, die Angehörige ratsfähiger Familien erhielten, wenn sie einen höheren Abschluss an der Universität erlangten, sowie von gezielter „Studienförderung" in Form von Krediten etc., welche vom Rat gewährt wurden, um etwa in Italien zu studieren. Ersteres war deutliches Zeichen der engen Verknüpfung des städtisch-universitären Personennetzwerkes, Letzteres muss als Konsequenz dieses Netzwerkes gesehen werden, welches den einzelnen Akteuren die Möglichkeiten gab, den Rat um Unterstützung bei ihrem individuellen Studienbestreben zu bitten. Geschenke für städtische Bedienstete im Rahmen ihrer Promotionen erfüllten wohl viel mehr den Zweck, deren Loyalität zur Stadt zu festigen. Es musste der städtischen Obrigkeit ein Anliegen gewesen sein, hoch qualifiziertes Personal zu halten. Es muss aber auch beachtet werden, dass der Rat keine „Bildungsstrategie" verfolgte, das heißt gezielt sein Personal förderte oder etwa bestimmte Abschlüsse zur Vorrausetzung für bestimmte Positionen in der städtischen Verwaltung erklärte.[488] Der Willen zum Erwerb eines höheren Titels als des *magister artium* lag beim jeweiligen Amtsträger selbst.

Belege für die gezielte Beschenkung von Seiten des Rats finden sich einige in der städtischen Rechungsüberlieferung, etwa für den Stadtschreiber Wolfgang Hennigk [63][489] oder Dr. Johannes Lindemann [91][490] und ganz besonders für die Schöffenschreiber wie Dr. August Tirolf[491], Dr. Wolfgang Wildeck,[492] Dr. Andreas Franck[493] [55] oder Dr. Petrus Freitag[494], aber auch „niedere" Amtsträger wie etwa den Unterschöffenschreiber Benedict Schultz.[495] Diese Geschenke waren oftmals eben keine Weingeschenke, sondern Ehrengaben in fester Währung,

---

487 WRIEDT, Studienförderung, 33–49, die Rekrutierungspolitik der Stadt beinhaltete Anstellung universitär gebildeter Personen, nicht direkte Finanzierung eines Studiums, vgl. WRIEDT, University, 62.

488 GRAMSCH, Universität, 158; MIETHKE, Karrieren, 346; RÜEGG, Themen, 38; WRIEDT, Bürgertum, 489; DERS., Gelehrte, 499 f.

489 JHR 31 1519/1520, fol. 145^v: „Item dem Stadtschreiber [Henningk] als der in utriusque jure am tage Egidi [1. September 1520] baccalaurens worde hat ime der rath sülche promocion gancz außgericht und furgestund allenthalben xxij fl faciunt vij ß xlij gr".

490 JHR 17 1504/05, fol. 271^v: „Item Magistro Johann Lindeman uff der zceit stadtschreiber zu seiner licentiaturen in iure auß bevele der Rete und alßo zu seinen eren geschangkt xxv fl facit viij ß xlv gr."

491 JHR 33 1521/22, fol. 137^r.

492 JHR 35 1523/24, fol. 134^r.

493 JHR 38 1526/27, fol. 135^r: „Dinstag noch kiliani [9. Juli 1527] den newen Doctoribus als bey Andree Camitiano [Einschub am Rand:] Scheppenschreiber, Ern Conrado Metzsch, Ern Augustino Specht und Ern Joannij Comerstadt uff yr doctorat in Jure geschangt iiij halb st Maluesir, ij halb st roten Rh zu 18 d[e]n[ari]o und ij st Rh weyn zu xx d[e]n[ari]o thut j ß vj d" und fol. 143^r.

494 JHR 18 1505/06, fol. 140^v und 148^r: „Doctori petro freytag als er vor faßnacht [22. Februar 1506] doctor wurde umbe seyner alden dinst willenn und grossen vleiß so er von jugent uff bey dem Rath gethan zu sein eren geschangkt lx fl facit xxj ß [...] Doctor Johann Lindeman dem Schoppenschreyber auch umbe seiner vleisigen dinst willen als er dem Rathe gethan zu seiner doctorat zu syner erunge geschangkt xxx fl facit x ß xxx gr", vgl. STEINFÜHRER, Freitag, 329 f. (bes. 330, Anm. 53), wonach der Rat Petrus Freitag im Jahre 1500 für eine Studienreise nach Italien 100 Gulden lieh.

495 JHR 49 1537/38, fol. 163^v.

dies macht den schon angesprochenen Aspekt ihrer Funktion als Instrument der Loyalitätsfestigung zwischen der städtischen Obrigkeit und seinen juristisch gelehrten Bediensteten deutlich, anders als etwa die zahlreichen Weingeschenke, die Angehörige von Ratsfamilien auf ihre Promotionen erhielten, vorrangig mit dem Zweck der Vernetzung „Gleicher unter Gleichen". Diese Gaben wurden aber auch von den Empfängern als Anerkennung ihrer Dienste erwartet. So hatte es der Rat im Jahre 1522/23 versäumt, dem Schöffenschreiber Dr. August Tirolf, der sich „In peynlichen und andern des Rats sachen hat gebrauchen lassen", auf dessen Lizentiatur und Doktorat „wie geburlich" ein Geschenk zu überreichen.[496]

4.2.2 „Studienförderung" für Ratsherrensöhne

Ob das Phänomen der „Studienförderung", das heißt der Bereitstellung von Kredit seitens des Rates für Angehörige von Ratsfamilien, die dadurch einen Studienaufenthalt zumeist südlich der Alpen finanzieren konnten (von eigens aufgelassenen Stiftungen zu diesem Zweck soll auch hier keine Rede sein[497]), gleichzeitig ein Phänomen städtisch-universitärer Beziehungen an der dortigen Hohen Schule selbst darstellt, kann nicht eindeutig beantwortet werden.[498]

Die Gewährung von finanziellen Mitteln für eine Studienreise an Angehörige ratsfähiger Familien mochte vielmehr Ausdruck sein erstens des stetigen Vordringens des „gelehrten Elements" in den Rat, d. h. auch von „Bildungsidealen", wie sie für sozial hochrangige Gelehrte und Doktoren im späten Mittelalter galten, zweitens der zunehmenden Verflechtung von universitärer und städtischer Oberschicht und drittens des Strebens nach Prestigesteigerung von Seiten des Rats dadurch, dass man Akademiker, die zumeist an den prestigeträchtigen italienischen Juristenuniversitäten studiert hatten, an sich binden wollte.

Die in den Jahreshauptrechnungen auffindbaren Beispiele mögen diese Thesen untermauern. Zum einen handelt es sich ausschließlich um Angehörige von bereits im Rat vertretenen Familien, nämlich 1483/84 Dr. utr. iur. Simon Pistoris sen.[499] [123] (der Sohn des Ratsmannes

---

[496] JHR 34 1522/23, fol. 143^{r}: „Item Nochdem sich Doctor Augustinus Tyrolff eyn zceitlang her, als er Scheppenschreyber gewest, In peynlichen und andern des Rats sachen hat gebrauchen lassen, deßgleichen yme der Rath auff seyne lecentiatur und doctorat, wie geburlich, auch keyner vorehrunge gethan, damit er nu derhalben zu frieden gestelt, hat yme der Rath dye jc fl so yme furgesagkt auch andere schulde so er von Schosse, wechterngelt, Schlegeschatz etc vom funfftzehenden biß auff dys xxijte Jar [...], lauts der schultbucher, vorpflicht gewest, gar erlassen und seynen schultbrieff wider zugestelt, thut allenthalben zusammen in summa xlij ß xlvj gr."

[497] WRIEDT, Studienförderung, 48 f.

[498] So gibt zwar der Rat 1488: „Sabato postquam vincula [2. August 1488] peter kluntzschen (?) gelihen alß der Rath vor yn eynem studenten gegebenn hat xviij gr silbern", (JHR 9 1487/1488, fol. 142^{v}) aber ob dies im Zusammenhang einer Förderung des Studiums steht ist unklar.

[499] JHR 7 1483/84, fol. 112^{v}: „Mgro Symonj pistoris Albrechten [124] seines bruders und ir beider mutter umbe bethe willen yrer frunde zu seinem studio gelyhen lx gulden Rh an golde. Sollen uf michaelis schirstkommende widder bezalt werden da vor sind Burge und selbschuldig wurden der Burgermeister ludwig scheiban [145] und Mgr Jurge Huter [72] des haben sie dem Rate iren brief gegeben. yden gulden zu xxi gr facit xxj ß silbern" und fol. 122^{v}; JHR 7 1484/85, fol. 238^{v}.

Dr. med. Nicolaus Pistoris [122]), 1492 Andreas Blecker[500] [18] (der Sohn des Ratsmannes Steffan Blecker) und 1494 Dr. utr. iur. Heinrich Scheibe iun.[501] [146]. Scheibe und Pistoris stammten beide aus angesehenen „Gelehrtenfamilien", Pistoris saß später zudem im Rat. Dass der Bürgermeister Ludwig Scheibe [145] nicht nur für den Kredit an Simon Pistoris bürgte, sondern einen solchen auch für seinen Sohn erlangte, zeigt, dass die Vorteile höherer akademischer Bildung (besonders das mit dem Doktortitel verbundene Prestige) in der Leipziger Oberschicht zunehmend erkannt und teilweise wohl auch als in Faktor in die jeweils eigene „Familienstrategie" übernommen wurden.

Dass zum anderen ein solcher Kredit auch gleichzeitig die Bindung an den Rat bedeutete, zeigt sich schon dadurch, dass es den Kreditnehmern nicht ohne weiteres möglich war, diesen zurück zu zahlen. Einzig die Pistoris schienen diese finanzielle Last ohne größere Probleme stemmen zu können, Andreas Blecker brauchte bis 1501, um den Studienkredit abzulösen,[502] bei Heinrich Scheibe wurden die Schulden gleich mit den Einnahmen aus der Stiftung des Dietrich von Bocksdorf, verrechnet,[503] da sein Vater anscheinend hoffnungslos verschuldet war. Offensichtlich musste sein Verwandter, der Ordinarius Dr. Johannes Scheibe [144], auch noch für ihn bürgen, damit der Magistrat Ludwig Scheibe einen Kredit von 500 Gulden über fünf Jahre gewährte, um die Kosten für die Rückreise seines Sohnes aus Italien zu finanzieren:

> „Uff sonnabendt nach Esto mihi xv^{c} primo [27. Februar 1501] ist durch die rethe geradtslagt und beslossen: Nach dem der burgermeister Scheibe durch den ordinarium und doctor Scheiben an die reth hat gelangen und biten lassn, om v^{c} fl v jar lang zu leihen, die her dem rath vorsichern, do mit her Heinrich Scheiben seinen son auß welschen landen brengen muge [...]"[504]

Die wenigen überlieferten Beispiele lassen nicht darauf schließen, dass die städtischen Entscheidungsträger gezielt „Studienkredite" zur Förderung begabter Studenten ausgegben hätten. Diese kurzzeitigen Finanzspritzen besaßen den gleichen Charakter wie andere vor dem Rat verhandelte Schuldangelegenheiten, etwa bei Grundstücks- oder Häuserkäufen. Auffällig ist jedoch, dass sie ausschließlich von Angehörigen ratsfähiger Familien in Anspruch genommen wurden. Dies ist zum einen bezeichnend für das tiefgreifende Beziehungsgeflecht innerhalb der Leipziger Oberschicht, andererseits aber auch für die zunehmende Bedeutung, die das universitäre Studium von eben jener Oberschicht zugesprochen bekam.

---

500 JHR 11 1492/93, fol. 231^{v}, geliehen wurden 100 fl.

501 JHR 12 1494/95, fol. 234^{r}: „Idem an den lxxx gulden alß der Rath Heinrichen seinem [Ludwig Scheibes] sone zu forderung seines studiumbs gelihen hat da vor auch der Burgermeister selbschuldiglich gelobet ober die xx ald ß so der Rath itzund uff weinachten vorfallen innehalden hat nach xxj ß xx gr. [am Rand:] det dor an alß do Rath an Buchßdorfs gesift innebehalden hald salde Jacobi und ufs nawe jar xiij ß xx gr" und fol. 241^{v}.

502 JHR 12 1494/95, fol. 234^{r}: „Andreas Blecker tenetur dem Rathe an den hundert gulden die Im der Rath gelihen hat ober das die gebawen zu der pesse und dor penator zu sandt paul dor an betzalt hat nach xxii ß xxiiij gr"; zuletzt JHR 15 1500/01, fol. 229^{r}.

503 JHR 13 1495/96, fol. 108^{r}: „Idem von seines sones wegen an den lxxx gulden alß im der Rath zu enthalt seines studiumbs gelihen hat uber das der Rath an Bocksdorfs gestift inne behald hat nach viii ß silbern"; zuletzt JHR 15 1500/01, fol. 229^{r}.

504 WUSTMANN, Quellen II, 148, für den gesamten Vorgang ebd., 147–149.

4.3 Geschenke des Rates für universitäres Führungspersonal

4.3.1 Geschenke an höhere Fakultäten

Bereits in Kapitel 3 wurde die These aufgestellt, dass Geschenke des Rates an Universitätsmitglieder zum einen Werkzeuge zur engeren Bindung eben jener an die städtische Obrigkeit bzw. zur Verbesserung der Beziehungen zu den „bedeutenderen" Teilen der Universität, nämlich den höheren Fakultäten der Theologen, Mediziner und Juristen, darstellten. Zum anderen drückten diese Geschenke auch den Anspruch des Stadtrats auf Legitimität seiner Herrschaft und seiner Privilegien gegenüber der Universität aus. Geschenke an Doktoren dürfen ähnlich gesehen werden wie die Ehrengaben an den Ordinarius – als Strategie, sich Fachkenntnisse und Prestige der Doktoren[505] zu Nutze zu machen, und sei es auch nur durch Außendarstellung des Geschenkaktes gegenüber Dritten, etwa wenn beim Doktorschmaus offizielle städtische Gesandte feierlich das Geschenk überreichten.[506] Schließlich wurden bei solchen Prandien alle Würdenträger der Universität und der Fakultät eingeladen, es dürfte also kaum einen geeigneteren Ort für die Kommunikation von Ratsgeschenken gegeben haben.[507]

Das bereits etablierte städtisch-universitäre Netzwerk wurde durch solche Gaben untereinander funktional bestärkt,[508] wenn etwa im Rat vertretene Doktoren oder deren Verwandte beschenkt wurden, z. B. Dr. Heinrich Stromer[509] [175] oder Dr. Caspar Lindemann [92], der Bruder des Ordinarius (und Bürgermeisters) Dr. Johannes Lindemann [91].[510] Zu dieser Strategie gehörten auch Geschenke des Rats auf Hochzeiten von Gelehrten, die auch in Ratsdiensten gestanden hatten.[511]

---

505 Beispiele: JHR 5 1479/80, fol. 77r; JHR 12 1494/95, fol. 206r; JHR 22 1510/11, fol. 138v; JHR 28 1516/1517, fol. 142v; vgl. IMMENHAUSER, Bildungswege, 242; KINTZINGER, Trivium, 375; MÜLLER, Stadtschulen, 421; OŻÓG, 97; SCHILLING, 11; SCHWINGES, Europäische, 140; WUSTMANN, Leipzig, 119 f.

506 GROEBNER, Gefährliche, 57.

507 FRIEDBERG, 7 f., 9, wonach bei Doktorschmäusen der Juristenfakultät auch die Würdenträger der Stadt und des Schöffenstuhls einzuladen waren, vgl. GROEBNER, Gefährliche, 68 f. zur Funktion der Geschenke als zentrales Motiv städtischer Selbstinszenierung und ebd. 72 f. zur „Publikumswirksamkeit". Dass nicht nur diese Prandien, sondern allgemein das Rechtsstudium teuer war, sollte noch einmal die hohe soziale Stellung verdeutlichen, die die Studenten der Jurisprudenz schon vor ihrem Studium mitgebracht hatten, vgl. IMMENHAUSER, Bildungswege, 213.

508 JHR 3 1476/77, fol. 221r: „Uff sonnabendt postquam [misericordias domini (26. April 1477)] dem Kantzler doctor Johanni Scheiban [144] geschanckt ein halb stobichen maluasier und j halb stobichen passuner facit zcu sampne xvij gr ij d voriger montz" oder JHR 13 1495/96, fol. 82v und fol. 83r.

509 JHR 30 1518/1519, fol. 133r; JHR 33 1521/22, fol. 137r: „Sabto post Reminiscere [22. März 1522] eynem doctor der auß wellischen lande kommen, doctor Awerbach gnant ij halbe stobichen Reynfal und ij stobichen Reynisch weyn geschancgkt facit xxiiij gr".

510 JHR 29 1517/1518, fol. 142v: „Item des ordinarien bruder iiij kannen Malueser iiij kannen repfaell viii kan reinischwein dafor geben ij ß xij gr".

511 JHR 6 1482/83, fol. 221v: „Item doctori spigell zu seiner swester hochzeit j vaß nurmburger bier [...]"; JHR 14 1497/98, fol. 95r: „Item dem schoppenschreyber [Bernhard Zuckschwert] zu seiner hochtzeit geschanckt j vas torgauer bier facit j ß xx gr" und ebd. fol. 98r; JHR 36 1524/25, fol. 144r: „Item es

Ähnlich dürfte es sich bei Geschenken für Promotionsfeiern der höheren Fakultäten verhalten haben, die vom Rat stets reichlich bedacht wurden. Hier mag der Aspekt einer strategischen Planung hinsichtlich einer längerfristigen, wenn auch informellen Bindung an die städtische Obrigkeit im Vordergrund gestanden haben. So wurden nicht nur „nawe Doctoribus" beschenkt,[512] sondern verstärkt auch Absolventen von Bakkalar- und Lizentiatenprüfungen der höheren Fakultäten, dabei gleichermaßen Theologen[513] wie Mediziner[514] und ganz besonders natürlich Juristen.[515]

Deutlich zeigt sich die entscheidende Rolle, die der Ordinarius als Vermittler zwischen städtischen und universitären Entscheidungsträgern spielte, er war die Schnittstelle zwischen den „Oberschichten" beider Institutionen und Promotionsfeiern wurden sehr oft in seinem Haus abgehalten.[516] Damit war er zum einen ein wichtiger Ankerpunkt in den „Promotionsnetzwerken" der Juristen, mit denen wir uns in 4.4.3 noch kurz beschäftigen wollen, zum anderen aber darf man annehmen, dass seine Wohnung bei solchen Feiern als Ort der Kommunikation zwischen städtischer wie universitärer Führungsspitze anzusehen ist.

4.3.2 Geschenke an Angehörige Leipziger Ratsfamilien

Eine andere Qualität als Geschenke an Promovenden höherer Fakultäten hatten Geschenke an Angehörige ratsfähiger Familien. Dies wird schon in den Jahreshauptrechnungen deutlich, da sehr oft Bezug auf die Familie bzw. die im Rat vertretenen Verwandten des Beschenkten genommen wurde. Sie wurden schon ausdrücklich erwähnt, wenn nur der niedrigste Grad des Bakkalaren erreicht wurde, wie etwa Daniel [171] und Johannes [172] Staufmehl, die Söhne des Ratsherren Cuntz Staufmehl.[517] Auch Magister aus Ratsfamilien wurden bedacht, wie etwa Ludwig Schultz [161].[518] Die so betriebene Einbindung auch zukünftiger Generationen

---

hat der Rath Magistro Andres Camitiano [55] Oberscheppenschreyber uff seyne hochtzeit zu eyner vorehrung geschangkt xx fl Thut vij ß"; JHR 47 1535/36, fol. 135^{r} und 143^{r}.

512 Bspw.: JHR 3 1476/77, fol. 222^{r}: „Sabbato post anthony [18. Januar 1477] zu dem doctorate den beyden nawen doctoribus [...]"; JHR 4 1478/79, fol. 215^{r}; JHR 11 1492/93, fol. 202^{r}; JHR 17 1503/04, fol. 113^{r} und 114^{v}; JHR 35 1523/24, fol. 136^{v}; JHR 48 1536/37, fol. 150^{v}.

513 Bspw.: JHR 17 1504/05, fol. 266^{v}: „Item Mgro konnugshoffen und sein gesellen zum baccalauriat in der heiligen schrifte geschangkt [...]"; JHR 19 1507/08, fol. 143^{v}; JHR 32 1520/21, fol. 130^{r}.

514 Bspw. JHR 20 1508/09, fol. 148^{v}; JHR 30 1518/1519, fol. 133^{r}; JHR 36 1524/25, fol. 136^{v}.

515 Bspw. JHR 9 1487/88, fol. 92^{r} und 94^{v}; JHR 17 1503/04, fol. 113^{r}; JHR 20 1508/09, fol. 150^{v}; JHR 22 1510/11, fol. 139^{v}; JHR 32 1520/21, fol. 130^{r}; JHR 37 1525/26, fol. 136^{r}.

516 JHR 9 1488/89, fol. 234^{v}; JHR 11 1491/92, fol. 88^{v}: Sabato postquam blasij [4. Februar 1492] dreyn Baccalauretii in decretis ad prandium in doctor Breytenbachs des ordinarien hawße geschanckt [...]"; JHR 12 1493/94, fol. 86^{r}: „Sabato postquam assumptions marie [16. August 1494] zwen baccalarien juris in doctor breytenbachs hawß zu irem prandium geschanckt j st maluesier [...] und ii st Reynischwein [...] facit xxx gr vj d silbern"; JHR 15 1500/01, fol. 209^{v}; JHR 35 1523/24, fol. 134^{r}.

517 JHR 4 1478/79, fol. 213^{v}: „Uf Sonabendt postquam quasimodogeniti [24. April 1479] geschanckt dem cantzler [Johannes Scheibe [144]] zu dem baccalariat seines sons [...]".

518 JHR 4 1477/78, fol. 79^{r}: „Item uß ulrich claffhammers keller geschanckt Baltzar Schultzen sone zu seiner promotyon magistery [...]".

ratsfähiger Personen (beziehungsweise Akademiker) diente der Festigung des städtischen Netzwerkes, so dass über das Vehikel der Universität die personellen Verflechtungen innerhalb der städtischen Obrigkeit gestärkt und somit deren Zusammenhalt gefördert wurden. Geschenke an Angehörige von in den Rat vorgedrungenen Gelehrtenfamilien wurden zur Bindung des der Familie innewohnenden sozialen Ansehens und der fachlichen Exzellenz ihrer Mitglieder an die Stadt benutzt. So erhielt nicht nur der Magister Simon Pistoris sen. [123] auf seine Promotion zum Bakkalar der Medizin ein Geschenk,[519] auch dessen Sohn Simon Pistoris iun. [126] auf Bakkalariat als Jurist[520] und Doktorat.[521] Diese Form der Kontaktpflege der städtischen Oberschicht mit dem in ihre Kreise vordringenden universitären Führungspersonal zahlte sich spätestens aus, wenn im Rat befindliche Doktoren in landesherrliche Dienste aufstiegen, wie etwa schon erwähnter Dr. Simon Pistoris iun., der zu seinem Abschied aus dem Rat (da er albertinischer Kanzler wurde) nicht nur in Anerkennung seiner bisherigen Dienste (auch als Ordinarius) mit einem Geschenk bedacht wurde,[522] sondern über den der Rat direkten Einfluss auf Herzog Georg von Sachsen nehmen konnte. Dafür erhielt Pistoris freilich das eine oder andere Ehrengeschenk.[523]

4.4 Gelehrtenfamilien und „gelehrtes Element" im Rat

4.4.1 Gelehrtenfamilien

Das Phänomen der „Gelehrtenfamilie", das heißt einer sozial und wirtschaftlich vorrangig durch universitäre Bildung und nicht durch kaufmännische Tätigkeit gekennzeichneten Familie, deren Mitglieder in mehreren Generationen hohe Ämter sowohl in lokaler (städtischer) wie landesherrlicher Verwaltung (als Kanzler) wahrnahmen, entfaltete vor allem im 16. Jahrhundert seine volle Wirkungskraft.[524] Es war eng verbunden mit dem Aufstieg medizinischer oder juristischer Doktoren in die städtische Obrigkeit.[525]

---

519 JHR 5 1479/80, fol. 77^{r}: „Item Mgro pistoris zu seinem baccalariat ii stobichen kotzperger [...]".

520 JHR 24 1512/13, fol. 141^{r}.

521 JHR 26 1514/15, fol. 139^{r}: „Sbto post Oculi [17. März 1515] doctor pistoris Sone und andern nawen doctoribus [...] ij j st Malueser ij j st rephael ij j st felkliner ij j st Rhweyn davor geben lvii gr iij d".

522 JHR 34 1522/23, fol. 143^{r}: „Item nochdem der Ordinarius doctor Symon pistoris Iunior, dem Rathe dis Jhar und zuvore mehrmaln mit raten und reden gedienet, und sich gebrauchen lassen und sunderlich wider den Bischoff zu Merßburg, dem probst zu Sanct Thomas etc hat yme der Rath als er alhier abgetzagen und unser g. h. Cantzler wurden, zu eyner vorehrunge xl fl an großen Annaberger groschen geben, thun in muntze xiiij ß"; JHR 43 1531/32, fol. 144^{v}; vgl. SCHIRMER, 520, 532.

523 JHR 38 1526/27, fol. 143^{r}: „Herrn Symoni pistoris Doctori furstlichen Cantzler, zuvorehung, das er des Raths sachen bey unserm gnedig hern hertzog Georgen trewlich furdern und vleyssagen sal, geschangkt xxx gulden groschen thut x ß xxx gr"; zuletzt: JHR 50 1538/39, fol. 176^{r}.

524 KOLLER, 21–23; WRIEDT, Bürgertum, 512 f.; DERS., University, 60 f.; vgl. auch EULER, 183–231.

525 Nach KRAMM, Studien, 428 war die städtische Obrigkeit einer Universitätsstadt ohnehin dafür prädestiniert, schneller als andernorts von Gelehrten durchdrungen zu werden.

Wir haben bereits in 3.2.5 den Aufstieg der Mediziner in den Rat nachvollzogen und ihnen eine wichtige Rolle für den Aufstieg der Juristen[526] (neben den als „Karrieresprungbrett“ dienenden höheren städtischen Verwaltungsämtern) zugeschrieben, welcher etwa durch Dr. Johannes Wilde [200], Dr. Johannes Preußer [129], Dr. Bernhardinus Braun[527] (1483), Dr. Heinrich Scheibe sen. [150] oder Dr. Ludwig Fachs [46] deutlich wird, um nur einige Beispiele zu nennen.[528] Diesen Aufstieg von Gelehrten in erster und zweiter Generation könnte man dabei durchaus als Vorform hin zum Auftreten von Gelehrtenfamilien deuten, wie sie später etwa die Familien Scheibe, Wilde, auch Morch und ganz besonders Pistoris stellten, die sich neben alteingesessenen Ratsfamilien wie Bantzschmann, Breunsdorf, Hummelshain, Preußer oder Thümmel etablierten bzw. diese verdrängten.[529]

Ein Vorteil der Doktoren lag darin, dass sie das Prestige des Rates steigerten und diesen auch nach außen hin vorteilhaft repräsentieren konnten, denn nicht immer war nur das Vermögen von Bürgern ausschlaggebend für die Ratsfähigkeit, auch spielten etwa familiäre Beziehungen eine Rolle.[530] In der ratsinternen Hierarchie folgten sie meist direkt dem Bürgermeister,[531] sie bestimmten dort neben und mit den Kaufleuten die Geschicke der Stadt,[532] was den ohnehin recht guten Beziehungen von Stadt und Universität auf der Ebene der Entscheidungsträger zuträglich gewesen sein mochte. So etablierte sich auch die Regel, dass in der Zusammensetzung des Ratses immer mindestens ein Doktor vorhanden sein musste, unabhängig von seiner Profession.[533]

Der Besuch höherer Fakultäten und der Erwerb von Doktorgraden gewährte Angehörigen von Gelehrtenfamilien also einen gewissen Ansehensvorteil im Gegensatz zu nicht-universitär gebildeten Ratsmitgliedern, vor allem im 16. Jahrhundert. Es nimmt daher kaum Wunder, dass vor allem nach Leipzig zuziehende Kaufleute die Universität besuchten, um einerseits ihr soziales Prestige zu steigern, vor allem aber um sich in das bestehende Netzwerk der städtische Obrigkeit, das zum großen Teil auch ein universitäres Netzwerk war, zu integrieren.[534]

Was die universitäre Ausbildung jedoch nicht mit sich brachte, war ein radikaler sozialer Aufstieg verbunden mit einer gravierenden Veränderung von materiellen und sozialen Ressourcen (von der Ausnahme Petrus Freitag abgesehen). Die individuelle und über die Familie erworbene soziale Stellung in der Gesellschaft wurde von jedem Studenten mit an die Univer-

---

526 STEINFÜHRER, Rat, 18 f., 22; DERS., Ratsbücher I, XIX (Anm. 45 und 46.), XXV; vgl. BOOCKMANN, Juristen, 205; KRAMM, Oberschichten, 137; WRIEDT, University, 61–64.

527 Rat, Nr. 37.

528 Im Umkehrschluss bedeutete dies natürlich auch wachsenden Einfluss städtischer Gruppen auf die Juristenfakultät, Ähnliches in Erfurt: GRAMSCH, Erfurter, 138–146, 555; DERS., Universität, 149.

529 KRAMM, Oberschichten, 143.

530 STEINFÜHRER, Stadt, 37; DERS., Rat, 18; anders KRAMM, Oberschichten, 135, 142.

531 KOLLER, 24; STEINFÜHRER, Rat, 19; WRIEDT, Bürgertum, 514; DERS., Gelehrte, 451.

532 Anders war es bekanntlich in Nürnberg, wo Doktoren der Zugang zum Rat strikt untersagt war. Man verzichtete aber nicht auf deren juristische Kompetenz: BOOCKMANN, Juristen, 199–214; SCHMIED, 66 f.; auch ISENMANN, Gesetzgebung, 254; MORAW, Verfassung, 284.

533 RACHEL, 6; eine Durchsicht der Jahreshauptrechnungen bestätigt diesen Befund.

534 Dazu grundlegend: STEINMÜLLER, bes. 136 f.; vgl. IMMENHAUSER, St. Gallen, 294 f.; KRAMM, Studien, 322; SCHMITT, 355–357.

sität eingebracht und zumeist nicht großartig verändert, die Gesellschaftsstruktur innerhalb der Hohen Schule spiegelte auch jene außerhalb wider.[535] Es ist daher Abstand zu nehmen von allzu euphorischen Aussagen, über die Kräfte der vormodernen Universität Standesschranken verschieben oder auflösen zu können. Man blieb unter seinesgleichen.

Bestes Beispiel liefert die Familie Pistoris [im Katalog Nr. 122–128]. Nicht alle Angehörigen dieser Familie wurden gleich Doktoren, Albrecht [124] und Nicolaus Pistoris [125] waren Kaufleute, aber auch Ratsmitglieder. Dies zeigt, dass die materielle Fundierung nicht allein durch eine akademische Karriere gewährleistet wurde, aber auch, dass Anfang des 16. Jahrhunderts der Doktortitel zwar eine zusätzliche Steigerung des Sozialprestiges darstellte, besaß man davon aber ohnehin schon eine hohes Maß an Ansehen, konnte man auch ohne Universitätsabschluss in den Rat aufsteigen. Dass sich Albrecht und Nikolaus Pistoris allerdings an der Universität immatrikuliert hatten, lässt auf eine geplante Strategie schließen, insofern, dass inzwischen für die Angehörigen der Pistoris zur Familientradition gehört haben muss, sich an einer Universität (unabhängig vom Ergebnis des Studiums) zu immatrikulieren

Es erscheint wohl im Verlauf des 15. Jahrhunderts bei einigen Familien zur Karriere- und Lebensplanung gehört zu haben, konsequent den eigenen Nachwuchs an der Hohen Schule zu immatrikulieren, größtenteils vermutlich aufgrund des damit verbundenen Ansehens, bei „Gelehrtenfamilien" wie den Pistoris aber wohl auch als Teil einer „Familientradition", d. h. einer durchweg universitären Prägung mehrerer Generationen.[536] Der Doktorgrad mochte helfen, in einer wie auch immer gearteten ratsinternen Hierarchie Vorteile zu erlangen, für einen Aufstieg in den Rat waren die meisten Doktoren und Gelehrten aber schon durch ihr Herkommen qualifiziert.[537]

Ein Vergleich der zu versteuernden Vermögen[538] macht deutlich, dass die Akademiker im Rat bezüglich der finanziellen Ausstattung anderen Ratsmitgliedern nicht nachstanden: So

---

[535] GRAMSCH, Erfurter, 161; MORAW, Gelehrte, 251; SCHWINGES, Universitätsbesucher, 341 f.; DERS., Studentenbursen, 527; BOOCKMANN, Lebenswelt, 184, mit der Beobachtung, dass derjenige, der bereits mächtig war, durch die Universität eine Bestätigung seiner Macht erfuhr, wer ungeachtet seiner sozialen Herkunft eine Universität besuchte, dem half auch das Studium meist nicht weiter. Deutlich macht es auch MIETHKE, Karrieren, 343: „Die mittelalterlicher Universität als Teil der sie umgebenden und sie durchdringenden Gesellschaft!"; vgl. RASHDALL III, 404.

[536] IMMENHAUSER, Bildungswege, 152; DERS., St. Gallen, 295 f.; MIETHKE, Studenten, 65.

[537] MORAW, Verfassung, 340, wonach der „Bildungsaufbruch" des 15. Jahrhunderts die bestehende Sozialstruktur weniger veränderte als ergänzte; SCHILLING, 13. Zudem war das Ratsamt immer auch ein Ehrenamt. Zwar wurden die Leipziger Ratsherren für ihren Dienst entschädigt, aber die Verluste, die ein Kaufmann in dieser Zeit erlitt (sozusagen die Opportunitätskosten des Ratsamtes), konnte nur kompensieren, wer materiell ausreichend abgesichert war: ISENMANN, Stadt, 139; KRAMM, Oberschichten, 142; DERS., Studien, 295 f.; SCHIRMER, 342.

[538] Es wurden die von Wustmann edierten Steuerbücher herangezogen und die Angaben, sofern vorhanden, in der Grundgesamtheit der „Angehörigen ratsfähiger Familien" den jeweiligen Person zugeschrieben. Zur besseren Vergleichbarkeit wurde aus den drei Landsteuern 1499, 1502 und 1506 ein Mittelwert gebildet (da sich das Vermögen der einzelnen Personen in der Regel kaum änderte). Sofern nötig wurden in Schock (5 x 12 = 60) Groschen angegebene Beiträge in Gulden umgerechnet, dabei wurde der in den Steuerbüchern übliche Kurs von 21 Groschen = 1 Gulden zu Grunde gelegt; vgl. SEMBDNER.

gaben etwa im Türkensteuerbuch von 1529 die in unserer Grundgesamtheit der „Angehörigen ratsfähiger Familien“[539] vorkommenden Ratsherren ein Vermögen von im Schnitt rund 2.150 Gulden (insgesamt 20 Personen) an. Diejenigen Ratsherrensöhne mit einem „höheren Abschluss“ besaßen ein Vermögen von rund 2.135 (insgesamt zehn Personen), diejenigen, die sowohl Ratsherren waren und einen solchen Abschluss besaßen, rund 2.180 Gulden (insgesamt acht Personen). An deren Spitze standen dabei Dr. med. Heinrich Stromer [175], der im Jahre 1529 ein Vermögen von 5.200 Gulden angab, sowie Dr. Heinrich Scheibe sen. [150] mit einem Vermögen von 4.500 Gulden. Stromer dürfte vor allem durch den von ihm betriebenen Weinhandel und -ausschank zu seinem Vermögen gekommen sein, Scheibe stammte aus einer alten, ratsfähigen Kaufmannsfamilie, deren Mitglieder im Laufe des 15. Jahrhunderts zunehmend höhere akademische Grade erwarben.

In den Landsteuerbüchern gab der Kaufmann Simon Bräutigam [25] ein Vermögen von rund 5.330 Gulden. Dr. med. Simon Pistoris sen. [123] besaß nach den Landsteuerbüchern ein Vermögen von rund 2.450 Gulden (zum Vergleich: Ratsherr und Handelsmann Johannes Bantzschmann [3] 3000 Gulden) und im Jahre 1529 gab dessen Sohn Dr. iur. Simon Pistoris iun. [126] 3.000 Gulden als Vermögen an (zum Vergleich: der Kaufmann und Ratsherr Johannes Bauer [9] 2.700 Gulden, Bürgermeister Bartholomeus Abt [1] 2.800 Gulden, allerdings muss Abt natürlich auch als „Gelehrter“ gezählt werden).

Aber auch Angehörige von ratsfähigen Familien, die nur einen Abschluss in der Artistenfakultät erlangt hatten, bestätigen die These, dass die materiellen Ressourcen der Ratsleute nicht primär durch den an der Universität erworbenen akademischen Titel, sondern durch ihre Herkunft bestimmt wurden. So besaßen sie in den Landsteuerbüchern zwischen 1499 und 1506 im Schnitt rund 1.730 Gulden (bei insgesamt zehn Personen), im Türkensteuerbuch von 1529 waren es im Schnitt rund 2.050 Gulden (bei insgesamt 16 Personen). Diejenigen unter den Angehörigen ratsfähiger Familien, die Ratsherren waren oder wurden, besaßen 1529 im Schnitt 1.555 Gulden (bei insgesamt 15 Personen).

Gelehrtenfamilien waren also ein weiterer Baustein in jenem gemeinsamen Gebäude, welches sich das städtische und universitäre Führungspersonal in wechselseitiger Durchdringung errichtet hatte. Angehörige der universitären Führungsspitze waren meist bereits Angehörige der Oberschicht, bevor sie hohe akademische Grade erwarben, dadurch aber, dass dieser universitäre Weg von einem Teil der Oberschicht beschritten und dies mit einem verstärkten gesellschaftlichen Ansehen honoriert worden war, wurde der Zusammenhalt von Stadt und Universität auf der obersten Ebene um ein Vielfaches gestärkt.

4.4.2 „Gelehrtes Element“ in der städtischen Obrigkeit

Als „gelehrt“[540] wollen wir (mit aller Vorsicht) ein Mitglied des Rates bezeichnen, welches nicht nur die Universität besucht (im Untersuchungszeitraum immerhin 61 Ratsherren, dies entspricht bei 226 Ratsleuten, die von 1409 bis 1539 im Rat saßen, rund 27 Prozent; ein sit-

[539] Zur Erinnerung: dies sind alle in den Matrikeln der Universität identifizierten Angehörigen ratsfähiger Familien und damit nicht zwangsläufig Ratsherren.

[540] Für das Folgende Abb. 14.

zender Rat umfasste in der Regel zwölf Räte und den Bürgermeister), sondern auch einen Abschluss (also mindestens den bacc. art.) erworben hatte.[541]

In den ersten 130 Jahren des Bestehens der Alma Mater Lipsiensis können immerhin 33 Ratsleute[542] mit einem universitären Abschluss nachgewiesen werden, also rund 15 Prozent. Dabei stellten Doktoren sogar die Mehrheit, nämlich rund 52 Prozent (elf Juristen[543], sechs Mediziner[544]), dazu kamen noch zwei Bakkalaren beider Rechte[545] (sechs Prozent). Diese Ratsleute mit höheren Abschlüssen machen damit das Phänomen des Gelehrtenaufstiegs deutlich, welches sich vor allem dadurch auszeichnete, dass der Doktortitel den Akademikern ein höheres Prestige zukommen ließ als Ratsleuten ohne universitäre Erfahrung. 15 Prozent der Ratsleute mit einem Abschluss waren Magister[546] (absolut: fünf Personen), diese sind vor allem im Zusammenhang des Aufstiegs über Schreiberämter in den Rat zu betrachten. Neun Ratsherren immerhin hatten ihren Universitätsaufenthalt mit dem Bakkalar[547] beendet (27 Prozent), dabei handelte es sich vornehmlich nicht um Aufsteiger aus städtischen Diensten, sondern um Angehörige von Gelehrtenfamilien wie auch alteingesessener Ratsgeschlechter. Dass rund 40 Prozent aller Ratsherren mit einem universitären Abschluss Juristen waren, verdeutlicht erneut die beobachtete Tendenz des verstärkten Vordringens von Fachjuristen in die städtische Obrigkeit.[548]

Fragt man nach den Ursachen, warum gerade Juristen so schnell aufstiegen, kommt man, neben dem schon häufig erwähnten Prestigegewinn für den Rat, auch nicht umhin zu vermuten, dass gerade deren Argumentations- und Schlagfertigkeit in Diskussionen und Streitge-

---

541 BOOCKMANN, Mentalität, 300 für eine weitaus engere Auslegung des Begriffes; MORAW, Gelehrte, 250 fragt, ob man denn Magister überhaupt als Gelehrte gelten lassen könne.

542 Johannes Bantzschmann [3], Petrus Bantzschmann [4], Christophorus Bantzschmann [7], Johannes Bauer [9], Heinrich Bergershain [12], Daniel Fohel [51], Konrad Funcke [57], Konrad Guntherode [61], Bartholomeus Hummelshain [65], Johannes Hummelshain [67], Wolf Kirsten [77], Johannes Marschalk [99], Heinrich Meseberg [103], Benedict Moller [107], Nicolaus Moller [109], Albrecht Pistoris [124], Nicolaus Pistoris [125], Conrad Preußer [130], Wolfgang Preußer [131], Lorenz Pudernas [134], Johannes Seidenhefter [164], Matheus Sommerfeld [167], Georg Thümmel [182], Jacob Thümmel [183], Christoph Thümmel [187], Johannes Tollart [191], Urban Ulrich [193], Andreas Wanne [197].

543 Bernhardinus Braun (Rat, Nr. 37, S. 40), Ludwig Fachs [46], Andreas Franck [55], Johannes Köchel [79], Johannes Lindemann [91], Martinus Lössel [95], Johannes Peylicke [120], Simon Pistoris [126], Johannes Preußer [129], Heinrich Scheibe [150], Johannes Wilde [200].

544 Jacob Meseberg [100], Johannes Meurer (Rat Nr. 199), Nicolaus Pistoris [122], Valentin Schmiedeberg [153], Nicolaus Schultz [159], Heinrich Stromer [175].

545 Wolfgang Hennigk [63] und Egidius Morch [110].

546 Bartholomeus Abt [1], Conrad Beer (Rat, Nr. 22, S. 38), Vincent Beutel [14], Georg Huter [72], Johannes Schober [158].

547 Benedict Beringershain [11], Simon Bräutigam [25], Wolfgang Bräutigam [26], Georg Breunsdorf [29], Livinius Förster [52], Bartholomeus Lichtenhain [89], Heinrich Moller [108], Ludwig Scheibe [145].

548 Nach GRAMSCH, Erfurter, 563 stellte die bürgerliche Mittel- und Führungsschicht ohnehin die Masse aller Rechtsstudenten (in Erfurt), ähnlich IMMENHAUSER, Bildungswege, 149; SCHWINGES, Universitätsbesucher, 349; vgl. WRIEDT, University, 63.

sprächen, die sie ohne jeden Zweifel im Studium und auf Gesandtschaftsreisen, bei Verhandlungen usw. erworben hatten, eine Rolle spielte.[549]

Dieser Befund dürfte jedoch nicht nur Rechtsstudenten, sondern auch zu einem gewissen Grade jeden Ratsherren betreffen, der zumindest das artistische „Grundstudium“ durchlaufen hatte, wurden doch vor allem Rhetorik und besonders Dialektik gelehrt.[550] Das Abwägen von Argumenten und die Fähigkeit, aus Für und Wider einen Kompromiss erarbeiten zu können, das Überzeugen des Gegenübers in der Diskussion durch sachliche Argumente und nicht zu vergessen das Beherrschen von lateinischer Schrift und Sprache:[551] all das muss im täglichen Rats- bzw. Verwaltungsgeschäft ein unübersehbarer Vorteil gewesen sein.

Gerade diese Grundzüge der scholastischen Lehrmethode scheinen der Mentalität bzw. der Arbeitsweise eines Ratsmannes (etwa bei Ratssitzungen oder anderen Angelegenheiten des Rates) recht deutlich entsprochen zu haben, und somit war die Einbindung universitär „Gelehrter“ in die Ratsgeschäfte sicher nicht mit großen Schwierigkeiten verbunden.[552] Zwar wurde vor allem in der älteren Forschung der scholastische Lehrinhalt weitgehend negativ bewertet und als nutzlos empfunden (vor allem, um den Humanismus umso heller erstrahlen zu lassen), jedoch dürfte etwa die Einschätzung Hastings Rashdall über den Inhalt des universitären Lehrbetriebs, spätmittelalterliche Kaufleute und Ratsmänner nicht abgeschreckt haben, ganz im Gegenteil:

> „In a sense the academic discipline of the Middle Ages was too practical. It trained pure intellect, encouraged habits of laborious, subtlety, heroic industry, and intense application, while it left uncultivated the imagination, the taste, the sense of beauty – in a word, all the amenities and refinements of the civilized intellect. It taught men to think and to work rather than to enjoy“.[553]

Beachtet man nun bei den universitär gebildeten Ratsleuten den Zeitpunkt, zu welchem sie zuerst im Rat auftauchen, werden die von uns angedeuteten Tendenzen des Gelehrtenaufstiegs bzw. des „gelehrten Elements“ im Rat deutlich.

Zunächst zeigt sich, dass der Typ des Ratsmannes, der die heimische Universität besucht, aber keinen Abschluss erlangt hatte, erst ab der Mitte des 15. Jahrhunderts im Rat auftauchte. Dies dürfte bei der relativ langen Zeitspanne von gut 20 bis 30 Jahren, die es benötigte, bis Angehörige ratsfähiger Familien vermehrt an die Universität geschickt wurden, nicht überraschen. Hinzu kommt die biologische Komponente, denn auch die Angehörigen von ratsfähigen Familien waren bei ihrer Immatrikulation nicht älter als 14 bis 16 Jahre (oder eventuell sogar noch jünger) und konnten dementsprechend erst einige Jahrzehnte später in den Rat aufsteigen. Nach dem ersten Ratsherren, der die heimische Universität besucht hatte und 1449 in den Rat gelangte,[554] „verteilten“ sich die universitär „erfahrenen“ Ratsleute recht gleichmäßig, das

---

[549] BOOCKMANN, Mentalität, 310 f.

[550] GRAMSCH, Erfurter, 219; GRUBMÜLLER, 375 f., 379 f.

[551] Schließlich musste Latein nicht nur im Lehrbetrieb, sondern auch im studentischen Alltag, etwa in den Bursen gesprochen werden (und die Bursenmagister hatten streng darüber zu wachen, dass dies auch eingehalten wurde), dazu GRUBMÜLLER, 382 f.; SCHWINGES, Student, 210.

[552] MIETHKE, Karrieren, 343 f., 354; ganz anders IMMENHAUSER, Bildungswege, 373.

[553] RASHDALL III, 456, ebd. 452–458 zu seiner Einschätzung insgesamt.

[554] Es handelte sich um Johannes Seidenhefter [164]; vgl. WRIEDT, Bürgertum, 516.

heißt, dass keine wie auch immer gearteten Konjunkturen beim Aufstieg von ehemaligen Studenten der Alma mater Lipsiensis in den Rat ausgemacht werden können.

Diesem Trend entsprachen auch die Ratsherren mit einem bacc. art., auch sie tauchten erst nach Mitte des 15. Jahrhunderts in Ratskreisen auf, ähnlich verhielt es sich bei den Magistern, mit Ausnahme des Conrad Beer, der bereits 1423 im Rat saß. Viel interessanter gestaltete sich die Verteilung der Mediziner und Juristen, und es bestätigt sich die These vom Aufstieg der Mediziner in erster Generation, denn diese tauchten vor allem in der ersten Hälfte des 15. Jahrhunderts auf. Man kann einen regelrechten Bruch erkennen, denn nach 1470, mit der Ausnahme des Dr. med. Heinrich Stromer [175], der erst im Jahre 1520 im Rat saß, stieg kein weiterer Mediziner mehr auf, dafür nur noch Juristen (bis vor 1500 waren es vier, nach 1500 saßen neun weitere Juristen im Stadtrat).

Es werden also verschiedene Typen des „gelehrten Elements" im Rat deutlich:

1. Ratsleute, die die Universität ohne Abschluss besucht hatten – dieser Gruppe gehörten vor allem Mitglieder alteingesessener Leipziger Ratsfamilien an, die durch den Universitätsbesuch eine Steigerung des individuellen wie des Familienprestiges (möglicherweise auch einfach nur verbunden mit einer Art von Schulausbildung) und auch eine verstärkte Integration in die städtisch-universitären „Oberschichten" erhofften.[555]

2. Für die Bakkalaren im Rat dürften ähnliche Argumente gelten wie für die reinen Universitätsbesucher. Den niedrigsten Abschluss der Artistenfakultät zu erwerben mag für das Vordringen des „gelehrten Elements" sprechen. Die im Rat sitzenden Gelehrten (Magister und Doktoren) führten wohl auch den alteingesessenen Familien das mit einem akademischen Titel verbundene Prestige vor Augen. Andererseits könnte es auch eine rein individuelle Entscheidung des jeweiligen Ratsmannes gewesen sein, ob er sein Studium mit einem Titel beenden wollte (an der finanziellen Ausstattung dafür dürfte es den meisten nicht gefehlt haben). Ohnehin kann Ende des 15. und Anfang des 16. Jahrhunderts die Tendenz beobachtet werden, dass das Studium mit einem Abschluss dokumentiert wurde, vermutlich wirklich aus Gründen des sozialen Vergleichs.

3. Die Magister im Rat waren vornehmlich ehemalige, aus Ratsdiensten (besonders aus dem Stadtschreiberamt) aufgestiegene Gelehrte. Dies spricht allerdings eher dafür, dass das prestigeträchtige Amt des Stadtschreibers ein Äquivalent an individuellem Sozialprestige des jeweiligen Kandidaten erforderte, welches vor allem über einen höheren Universitätsabschluss gewährleistet werden konnte. Es waren also nicht die im Studium vermittelten Kenntnisse entscheidend, sondern das damit verbundene Ansehen.[556]

4. Der Aufstieg von Doktoren in den Rat äußerte sich in zwei Phasen, die erste durch Mediziner, die dann den Juristen den Weg ebneten. Diese stiegen zwar zum Teil auch aus Stadtdiensten auf (vor allem über das Amt des Schöffenschreibers), waren zum Teil aber auch Nachkommen der Mediziner. Das mit einem Universitätsdoktor verbundene Prestige und die Fachkenntnis versuchte der Stadtrat zu nutzen, was in der deutlich vermehrten Anzahl an

---

[555] IMMENHAUSER, Bildungswege, 229; KINTZINGER, Studens, 30; SCHWINGES, Europäische, 132; WRIEDT, Bürgertum, 516 f., 524; DERS., Stadtrat, 522; vgl. GRAMSCH, Universität, 157 für Ähnliches in Erfurt. MORAW, Gelehrte, 251 formuliert klar: „Das Studium war nur ein Element des Weges, auf den die Familie abzielte oder der der Familie entsprach."

[556] Ähnlich KRAMM, Studien, 439.

Doktoren und Juristen ab dem 16. Jahrhundert ablesbar ist. Je größer die Anzahl der Gelehrten im Rat, desto besser auch dessen Außenwirkung und Darstellung gegenüber Verhandlungspartnern, desto größer aber auch der Einfluss des universitären Führungspersonals im Rat.[557]

4.4.3 Promotionsnetzwerke

Schlussendlich soll noch einem entscheidenden Element der universitär-städtischen Verflechtung Aufmerksamkeit gewidmet werden, welches in der Forschung bisher fast völlig unberührt geblieben ist: Promotionsnetzwerke innerhalb der Gruppe der Angehörigen ratsfähiger Familien bzw. der städtisch-universitären Oberschicht.[558]

Wir haben bereits erläutert, dass es für jeden Studenten unumgänglich war, sich einem Magister anzuschließen (für Stadtkinder aber nicht zwingend bei diesem zu wohnen). Dabei könnten interne Beziehungen zwischen verschiedenen Ratsfamilien eine entscheidende Rolle gespielt haben. So könnten für den eigenen Nachwuchs Magister gewählt werden, zu denen man eine gute Beziehung besaß. Dies hätte die personelle Verflechtung untereinander gestärkt (und einige Ratsherrensöhne heirateten später sogar Töchter ihrer universitären Lehrer). Die Wahl des Magisters spielte aber auch für einen eventuellen Abschluss eine Rolle, legte der Kandidat doch die Prüfung bei seinem Magister ab.

Dies galt auch für Grade höherer Fakultäten, so dass über die Wahl des Prüfers ebenso städtisch-universitäre Beziehungen ablesbar sind, nämlich insofern, als dass sich mit der Zeit regelrechte Netzwerke zwischen den Angehörigen ratsfähiger Familien entwickelten, wobei einzelne Universitätsmitglieder Schlüsselpositionen einnahmen. Universitärer Einfluss in Ratskreisen stellte sich also auch dadurch ein, dass verschiedene Ratsmitglieder etwa beim gleichen Magister promoviert hatten und sich so schon zu Studienzeiten vorteilhafte Freundschaften oder Ähnliches hatten entwickeln konnten. Auf diese Weise wurde eine längerfristige Verbundenheit zu bestimmten Universitätsmitgliedern aufgebaut und somit Stadt und Universität wiederum enger miteinander verknüpft.[559]

Ein Beispiel soll zeigen, dass sich solche Promotionsnetzwerke über verschiedene „Generationen“ von Lehrern und Schülern erstrecken konnten (vgl. Abb. 15):[560] So war der Jurist Dr. Leonhard Meseberg [101] Magisterprüfer für Heinrich Scheibe iun. [146], Ludwig Schultz

---

[557] IMMENHAUSER, Bildungswege, 377, wonach „Gelehrsamkeit“ innerhalb der städtischen Obrigkeit eher Ausdruck sozialer Exzellenz jener gelehrten Ratsherren gewesen sei, während andere Ratsleute universitäre Ausbildung als überflüssig für ihre Karriere betrachteten; SCHWINGES, Studenten, 134 f.; WRIEDT, Bürgertum, 518, DERS., Gelehrte, 451 f.

[558] IMMENHAUSER, Bildungswege, 229 hält Vernetzungsmuster, die zwischen Universitätsbesuchern während des Studiums geschaffen werden konnten, sogar für wichtiger als „nur“ landsmannschaftliche Verbindungen; SCHWINGES, Europäische, 136.

[559] Vgl. auch BOOCKMANN, Mentalität, 300, 313–315; DENLEY, 376 f.; GRAMSCH, Erfurter, 136, 175 f., 204 f.; KINTZINGER, Studens, 39 nimmt Gleiches für Mediziner an.

[560] Die genaue Art der Promotion bzw. der Prüfung (also etwa Bakkalar, Magister, bacc. utr. iur. etc.) wurde aus Gründen der Übersicht nicht mit in die Abbildungen übernommen, sie wurden aber im Personenkatalog verzeichnet.

[161] (beide wurden später zudem Juristen) und Basilius Wilde [201]. Scheibe wiederum nahm Laurentius Fohel [50] und Bernhard Thumirnicht [178] das Magisterexamen ab und war zudem an der Juristenfakultät Prüfer für den Syndikus und späteren Bürgermeister Egidius Morch d. Ä. [110] und den ehemaligen Oberstadtschreiber und späteren Syndikus Dr. Johannes Köchel [79].

Es wird also deutlich, dass diese Art von Vernetzung über die Wahl des eigenen Prüfers, d. h. also die Beschaffenheit eines Lehrer-Schüler-Verhältnisses, besonders für die Juristen und deren Ordinarius von Bedeutung sein musste, hatte letzterer doch durch seine traditionell guten Kontakte zum Leipziger Rat die besten Möglichkeiten, Angehörige seiner Fakultät auch im Umkreis der städtischen Obrigkeit unterzubringen. Die zahlenmäßig eher kleine „Oberschicht" der Juristen war untereinander besonders stark vernetzt und half sich mit Sicherheit nicht nur bei Fachproblemen, sondern auch beim Aufstieg in Ratsdienste bzw. -kreise. Über solche Promotionsnetzwerke von Akademikern, etwa der Juristen, von denen ein Teil bereits im Rat saß, konnten höchstwahrscheinlich die Angehörigen dieses Netzwerkes in entsprechende Ratsdienste, etwa als Stadt- oder Schöffenschreiber, vermittelt werden, z.B. im Verhältnis von Lehrer und Schüler oder unter Studienkollegen.

Ein weiteres Beispiel soll die bisherigen Annahmen verdeutlichen (vgl. Abb. 16): So war der Syndikus und spätere Bürgermeister Dr. Ludwig Fachs [46] an der juristischen Fakultät Prüfer für Tilmann Guntherode [62], Wolfgang Krell [84], Andreas Franck [55] und Bonaventura Funcke [59]. Franck war bereits Schöffenschreiber und wurde unter Fachs Ratsherr, Guntherode später sogar hessischer Kanzler, schon vorher unterhielt er anscheinend eine enge Freundschaft zu Bonaventura Funcke (sie hatten zuvor gemeinsam in Ingolstadt studiert). Auch Krell wurde später Ratsherr, hatte zudem eine Schwester seines akademischen Lehrers Modestinus Pistoris [128] geheiratet (wie übrigens auch Tilmann Guntherode mit den Pistoris verschwägert war). Krell und Modestinus Pistoris wiederum waren die akademischen Lehrer des Egidius Morch d .J. [111], dessen Vater der Bürgermeister Egidius Morch d. Ä. [110] war, den wir bereits oben als Schüler des Dr. Heinrich Scheibe [146] erwähnt hatten.

Die Promotionsnetzwerke machten ohne Zweifel einen großen Teil der Verflechtung allein innerhalb der städtischen Oberschicht aus, insofern kann die Universität erneut als ein Ort der elitären Netzwerkbildung mit einem erheblichen Einfluss auf die städtische Obrigkeit gelten.[561]

[561] SCHWINGES, Europäische, 139 f.

5. Zusammenfassung

Ist Universitätsgeschichte auch Stadtgeschichte? So knapp die Frage, so umfassend die Antwort. Und so trivial sich die Frage anhört und sich gleichsam beantworten ließe, muss man doch nach dem Warum fragen. Die Errichtung einer Universität stellte für die städtische Gesellschaft ohne Zweifel einen entscheidenden Schritt dar, im Alltagsleben der Einwohner gleichwie in der rechtlichen Verfassung der Kommune.

Wir haben gesehen, wie anfängliche Fragen um Wohnen, Lebensmittel und Jurisdiktion der Beantwortung und wechselseitigen Ausdifferenzierung der jeweiligen Kompetenzen, Privilegien und rechtlichen Ansprüche bedurften. In einem solchen Prozess der Austarierung der Machtbalance zwischen Stadt und Universität und der Durchsetzung eigener Privilegien, konnten Konflikte nicht ausbleiben, ja man möchte sie fast als funktional bezeichnen, galt es doch, im Sinne des Aristoteles, aus Für und Wider einen Kompromiss zu finden, der beiden Seiten gerecht werden konnte. Dieser Prozess der sich entwickelnden wechselseitigen Akzeptanz war vor allem ein Ergebnis der Verschmelzung von Stadt und Universität auf ihren höchsten Ebenen, von städtischer Obrigkeit und den höheren Fakutltäten der Universität.

Damit war die Hohe Schule aber gleichsam nie ein Fremdkörper in der sie umgebenden städtischen *universitas*, sie durchdrang alle Ebenen des kommunalen Lebens, sei es im Alltag oder in besonderen Situationen, wenn ein Kaufmann juristische Beratung benötigte, wenn man einen Apotheker oder gar einen akademischen Arzt aufsuchen musste, ebenso wenn städtische Repräsentanten jungen Magistern ein Geschenk überreichten. Genauso nahm man die Universität und ihre Mitglieder aber auch in Konfliktsituationen wahr, wenn es Aufläufe und Schlägereien zwischen jugendlichen Studenten und Handwerksgesellen gab oder sich Universitätsangehörige in ihren Privilegien verletzt sahen und dagegen klagten.

Das in der (älteren) Forschung vorherrschende Urteil über das Verhältnis zwischen Stadt und Universität Leipzig im späten Mittelalter ist also dahingehend zu relativieren, dass das Alltagsleben in einer Universitätsstadt sich nicht durch eine unumstößliche Konfliktlinie zwischen der Kommune und der Hohen Schule definierte, sondern sich im Gegenteil die anfangs noch recht scharfen Grenzen immer mehr verwischten. Die Universität wurde zunehmend Teil des städtischen Selbstbildes, ihre Angehörigen Teil des alltäglichen Lebens, ihr Besuch Teil eines „bürgerlichen" Selbstverständnisses, ihre Führungsspitze Teil der städtischen Oberschicht.

Betrachten wir uns noch einmal den in 1.3 skizzierten methodischen Aufbau der Arbeit (vgl. auch Abb. 1), so muss nun auffallen, dass eine pyramidenähnliche Form wohl eher dem städtisch-universitären Verhältnis im spätmittelalterlichen Leipzig entsprochen hätte. Je mehr man die Alltagsprobleme von Artistenfakultät und Einwohnerschaft verlässt und je näher man den „Oberschichten" der beiden hier zu behandelnden *universitates* kommt, desto deutlicher wird die Verzahnung zwischen Stadt und Universität, die an ihrer Spitze zusammenläuft.

Es wurde eingehend dargelegt, wie eng die personalen Verflechtungen zwischen Stadt und Universität im spätmittelalterlichen Leipzig waren, sei es nun durch Promotionsnetzwerke, Verwandtschaftsverhältnisse, durch Inanspruchnahme von universitären Spezialisten oder gegenseitigen Austausch über Geschenke und Dienstleistungen, die beide Seiten eng miteinander verbanden. Durch den Aufstieg von Magistern und Doktoren in den Rat, durch das

Vordringen des „gelehrten Elements“, erhielt der universitäre Teil dieses Verhältnisses prägenden Einfluss auf die städtische Obrigkeit.

Gleichzeitig band die Stadt universitäres Führungspersonal, vor allem Mediziner und Juristen, an sich und machte sich deren fachliche Kompetenz und hohes Sozialprestige zu nutze. Angehörige der universitäre „Oberschicht“ waren zu einem großen Teil auch Angehörige der städtischen Oberschicht und die wechselseitigen, geradezu symbiotischen Beziehungen, die Stadt und Universität auf ihren höchsten Ebenen erreichten, sind ein Teil der Antwort auf die oben gestellte Frage. Gerade dadurch, dass die städtisch-universitäre Führungsspitze auf der individuellen Ebene der Personen miteinander verschmolzen, gelang eine weitgehende Einbindung der zu Beginn neuen, im Laufe der Zeit aber immer vertrauter werdenden Hohen Schule und ihrer Angehörigen in die städtische Kommune.

Deutlich zeigt sich dieser Befund bei Streitschlichtung und Vermittlung in Fragen des Alltagsbedarfs und ganz besonders in Fragen gemeinsamer Jurisdiktion. Die wechselseitige Interdependenz von Stadt und Universität auf dem Gebiet der Rechtssprechung führte zur Schaffung eines klar definierten rechtlichen Handlungsrahmens. Dabei spielten vor allem exponierte Personen aus dem städtisch-universitären Beziehungsgeflecht eine entscheidende Rolle.

Universitätsgeschichte ist also immer auch Stadtgeschichte, schon allein dadurch, dass ein Großteil der von Universitätsangehörigen ausgeübten Handlungen in einem städtischen Kontext stattfand und, je nachdem, ablehnende oder zustimmende Reaktionen hervorrief. Universitätsgeschichte ist aber insofern auch Stadtgeschichte, als universitäres Führungspersonal zu einem hohen Maß Einlass in die städtische Obrigkeit erlangten und dort die Geschicke der Stadt, mithin ihre Geschichte, mitbestimmt haben.

Quellen- und Literaturverzeichnis

Quellen

Ungedruckte Quellen

Stadtarchiv Leipzig (StadAL)

Eistu. Schuldv. Nr. 20: Gunstbrief des Herzogs Georg von Sachsen für die Gebrüder Sebastian, Ulrich und Wilhelm Wilde, 1507.
Eistu. Schuldv. Nr. 39: Schuldverschreibung des Erasmus Wolff, Sohn des Claus Wolff, 1517.
Eistu. Schuldv. Nr. 60: Schuldverschreibung des Peter Wolff, übernommen durch seine Brüder Claus und Heinrich Wolff und Heinrich Scherl, 1532.
Eistu. Schuldv. Nr. 71: Gunstbrief des Herzogs Moritz von Sachsen an die Gebrüder Wolfgang und Blasius Krell, 1549.
Jahreshauptrechnungen der Stadt Leipzig, Bde. 1, 2, 3, 4, 5, 6, 7, 9, 11, 12, 13, 14, 15, 16, 17, 18, 19, 20, 21, 22, 23, 24, 25, 26, 27, 28, 29, 30, 31, 32, 33, 34, 35, 36, 37, 38, 39, 40, 41, 42, 43, 44, 45, 46, 47, 48, 49, 50, 51
(das Rechnungsjahr 1506/07 ist verloren)
Tit. XLII D 5a, fol. 104-193: Leipziger Landsteuerbuch von 1502.
Tit. XLII D 5b, fol. 1-99: Leipziger Landsteuerbuch von 1506.
Tit. XLII D 5c, fol. 1-68: Leipziger Landsteuerbuch von 1499.
Tit. XLII D 5c, fol. 69-154: Leipziger Türkensteuerbuch von 1481.
Tit. XLIIG Nr. 1a: Leipziger Türkensteuerbuch von 1529.

Gedruckte Quellen

Acta Rectorum Universitatis Studii Lipsiensis inde ab anno MDXXIIII usque ad annum MDLVIIII, hrsg. v. Friedrich ZARNCKE, Leipzig 1859.

Album academiae Vitebergensis, Bde. 1-3, hrsg. v. Carl Eduard FÖRSTEMANN, Leipzig 1841–1905.

Allgemeine Studentenmatrikel, in: Acten der Erfurter Universität (Geschichtsquellen der Provinz Sachsen und angrenzender Gebiete VIII, 1–3), 3 Bde., hrsg. v. J. C. H WEISSENBORN, Halle 1881–1899.

Ältere Universitätsmatrikeln I. Universität Frankfurt a. d. Oder 1506–1811 (Publikationen aus den königlich preußischen Staatsarchiven 32, 36, 49), 3 Bde., hrsg. v. E. FRIEDLÄNDER, Leipzig 1887-1891.

Ältere Universitätsmatrikeln II. Universität Greifswald 1456–1645, (Publikationen aus den königlich preußischen Staatsarchiven 52, 57), 2 Bde., Leipzig 1893–1894.

BEIER, K. und A. DOBRITZSCH (Hrsg.), Tausend Jahre deutscher Vergangenheit in Quellen heimatlicher Geschichte, insbesondere Leipzigs und des Leipziger Kreises. Bd. 1, Leipzig 1911.

Die Matrikel der Ludwig-Maximilians-Universität Ingolstadt-Landshut-München Teil I: Ingolstadt, Bd. I, 1472–1600, hrsg. v. G. Frhr. von PÖLNITZ, München 1937.

Die Matrikel der Universität Basel, 1460–1666, 3 Bde.,hrsg. v. H. G. WACKERNAGEL, Basel 1951–1962.

Die Matrikel der Universität Freiburg im Breisgau von 1460–1656, 2 Bde., hrsg. v. H. MAYER, Freiburg 1907–1910.

Die Matrikel der Universität Heidelberg von 1386–1662. 3 Bde., hrsg. v. Gustav TOEPKE, Heidelberg 1884–1893.

Die Matrikel der Universität Köln 1389–1559, 3. Bde., bearb. v. Hermann KEUSSEN (Publikationen der Gesellschaft für Rheinische Geschichtskunde 8), Bonn 1892–1931.

Die Matrikel der Universität Leipzig, hrsg. v. Georg ERLER (Codex Diplomaticus Saxoniae Regiae, Zweiter Haupttheil, XVI.–XVIII. Band), Leipzig 1895–1902.

Die Matrikel der Universität Rostock, 1419–1831, 7 Bde., hrsg. v. Adolf HOFMEISTER, Rostock/Schwerin 1889–1922.

Die Matrikel der Universität Wien, 1377–1558, 3 Bde. u. 3 Registerbde., hrsg. v. Franz GALL u. a., Wien/Graz/Köln 1954–1967.

Die Matrikel des Hochstifts Merseburg 1469 bis 1558, hrsg. v. Georg BUCHWALD, Weimar 1926.

GEFFCKEN, Heinrich und Chaim TYKORINSKI, Stiftungbuch der Stadt Leipzig. Im Auftrage des Rates. Auf Grund der Urkunden und Akten des Ratsarchivs, Leipzig 1905.

KNOD, Gustav C. (Bearb.), Deutsche Studenten in Bologna (1289–1562). Biographischer Index zu den Acta nationis Germanicae universitatis Bononiensis, Berlin 1899.

MÜLLER, Ernst, Leipziger Neubürgerliste 1471–1501 (Quellen und Forschungen zur sächsischen Geschichte), Dresden 1969.

MÜLLER, Ernst, Leipziger Neubürgerliste 1502–1556, 2 Teilbände, bearb. v. Annelore Franke, Leipzig 1981.

MÜLLER, Ernst, Häuserbuch zum Nienborgschen Atlas (Quellen und Forschungen zur sächsischen Geschichte 11), Berlin 1997.

Repertorium Germanicum (RepGer). Verzeichnis der in den päpstlichen Registern und Kameralakten vorkommenden Personen, Kirchen und Orte des Deutschen Reiches, seiner Diözesen und Territorien von Beginn des Schismas bis zur Reformation:

Bd. III: Alexander V., Johann XXIII., Konstanzer Konzil (1409–1417), bearb. von Ulrich KÜHNE, Berlin 1935. (Nachdruck Hildesheim 1991).

Bd. IV: Martin V. (1417–1431), Teil 1–3 bearb. von Karl August FINK, Berlin 1943-1958. (Nachdruck Hildesheim 2000), Teil 4: Personenregister, bearb. von Sabine WEISS, Tübingen 1979.

Bd. V: Eugen IV. (1431–1447), Teil 1: Text, bearb. von Hermann DIENER und Brigide SCHWARZ, Teil 2: Indices, bearb. von Christoph SCHÖNER, Tübingen 2004.

Bd. VI: Nikolaus V. (1447–1455), Teil 1: Text, bearb. von Josef Friedrich ABERT und Walter DEETERS, Tübingen 1985, Teil 2: Indices, bearb. von Michael REIMANN, Tübingen 1989.

Bd. VII: Calixt III. (1455–1458), bearb. von Ernst PITZ, Tübingen 1989.

Bd. VIII: Pius II. (1458–1464), Teil 1: Text, bearb. von Dieter BROSIUS und Ulrich SCHESCHKEWITZ, Teil 2: Indices, bearb. von Karl BORCHARDT, Tübingen 1993.

Bd. IX: Paul II. (1464–1471), bearb. von Hubert HÖING, Heiko LEERHOFF und Michael REIMANN, Tübingen 2000.

Repertorium Poenitentiariae Germanicum (RPG). Verzeichnis der in den Supplikenregistern der Pönitentiarie vorkommenden Personen, Kirchen und Orte des Deutschen Reiches, hrsg. vom Deutschen Historischen Institut in Rom:

Bd. I: Verzeichnis der in den Supplikationsregistern der Pönitentiarie Eugens IV. vorkommenden Personen, Kirchen und Orte des Deutschen Reichs. 1431–1447, bearb. von Ludwig SCHMUGGE, Paolo OSTINELLI und Hans BRAUN, Tübingen 1998.

Bd. II: Verzeichnis der in den Supllikenregistern der Pönitentiarie Nikolaus' V. vorkommenden Personen, Kirchen und Orte des Deutschen Reiches. 1447–1455, bearb. v. Ludwig SCHMUGGE, Krystyna BUKOWSKA und Alessandra MOSCIATTI, Tübingen 1999.

Bd. III: Verzeichnis der in den Supplikenregistern der Pönitentiarie Calixts III. vorkommenden Personen, Kirchen und Orte des Deutschen Reiches 1455–1458, bearb. v. Ludwig SCHMUGGE und Wolfgang MÜLLER, Tübingen 2001.

Bd. IV: Verzeichnis der in den Supplikenregistern der Pönitentiarie Pius' II. vorkommenden Personen, Kirchen und Orte des Deutschen Reiches 1458–1464, bearb. v. Ludwig SCHMUGGE mit Patrick HERSPERGER und Béatrice WIGGENHAUSER, Tübingen 1996.

Bd. V: Verzeichnis der in den Supplikenregistern der Pönitentiarie Pauls II. vorkommenden Personen, Kirchen und Orte des Deutschen Reiches. 1464–1471, bearb. v. Ludwig SCHMUGGE, Peter CLARKE, Alessandra MOSCIATTI und Wolfgang MÜLLER, Tübingen 2002.

STEINFÜHRER, Henning, Die Leipziger Ratsbücher 1466–1500. Forschung und Edition, 2 Bde. (Quellen und Materialien zur Geschichte der Stadt Leipzig 1), Leipzig 2003.

STEINFÜHRER, Henning, Der Leipziger Rat im Mittelalter. Die Ratsherren, Bürgermeister und Stadtrichter 1270–1539 (Bausteine aus dem Institut für Sächsische Geschichte und Volkskunde 3), Dresden 2005.

Urkundenbuch der Stadt Leipzig, Bd. 1 und 2, hrsg. v. K. Fr. v. POSERN-KLETT (Codex Diplomaticus Saxoniae Regiae, Zweiter Haupttheil, VIII.-IX. Band), Leipzig 1868–1870, Bd. 3, hrsg. v. Jospeh FÖRSTEMANN (Codex Diplomaticus Saxoniae Regiae, Zweiter Hauptttheil, X. Band), Leipzig 1894.

Urkundenbuch der Universität Leipzig von 1409 bis 1555, hrsg. v. Bruno STÜBEL (Codex Diplomaticus Saxoniae Regiae, Zweiter Haupttheil, XI. Band), Leipzig 1879.

WUSTMANN, Gustav, Quellen zur Geschichte Leipzigs. Veröffentlichungen aus dem Archiv und der Bibliothek der Stadt Leipzig, 2 Bde., Leipzig 1889 und 1895.

ZARNCKE, Friedrich, Die Statutenbücher der Universität Leipzig aus den ersten 150 Jahren ihres Bestehens, Leipzig 1861.

ZARNCKE, Friedrich, Die urkundlichen Quellen zur Geschichte der Universität Leipzig in den ersten 150 Jahren ihres Bestehens, in: Abhandlungen der Philologisch-Historischen Classe der Königlich Sächsischen Gesellschaft der Wissenschaften 2 (1857), 509–925.

Literatur

AUFGEBAUER, Peter, Die ersten wettinischen Kurfürsten von Sachsen und ihr „Kammerknecht“ Abraham von Leipzig (ca. 1390–ca. 1450), in: Blätter für deutsche Landesgeschichte 116 (1980), 121–138

AXELROD, Robert, Die Evolution der Kooperation, München 2005.

BEYER, Michael, Auseinandersetzungen Luthers mit der Leipziger Universität und ihrer Theologischen Fakultät zu Beginn der Reformation, in: Die Theologische Fakultät der Universität Leipzig. Personen, Profile und Perspektiven aus sechs Jahrhunderten Fakultätsgeschichte, hrsg. von Andreas Gößner (Beiträge zur Leipziger Universitäts- und Wissenschaftsgeschichte Reihe A, Bd. 2), Leipzig 2005, 49–61.

BLASCHKE, Karlheinz, Studien zur Frühgeschichte des Städtewesens, in: Festschrift für Walter Schlesinger. Bd.1, hrsg. v. Helmut Beumann (Mitteldeutsche Forschungen 74/1), Köln/Wien 1973, 333–381.

BLASCHKE, Karlheinz, Geschichte Sachsens im Mittelalter, Berlin 1990.

BLECHER, Jens, Die Siegel der Universität Leipzig. Bedeutung, Symbolik und Siegelführung vom 15. bis zum 20. Jahrhundert, in: Archivalische Zeitschrift 89 (2007), 369–405.

BOOCKMANN, Hartmut, Zur Mentalität spätmittelalterlicher gelehrter Räte, in: Historische Zeitschrift 233 (1981), 295–316, wieder abgedruckt in: Hartmut BOOCKMANN, Wege ins Mittelalter. Historische Aufsätze, hrsg. v. Dieter Neitzert, Uwe Israel und Ernst Schubert, München 2000, 1–16.

BOOCKMANN, Hartmut, Gelehrte Juristen im spätmittelalterlichen Nürnberg, in: Recht und Verfassung im Übergang vom Mittelalter zur Neuzeit. Tl. 1. Bericht über Kolloquien der Kommission zur Erforschung der Kultur des Spätmittelalters 1994 bis 1995, hrsg. v. Dems. u. a., Göttingen 1998, 199–214.

BOOCKMANN, Hartmut, Die Lebenswelt eines spätmittelalterlichen Juristen. Das Testament des *doctor legum* Johannes Seeburg, in: Hartmut Boockmann, Wege ins Mittelalter. Historische Aufsätze, hrsg. v. Dieter Neitzert, Uwe Israel und Ernst Schubert, München 2000, 168–185.

BORST, Arno, Geschichte an mittelalterlichen Universitäten (Konstanzer Universitätsreden 17), Konstanz 1969.

BRANDT-RISI, Bettina, Art.: „Tanz“ in Enzyklopädie des Mittelalters I, hrsg. v. Gert Melville und Martial Staub, Darmstadt 2008, 286 f.

BRUCHMÜLLER, Wilhelm, Der Leipziger Student. 1409–1909, Leipzig 1909.

BRUNHÖLZL, Franz, Art.: „Plautus im Mittelalter“, in: Lexikon des Mittealters, Bd. 7: Planudes bis Stadt (Rus'), München 1995, Sp. 16 f.

BÜNZ, Enno, „Cristianus de Ditmercia“. Ein Dithmarscher an der spätmittelalterlichen Universität Leipzig, in: Stadtgeschichte. Mitteilungen des Leipziger Geschichtsvereins 2002, Nr. 2, 4–21.

BÜNZ, Enno, Die Leipziger Ratskapelle im späten Mittelalter, in: Stadtgeschichte. Mitteilungen des Leipziger Geschichtsvereins 2007, 17–61.

Bünz, Enno, Kloster Altzelle und das Bernhardskolleg in Leipzig, in: Die Zisterzienser und ihre Bibliotheken: Buchbesitz und Schriftgebrauch des Klosters Altzelle im europäischen Vergleich, hrsg. v. Tom Graber und Martina Schattkowsky (Schriften zur sächsischen GEschichte und Volkskunde 28), Leipzig 2008, 247–290.

BÜNZ, Enno, Gründung und Entfaltung. Die spätmittelalterliche Universität Leipzig 1409–1539, in: Geschichte der Universität Leipzig 1409–2009, Bd.1: Spätes Mittelalter und Frühe Neuzeit 1409–1830/31, Leipzig 2009, 21–325.

CLASSEN, Peter, Studium und Gesellschaft im Mittelalter, hrsg. v. Johannes Fried (Schriften der Monumenta Germaniae Historica 29), Stuttgart 1983.

COTTIN, Markus, Leipzig im Mittelalter. Stand der Forschung, in: 1000 Jahre Leipzig, Forschungsstand zur Stadtgeschichte im Vorfeld des Jubiläums der Ersterwähnung 1015 (Leipziger Hefte 17), Beucha 2009, 6–35.

CZOK, Karl, Leipzig und seine Universität im Wandel der Jahrhunderte, in: Leipzig. Aus Vergangenheit und Gegenwart. Beiträge zur Stadtgeschichte 3 (1984), 55–75.

DAHRENDORF, Ralf, Homo Sociologicus. Ein Versuch zur Geschichte, Bedeutung und Kritik der Kategorie der sozialen Rolle, Wiesbaden [16]2006.

DENLEY, Peter, Communities within communities: Student Identity and student groups in late medival italian universities, in: Studenti, università, città nella storia Padovana. Atti de convegno Padova 6–8 febbraio 1998, hrsg. v. Francesco Piovan und Luciana Sitran Rea, Triest 2001, 723–753.

DIETRICH, Richard, Das Städtewesen Sachsens an der Wende vom Mittelalter zur Neuzeit, in: Die Stadt an der Schwelle zur Neuzeit, hrsg. v. Wilhelm Rausch (Beiträge zur Geschichte der Städte Mitteleuropas 4), Linz 1980, 193–226.

DOTZAUER, Winfried, Deutsches Studium und deutsche Studenten an europäischen Hochschulen (Frankreich, Italien) und die nachfolgende Tätigkeit in Stadt, Kirche und Territorium in Deutschland, in: Stadt und Universität im Mittelalter und in der frühen Neuzeit, hrsg. v. Erich Maschke und Jürgen Sydow, 112–141.

ERIKSSON, Magnus und Barbara KRUG-RICHTER, Streitkulturen – Eine Einführung, in: Streitkulturen. Gewalt, Konflikt und Kommunikation in der ländlichen Gesellschaft (16.–19. Jahrhundert), hrsg. v. dens. (Potsdamer Studien zur Geschichte der ländlichen Gesellschaft 2), Köln/Weimar/Wien 2003, 1–16.

ERLER, Georg, Leipziger Magisterschmäuse im 16., 17. und 18. Jahrhundert, Leipzig 1905.

ERMISCH, Hubert, Die sächsischen Stadtbücher des Mittelalters, in: Neues Archiv für sächsische Geschichte und Altertumskunde 10 (1889), 83–143 und 177–215.

ESCH, Arnold, Überlieferungs-Chance und Überlieferungs-Zufall als methodisches Problem des Historikers, in: Historische Zeitschrift 240 (1985), S. 529–570, wieder abgedruckt in: ders., Zeitalter und Menschenalter. Der Historiker und die Erfahrung vergangener Gegenwart, München 1994, 39–69.

ESCH, Arnold, Die Anfänge der Universität im Mittelalter, in: Berner Rektoratsreden, Bern 1985, wieder abgedruckt in: ders., Zeitalter und Menschenalter. Der Historiker und die Erfahrung vergangener Gegenwart, München 1994, 94–114.

EULER, Friedrich Wilhelm, Entstehung und Entwicklung deutscher Gelehrtengeschlechter, in: Universität und Gelehrtenstand. 1400–1800. Büdinger Vorträge 1966, hrsg. v. Hellmuth Rössler und Günther Franz (Deutsche Führungsschichten in der Neuzeit 4), Limburg 1970, 184–232.

FERRUOLO, Stephen C., Parisius-Paradisus: The City, Its Schools, and the Origins of the Univeristy of Paris, in: The University and the City. From Medieval Origins to the Present, hrsg. v. Thomas Bender, New York/Oxford 1988, 22–43.

FRANKE, Erich, Die Universitätsgebäude von 1409 bis zum 17. Jahrhundert, in: Leipziger Universitätsbauten. Die Neubauten der Karl-Marx-Universität seit 1945 und die Geschichte der Universitätsgebäude, hrsg. v. Heinz Füßler, Leipzig 1961, 121–166.

FRIEDBERG, Emil, Die Leipziger Juristenfakultät. Ihre Doktoren und ihr Heim, Leipzig 1909.

FUHRMANN, Bernd, Art.: „Städtische Wohnkultur", in: Enzyklopädie des Mittelalters II, hrsg. v. Martial Staub und Gert Melville, Darmstadt 2008, 272–274.

GABORIT, Michelle, Remarques à propos du costume des matres de l'université et de sa signification du milieu du XIVe au début du XVe siècle, in: L'université et la ville au Moyen Age et d'autres questions du passé universitaire, hrsg. v. Wyrozumski, Jerzy (Publications du Centre International de la Culture, serie: science, N° 2), Krakau 1993, 33–52.

GIEYSZTOR, Aleksander, Organisation und Ausstattung, in: Geschichte der Universität in Europa, Bd. 1: Mittelalter, hrsg. v. Walter Rüegg, München 1993, 109–138.

GILLI, Patrick, Universités et cités italiennes à l'époque des états territoriaux (XIVe–XVe siècle), in: De Bologne à Bologna. L'Université et la Cité du moyen âge à aujourd'hui, hrsg. v. Jean-Pierre Nandrin (Centre de Recherches en histoire du droit et des institutions 25), Brüssel 2006, 1–20.

GÖßNER, Andreas, Die Studenten an der Universität Wittenberg. Studien zur Kulturgeschichte des studentischen Alltags und zum Stipendienwesen in der zweiten Hälfte des 16. Jahrhunderts (Arbeiten zur Kirchen- und Theologiegeschichte 9), Leipzig 2003.

GRAMSCH, Robert, Erfurter Juristen im Spätmittelalter. Die Karrieremuster und Tätigkeitsfelder einer gelehrten Elite des 14. und 15. Jahrhunderts (Education and Society in the Middle Ages and Renaissance 17), Leiden/Boston 2003.

GRAMSCH, Robert, Universität, städtische Politik und städtische Führungsgruppen in Erfurt, 1379/92–1509, in: Les universités et la ville au Moyen Âge. Cohabitation et tension, hrsg. v. Patrick Gilli, Jacques Verger und Daniel Le Blévec (Education and Society in the Middle Ages and Renaissance 30), Leiden/Boston 2007, 145–162.

GREIF, Avner, Institutions and the Path to the Modern Economy. Lessons from Medieval Trade, Cambridge 2006.

GROEBNER, Valentin, Flüssige Gaben und die Hände der Stadt. Städtische Geschenke, städtische Korruption und politische Sprache am Vorabend der Reformation, in: Bilder, Texte, Rituale. Wirklichkeitsbezug und Wirklichkeitskonstruktion politisch-rechtlicher Kommunikationsmedien in Stadt- und Adelsgesellschaften des späten Mittelalters, hrsg. v. Klaus Schreiner und Grabiela Signori (Zeitschrift für Historische Forschung, Beiheft 24), Berlin 2000, 17–34.

GROEBNER, Valentin, Gefährliche Geschenke. Ritual, Politik und die Sprache der Korruption in der Eidgenossenschaft im späten Mittelalter und am Beginn der Neuzeit (Konflikte und Kultur – Historische Perspektiven 4), Konstanz 2000.

GRUBMÜLLER, Klaus, Der Lehrgang des Triviums und die Rolle der Volkssprache im späten Mittelalter, in: Studien zum städtischen Bildungswesen des späten Mittelalters und der frühen Neuzeit. Bericht über Kolloquien der Kommission zur Erforschung der Kultur des Spätmittelalters 1978 bis 1981, hrsg. v. Bernd Moeller, Hans Patze und Karl Stackmann (Abhandlungen der Akademie der Wissenschaften in Göttingen, Philologisch-Historische Klasse, Dritte Folge, 137), Göttingen 1983, 371–397.

HELBIG, Herbert, Der wettinische Ständestaat. Untersuchungen zur Geschichte des Ständewesens und der landständischen Verfassung in Mitteldeutschland bis 1485 (Mitteldeutsche Forschungen 4), Münster/Köln 1955.

HELBIG, Herbert, Universität Leipzig (Mitteldeutsche Hochschulen 2), Frankfurt/Main 1961.

HESSE, Christian, Die Universität Erfurt und die Verwaltung der Landgrafschaft Hessen im Spätmittelalter, in: Personen der Geschichte. Geschichte der Personen. Studien zur Kreuzzugs-, Sozial- und Bildungsgeschichte. Festschrift für Rainer Christoph Schwinges zum 60. Geburtstag, hrsg. v. Christian Hesse u. a., Basel 2003, 269–284.

HESSE, Christian, Amtsträger der Fürsten im spätmittelalterlichen Reich. Die Funktionseliten der lokalen Verwaltung in Bayern-Landshut, Hessen, Sachsen und Württemberg 1350–1515 (Schriftenreihe der Historischen Kommission bei der Bayerischen Akademie der Wissenschaften 70), Göttingen 2005.

HEUSINGER, Sabine von, „Cruzgang" und „umblauf" – Symbolische Kommunikation im Stadtraum am Beispiel von Prozessionen, in: Kommunikation in mittelalterlichen Städten, hrsg. v. Jörg Oberste (Forum Mittelalter 3), Regensburg 2007, 141–155.

HOFMEISTER, Adolf, Rostocker Studentenleben vom 15. bis ins 19. Jahrhundert, in: Archiv für Kulturgeschichte 4 (1906), 1–50, 171–196, 310–348.

HOYER, Siegfried, Die Gründung der Leipziger Universität und Probleme ihrer Frühgeschichte, in: Karl-Marx-Universität 1409–1959, hrsg. v. Ernst Engelbert, Leipzig 1959, 1–33.

HOYER, Siegfried, Die Gründung einer Universität in Leipzig 1409, in: Leipzig. Aus Vergangenheit und Gegenwart. Beiträge zur Stadtgeschichte 3 (1984), 77–93.

HOYER, Siegfried, Die scholastische Universität bis 1480, in: Alma Mater Lipsiensis. Geschichte der Karl-Marx-Universität, hrsg. v. Lothar Rathmann, Leipzig 1984, 9–32.

HOYER, Siegfried, Stadt und Universität Leipzig im 15. Jahrhundert, in: Jahrbuch für Regionalgeschichte 14 (1987), 160–172.

HOYER, Siegfried, Wirtschaft und Gesellschaft in der mittelalterlichen Stadt (1307–1485), in: Neues Leipzigisches Geschicht-Buch, hrsg. v. Klaus Sohl, Leipzig 1990, 54–71.

HOYER, Siegfried, Der Alltag an einer Universität des 15. Jahrhunderts. Magister und Scholaren der Alma Mater Lipsiensis, in: Mentalität und Gesellschaft im Mittelalter. Gedenkschrift für Ernst Werner, hrsg. v. Sabine Tanz (Beiträge zur Mentalitätsgeschichte 2), Frankfurt am Main 1993, 237–260.

HOYER, Siegfried, Die Gerichtsbarkeit der Universität Leipzig bis zum Ende des 15. Jahrhunderts, in: Rechtsbücher und Rechtsordnungen in Mittelalter und früher Neuzeit (Sächsische Justizgeschichte 9), Dresden 1999, 122–142.

HYDE, J.K. Universities and Cities in Medieval Italy, in: The University and the City. From Medieval Origins to the Present, hrsg. v. Thomas Bender, New York/Oxford 1988, 13–21.

IMMENHAUSER, Beat, Universitätsbesuch zur Reformationszeit. Überlegungen zum Rückgang der Immatrikulationen nach 1521, in: Jahrbuch für Universitätsgeschichte 6 (2003), 69–88.

IMMENHAUSER, Beat, St. Gallen und der Universitätsbesuch um 1500, in: Personen der Geschichte. Geschichte der Personen. Studien zur Kreuzzugs-, Sozial- und Bildungsgeschichte. Festschrift für Rainer Christoph Schwinges zum 60. Geburtstag, hrsg. v. Christian Hesse u. a., Basel 2003, 285–302.

IMMENHAUSER, Beat, Bildungswege – Lebenswege. Universitätsbesucher aus dem Bistum Konstanz im 15. und 16. Jahrhundert (Veröffentlichungen der Gesellschaft für Universitäts- und Wissenschaftsgeschichte 8), Basel 2007.

ISENMANN, Eberhard, Bürgerrecht und Bürgeraufnahme in der spätmittelalterlichen und frühneuzeitlichen Stadt, in: Neubürger im späten Mittelalter. Migration und Austausch in der Städtelandschaft des alten Reiches (1250–1550), hrsg. v. Rainer Christoph Schwinges (Zeitschrift für Historische Forschung Beiheft 30), Berlin 2002, 203–249.

ISENMANN, Eberhard, Die deutsche Stadt im Spätmittelalter 1250–1500. Stadtgestalt, Recht, Stadtregiment, Kirche, Gesellschaft, Wirtschaft, Stuttgart 1988.

ISENMANN, Eberhard, Gesetzgebung und Gesetzgebungsrecht spätmittelalterlicher deutscher Städte, in: Zeitschrift für Historische Forschung 28 (2001), 1–94 und 161–261.

JUNG, Vera, Körperlust und Disziplin. Studien zur Fest- und Tanzkultur im 16. und 17. Jahrhundert, Köln/Weimar/Wien 2001.

KALB, Herbert, Art.: „Stadtrechte", in: Enzyklopädie des Mittelalters, Bd. 1, hrsg. v. Martial Staub und Gert Melville, Darmstadt 2008, 241–245.

KAUFMANN, Georg, Geschichte der deutschen Universitäten. 2 Bde., Graz 1888–1896.

KECK, Wolfgang, Die Herkunft der Leipziger Studenten von 1409 bis 1430, Phil. Diss. Leipzig 1935.

KINTZINGER, Martin, Studens Artium, Rector Parochie und Magister Scolarium im Reich des 15. Jahrhunderts. Studium und Versorgung der Artisten zwischen Kirche und Gesellschaft, in: Zeitschrift für Historische Forschung 26 (1999), 1–41.

KINTZINGER, Martin, Status Medicorum. Mediziner in der städtischen Gesellschaft des 14. bis 16. Jahrhunderts, in: Städtisches Gesundheits- und Fürsorgewesen vor 1800, hrsg. v. Peter Johanek (Städteforschung A/50), Köln u. a. 2000, 63–91.

KINTZINGER, Martin, Art.: „Trivium", in: Enzyklopädie des Mittelalters, Bd. 1, hrsg. v. Martial Staub und Gert Melville, Darmstadt 2008, 374–376.

KINTZINGER, Martin, Art.: „Quadrivium", in Enzyklopädie des Mittelalters, Bd. 1, hrsg. v. Martial Staub und Gert Melville, Darmstadt 2008, 382–384.

KINTZINGER, Martin, Art. „Vorlesung, Disputation", in: Enzyklopädie des Mittelalters, Bd. 1, hrsg. v. Martial Staub und Gert Melville, Darmstadt 2008, 427 f.

KOLLER, Heinrich, Stadt und Universität im Spätmittelalter, in: Stadt und Universität im Mittelalter und in der frühen Neuzeit, hrsg. v. Erich Maschke und Jürgen Sydow (Stadt in der Geschichte 3), Sigmaringen 1977, 9–26.

KRAMM, Heinrich, Streiflichter auf die Oberschichten der mitteldeutschen Städte im Übergang vom Mittelalter zur Neuzeit. Zur Frage des Patriziats, in: Deutsches Patriziat 1430–1740, hrsg. v. Hellmuth Rössler (Schriften zur Problematik der deutschen Führungsschichten in der Neuzeit 3), Limburg 1968, 125–156.

KRAMM, Heinrich, Studien über die Oberschichten der mitteldeutschen Städte im 16. Jahrhundert. Sachsen – Thüringen – Anhalt, Bd.1 (Mitteldeutsche Forschungen 87/1), Köln/Wien 1981.

KREUDER, Friedemann, Art. „Theater", in: Enzyklopädie des Mittelalters, Bd. 1, hrsg. v. Martial Staub und Gert Melville, Darmstadt 2008, 284–286.

KUSCHE, Beate, Stiftungen für das eigene Seelenheil und zum Nutzen des Kollegs – Anniversarstiftungen Leipziger Universitätsprofessoren aus der Zeit der Vorreformation, in: Universitätsgeschichte als Landesgeschichte. Die Universität Leipzig in ihren territorialgeschichtlichen Bezügen, hrsg. v. Detlef Döring (Beiträge zur Leipziger Universitäts- und Wissenschaftsgeschichte, Reihe A, Bd. 4), 313–336.

KUSCHE, Beate, "Ego collegiatus" – die Magisterkollegien an der Universität Leipzig von 1409 bis zur Einfühung der Reformation 1539. Eine struktur- und personengeschichtliche Untersuchung (Beiträge zur Leipziger Universitäts- und Wissenschaftsgeschichte Reihe A, Bd. 6), Leipzig 2009.

LAUTERBACH, Werner und Dieter LÖWE, Braunahrung gehörte zur Stadtnahrung. Das Brauwesen Freibergs im 14. und 15. Jahrhundert, in: Acht Jahrhunderte Bier in Freiberg. Teil 1: Von den Anfängen bis in das 15. Jahrhundert (Mitteilungen des Freiberger Altertumsvereins 79 (1997)), 79–114.

Leipzigs Messen 1497–1997, Bd. 1, hrsg. v. Hartmut ZWAHR, Thomas TOPFSTEDT und Günter BENTELE (Geschichte und Politik in Sachsen 9/1), Köln/Weimar/Wien 1999.

LINDENAU, Katja, Brauen und herrschen. Die Görlitzer Braubürger als städtische Elite in Spätmittelalter und Früher Neuzeit (Schriften zur Sächsischen Geschichte und Volkskunde 22), Leipzig 2007.

LÖFFLER, Katrin, Privatstipendien für leipziger Studenten im 18. Jahrhundert, in: Universitätsgeschichte als Landesgeschichte. Die Universität Leipzig in ihren territorialgeschichtlichen Bezügen, hrsg. v. Detlef Döring (Beiträge zur Leipziger Universitäts- und Wissenschaftsgeschichte, Reihe A, Bd. 4), Leipzig 2008, 349–372.

LORENZ, Sönke, Libri ordinarie legendi. Eine Skizze zum Lehrplan der mitteleuropäischen Artistenfakultät um die Wende vom 14. zum 15. Jahrhundert, in: Argumente und Zeugnisse, hrsg. von Wilhelm Hogrebe (Studia Philosophica et Historica 5), Frankfurt am Main u. a. 1985, 204–258.

LÖTHER, Andrea, Städtische Prozessionen zwischen repräsentativer Öffentlichkeit, Teilhabe und Publikum, in: Das Öffentliche und Private in der Vormoderne, hrsg. v. Gert Melville und Peter von Moos (Norm und Struktur 10), Köln/Weimar/Wien 1998, 435–450.

MASCHKE, Erich, Deutsche Städte am Ausgang des Mittelalters, in: Die Stadt am Ausgang des Mittelalters, hrsg. v. Wilhelm Rausch (Beiträge zur Geschichte der Städte Mitteleuropas 3), Linz 1974, 1–44.

MATHEUS, Michael, Das Verhältnis der Stadt Trier zur Universität in der zweiten Hälfte des 15. Jahrhunderts, in: Kurtrierisches Jahrbuch 20 (1980), 60–139.

MICHALEWICZ, Jerzy, les fondements économiques de l'université de Cracovie au XVe siècle, in: L'université et la ville au Moyen Age et d'autres questions du passé universitaire, hrsg. v. Jerzy Wyrozumski (Publications du Centre International de la Culture, serie: science, N° 2), Krakau 1993, 131–145.

MIETHKE, Jürgen, Die Studenten, in: Unterwegssein im Spätmittelalter, hrsg. v. Peter Moraw (Zeitschrift für Historische Forschung, Beiheft 1), Berlin 1985, 49–70.

MIETHKE, Jürgen, Universitas und Studium. Zu den Verfassungsstrukturen mittelalterlicher Universitäten, in: Aevum 78 (1999), 493–511.

MIETHKE, Jürgen, Nichtjuristische Karrieren von Universitätsbesuchern, in: Les universités et la ville au Moyen Âge. Cohabitation et tension, hrsg. v. Patrick Gilli, Jacques Verger und Daniel Le Blévec (Education and Society in the Middle Ages and Renaissance 30), Leiden/Boston 2007, 341–355.

MORAW, Peter, Zur Sozialgeschichte der deutschen Universität im späten Mittelalter, in: Giessener Universitätsblätter 8 (1975), 44–60.

MORAW, Peter, Aspekte und Dimensionen älterer deutscher Universitätsgeschichte, in: Ders., Gesammelte Beiträge zur Deutschen und Europäischen Universitätsgeschichte. Strukturen - Personen - Entwicklungen, (Education and Society in the Middle Ages and Renaissance, Vol. 31), Leiden, Boston 2008, 3–54.

MORAW, Peter, Heidelberg: Universität, Hof und Stadt im ausgehenden Mittelalter, in: Studien zum städtischen Bildungswesen des späten Mittelalters und der frühen Neuzeit, hrsg. v. Bernd Moeller u. a. (Abhandlungen der Akademie der Wissenschaften in Göttingen. Philologisch-Historische Klasse, Dritte Folge 137), Göttingen 1983, 524–552.

MORAW, Peter, Von offener Verfassung zu gestalteter Verdichtung. Das Reich im späten Mittelalter 1250 bis 1490 (Propyläen Geschichte Deutschlands Bd. 3), Frankfurt am Main/Berlin 1985.

MORAW, Peter, Der Lebensweg der Studenten, in: Geschichte der Universität in Europa, Bd. 1: Mittelalter, hrsg. v. Walter Rüegg, München 1993, 225–254.

MORAW, Peter, Prag. Die älteste Universität in Mitteleuropa, in: Stätten des Geistes. Große Universitäten Europas von der Antike bis zur Gegenwart, hrsg. v. Alexander Demandt, Köln u. a. 1999, 127–146.

MORAW, Peter, Deutsche und europäische Gelehrte im lateinischen Mittelalter. Ein Entwurf, in: Personen der Geschichte. Geschichte der Personen. Studien zur Kreuzzugs-, Sozial- und Bildungsgeschichte. Festschrift für Rainer Christoph Schwinges zum 60. Geburtstag, hrsg. v. Christian Hesse u. a., Basel 2003, 239–254.

MÜLLER, Ernst, Weinschank und Weinhandel im alten Leipzig, in: Sächsische Heimatblätter 15 (1969), 7–15.

MÜLLER, Rainer A., Universität und Adel. Eine soziostrukturelle Studie zur Geschichte der bayrischen Landesuniversität Ingolstadt 1472–1648, Berlin 1974.

MÜLLER, Rainer A., Geschichte der Universität. Von der mittelalterlichen Universitas zur deutschen Hochschule, München 1990.

MÜLLER, Rainer A., Art.: „Stadtschulen“, in: Enzyklopädie des Mittelalters, Bd. 1, hrsg. v. Martial Staub und Gert Melville, Darmstadt 2008, 420 f.

OZOG, Krzysztof, L'université en tant que moyen de la promotion sociale pour les gens d'origine bourgeoise en europe centrale vers la fin du Moyen Age, in: L'université et la ville au Moyen Age et d'autres questions du passé universitaire, hrsg. v. Jerzy Wyrozumski (Publications du Centre International de la Culture, serie: science, N° 2), Krakau 1993, 77–97.

PAULSEN, Friedrich, Die Gründung der deutschen Universitäten im Mittelalter, in: Historische Zeitschrift 45 (1881), 251–311.

PAULSEN, Friedrich, Organisation und Lebensordnung der deutschen Universitäten im Mittelalter, in: Historische Zeitschrift 45 (1881), 385–440.

PETERSOHN, Jürgen, Personenforschung im Spätmittelalter. Zu Forschungsgeschichte und Methode, in: Zeitschrift für Historische Forschung 2 (1975), 1–5.

POHL, Anja, Studentische Lebensführung im 18. Jahrhundert. Erkenntnisse aus Nachlaßakten verstorbener Studenten, in: Universitätsgeschichte als Landesgeschichte. Die Universität Leipzig in ihren territorialgeschichtlichen Bezügen, hrsg. v. Detlef Döring (Beiträge zur Leipziger Universitäts- und Wissenschaftsgeschichte, Reihe A, Bd. 4), Leipzig 2008, 205–237.

Die Professoren und Dozenten der Theologischen Fakultät der Universität Leipzig von 1409 bis 2009, hrsg. v. Markus HEIN und Helmar JUNGHANS (Beiträge zur Leipziger Universitäts- und Wissenschaftsgeschichte Reihe A, Band 8), Leipzig 2009.

RACHEL, Walther, Verwaltungsorganisation und Ämterwesen der Stadt Leipzig bis 1627, in: Leipziger Studien aus dem Gebiet der Geschichte, hrsg. v G. Buchholz, K. Lamprecht, E. Marcks und G. Seeliger, VIII Bd., 4. Heft (1902), Leipzig, 1–225.

RASHDALL, Hastings, The Universities of Europe n the Middle Ages, ed. by F. M. Powicke and A. B. Emden, Vol. I–III, Oxford 1936.

RATAJSZCZAK, Theresa, Landesherrliche Bildungspolitik und bürgerliches Mäzenatentum. Das Stipendienwesen an der Universiät Leipzig 1539–1580 (Beiträge zur Leipziger Universitäts- und Wissenschaftsgeschichte Reihe B, Bd. 14), Leipzig 2009

REXROTH, Frank, Städtisches Bürgertum und Landesherrliche Universitätsstiftung in Wien und Freiburg, in: Stadt und Universität, hrsg. v. Heinz Duchhardt (Städteforschung 33), Köln/Weimar/Wien 1993, 13–31.

RUDOLPH, Susanne, Die Akademische Gerichtsbarkeit der Universität Leipzig, Strafverfahren des 18. Jahrhunderts, in: Universitätsgeschichte als Landesgeschichte. Die Universität Leipzig in ihren territorialgeschichtlichen Bezügen, hrsg. v. Detlef Döring (Beiträge zur Leipziger Universitäts- und Wissenschaftsgeschichte, Reihe A, Bd. 4), Leipzig 2008, 187–203.

RÜEGG, Walter, Themen, Probleme, Erkenntnisse, in: Geschichte der Universität in Europa, Bd. 1: Mittelalter, hrsg. v. Walter Rüegg, München 1993, 24–48.

SCHIECKEL, Harald, Das Kanzleiwesen der Stadt Leipzig bis zum Jahre 1543, in: Zeitschrift für Archivwesen, archivalische Quellenkunde und historische Hilfswissenschaften 7 (1957), 71–76.

SCHILLING, Heinz, Vergleichende Betrachtungen zur Geschichte der bürgerlichen Eliten in Nordwestdeutschland und in den Niederlanden, in: Bürgerliche Eliten in den Niederlanden und in Nordwestdeutschland. Studien zur Sozialgeschichte des europäischen Bürgertums im Mittelalter und in der Neuzeit, hrsg. v. Dems. und Herman Diederiks (Städteforschung A 23), Köln/Wien 1985, 1–32.

SCHIRMER, Uwe, Kursächsische Staatsfinanzen (1456–1656). Strukturen – Verfassung – Funktionseliten (Quellen und Forschungen zur sächsischen Geschichte 28), Stuttgart 2006.

SCHLENKRICH, Elke, „Hirvmb so hat sich der Rathe mit der Vniversitet betagt“ – Leipziger Ratsbücher des 15. und 16. Jahrhunderts als Spiegelbilder der Interaktion von Stadt und Universität, in: Beiträge zur Stadt- und Landesgeschichte vom 15.–20. Jahrhundert. Siegfried Hoyer zum 70. Geburtstag, hrsg. v. Karl Czok und Volker Titel, Beucha 2000, 9–16.

SCHLESINGER, Walter, Die Anfänge der Stadt Chemnitz und anderer mitteldeutscher Städte. Untersuchungen über Königtum und Städte während des 12. Jahrhunderts, Weimar 1952.

SCHLESINGER, Walter, Kirchengeschichte Sachsens im Mittelalter, 2 Bde. (Mitteldeutsche Forschungen 27/1,2), Köln/Graz 1962.

SCHMIED, Manfred J., Die Ratsschreiber der Reichsstadt Nürnberg (Nürnberger Werkstücke zur Stadt- und Landesgeschichte 28), Nürnberg 1979.

SCHMITT, Ludwig Erich, Untersuchungen zu Entstehung und Struktur der „Neuhochdeutschen Schriftsprache“, Bd.1, Sprachgeschichte des Thüringisch-Obersächsischen im Spätmittelalter. Die Geschäftssprache von 1300–1500 (Mitteldeutsche Forschungen 36/1), Köln/Graz 1966.

SCHMUGGE, Ludwig, Über die Pönitentiarie zur Universität, in: Personen der Geschichte. Geschichte der Personen. Studien zur Kreuzzugs-, Sozial- und Bildungsgeschichte. Festschrift für Rainer Christoph Schwinges zum 60. Geburtstag, hrsg. v. Christian Hesse u. a., Basel 2003, 255–268.

SCHMUTZ, Jürg, Juristen in der Praxis. Ein Plädoyer für interdisziplinäre Grundlagenarbeit, in: Personen der Geschichte. Geschichte der Personen. Studien zur Kreuzzugs-, Sozial- und Bildungsgeschichte. Festschrift für Rainer Christoph Schwinges zum 60. Geburtstag, hrsg. v. Christian Hesse u. a., Basel 2003, 303–316.

SCHOLLE, Joseph, Mittelalterliches Universitätsleben an der Universität Erfurt (Religiöse Quellenschriften 55), Düsseldorf 1929.

SCHUBERT, Ernst, Motive und Probleme deutscher Universitätsgründungen des 15. Jahrhunderts, in: Beiträge zu Problemen deutscher Universitätsgründungen der frühen Neuzeit, hrsg. v. Peter Baumgart (Wolfenbütteler Forschungen 4), Nendeln/Liechtenstein 1978, 13–74.

SCHUBERT, Ernst, Essen und Trinken im Mittelalter, Darmstadt 2006.

SCHULZE, Ferdinand, Aus Leipzigs Kulturgeschichte, Leipzig 1956.

SCHUSTER, Peter, Hinaus oder ins Frauenhaus. Weibliche Sexualität und gesellschaftliche Kontrolle an der Wende vom Mittelalter zur Neuzeit, in: Mit den Waffen der Justiz. Zur Kriminalgeschichte des Spätmittelalters und der Frühen Neuzeit, hrsg. v. Andreas Blauert und Gerd Schwerhoff, Frankfurt am Main 1993, 17–31.

SCHUSTER, Peter, Richter ihrer selbst? Delinquenz gesellschaftlicher Oberschichten in der spätmittelalterlichen Stadt, in: Kriminalitätsgeschichte. Beiträge zur Sozial- und Kulturgeschichte der Vormoderne, hrsg. v. Andreas Blauert und Gerd Schwerhoff (Konflikte und Kultur – Historische Perspektiven 1), Konstanz 2000, 359–378.

SCHWERHOFF, Gerd, Kriminalitätsgeschichte im deutschen Sprachraum. Zum Profil eines „verspäteten“ Forschungszweiges, in: Kriminalitätsgeschichte. Beiträge zur Sozial- und Kulturgeschichte der Vormoderne, hrsg. v. Andreas Blauert und Gerd Schwerhoff (Konflikte und Kultur – Historische Perspektiven Bd. 1), Konstanz 2000, 21–67.

SCHWERHOFF, Gert, Art.: „Wirtshäuser, Badehäuser, Bordelle, in: Enzyklopädie des Mittelalters, Bd. 1, hrsg. v. Martial Staub und Gert Melville, Darmstadt 2008, 287–289.

SCHWINGES, Rainer Christoph, Pauperes an deutschen Universitäten des 15. Jh., in: Zeitschrift für Historische Forschung 8 (1981), 285–309.

SCHWINGES, Rainer Christoph, Deutsche Universitätsbesucher im 14. und 15. Jahrhundert. Studien zur Sozialgeschichte des Alten Reiches (Veröffentlichungen des Instituts für Europäische Geschichte Mainz 123: Abteilung Universalgeschichte; Beiträge zur Sozial- und Verfassungsgeschichte des Alten Reiches 6), Stuttgart 1986.

SCHWINGES, Rainer Christoph, Sozialgeschichtliche Aspekte spätmittelalterlicher Studentenbursen in Deutschland, in: Schulen und Studium im sozialen Wandel des hohen und späten Mittelalters, hrsg. v. Johannes Fried (Vorträge und Forschungen 30), Sigmaringen 1986, 527–564.

SCHWINGES, Rainer Christoph, Zur Prosopographie studentischer Reisegruppen im 15. Jahrhundert, in: Medieval Lives and the Historian. Studies in Medieval Prosopography, hrsg. v. Neithard Bulst und Jean-Philippe Genet, Kalamazoo, Mich. 1986, 333–341.

SCHWINGES, Rainer Christoph, Rektorwahlen. Ein Beitrag zur Verfassungs-, Sozial- und Universitätsgeschichte des alten Reiches im 15. Jahrhundert (Vorträge und Forschungen. Sonderband 38), Sigmaringen, 1991.

SCHWINGES, Rainer Christoph, Der Student in der Universität, in: Geschichte der Universität in Europa, Bd. 1: Mittelalter, hrsg. v. Walter Rüegg, München 1993, 181–223.

SCHWINGES, Rainer Christoph, Europäische Studenten des späten Mittelalters, in: Die Universität in Alteuropa, hrsg. v. Alexander Patschovsky und Horst Rabe (Konstanzer Bibliothek 22), Konstanz 1994, 129–146.

SCHWINGES, Rainer Christoph, Karrieremuster: Zur sozialen Rolle der Gelehrten im Reich des 14. bis 16. Jahrhunderts. Eine Einführung, in: Gelehrte im Reich, Zur Sozial- und Wirkungsgeschichte akademischer Eliten des 14. bis 16. Jahrhunderts, hrsg. v. Dems. (Zeitschrift für Historische Forschung, Beiheft 18), Berlin 1996, 11–22.

SCHWINGES, Rainer Christoph, The Medieval German University: Transformation and Innovation, in: Paedagogica Historica 1998/2 (34), 375–388.

SCHWINGES, Rainer Christoph, Stiefel, Wams und Studium oder: Wozu hat man einen geistlichen Onkel? Aus Notizen des Kölner Studenten Gerhard von Wieringen aus der zweiten Hälfte des 15. Jahrhunderts, in: Reich, Regionen und Europa in Mittelalter und Neuzeit. Festschrift für Peter Moraw, hrsg. v. Paul-Joachim Heinig et al. (Historische Forschungen 67), Berlin 2000, 543–563.

SCHWINGES, Rainer Christoph, Neubürger und Bürgerbücher im Reich des späten Mittelalters: eine Einführung über die Quellen, in: Neubürger im späten Mittelalter. Migration und Austausch in der Städtelandschaft des alten Reiches (1250–1550), hrsg. v. Rainer Christoph Schwinges (Zeitschrift für Historische Forschung, Beiheft 30), Berlin 2002, 17–50.

SCHWINGES, Rainer Christoph, Mit Mückensenf und Hellschepoff. Fest und Freizeit in der Universität des Mittelalters (14. bis 16. Jahrhundert), in: Jahrbuch für Universitätsgeschichte 6 (2003), 11–27.

SCHWINGES, Rainer Christoph, Die Universitätsgründung als Wirtschaftsfaktor im späten Mittelalter, in: Universität und Stadt. Ringvorlesung zum 500. Jubiläum der Europa-Universität Viadrina Frankfurt (Oder), hrsg. v. Ulrich Knefelkamp, Schöneiche bei Berlin 2007, 5–17.

SEIBT, Ferdinand, Von Prag bis Rostock. Zur Gründung der Universitäten in Mitteleuropa, in: Festschrift für Walter Schlesinger, hrsg. v. Helmut Beumann, Bd. 1 (Mitteldeutsche Forschungen 74/1), Köln/Wien 1973, 406–426.

SEMBDNER, Alexander, Kooperation statt Konflikt – Aspekte des städtisch-universitären Verhältnisses im spätmittelalterlichen Leipzig (1409–1539), in: Stadt und Universität Leipzig. Beiträge zu einer 600-jährigen wechselvollen Geschichte, hrsg. von Detlef Döring (Quellen und Forschungen zur Geschichte der Stadt Leipzig, 1), Leipzig 2010, 51–85

SIEBER, Marc, Die Universität Basel und die Eidgenossenschaft 1460 bis 1529. Eidgenössische Studenten in Basel (Studien zur Geschichte der Wissenschaften in Basel 10), Basel 1960.

SIEBER, Marc, Ungehobelte Studenten, Wölfe und singende Professoren: das Basler Universitätsleben im ausgehenden Mittelalter, in: Begegnungen mit dem Mittelalter. Eine Vortragsreihe zur mediävistischen Forschung, hrsg. v. Simona Slanicka (Basler Beiträge zur Geschichtswissenschaft 171), Basel 2000, 123–141.

SOTTILI, Agostino, Studenti tedeschi dell'università Padova e diffusione dell'umanesimo in Germania: Ulrich Gossembrot, in: Studenti, università, città nella storia Padovana. Atti de convegno Padova 6–8 febbraio 1998, hrsg. v. Francesco Piovan und Luciana Sitran Rea, Triest 2001, 177–240.

SPRANDEL, Rolf, Von Malvasia bis Kötzschenbroda. Die Weinsorten auf den spätmittelalterlichen Märkten Deutschlands (VSWG Beihefte 149), Stuttgart 1998.

STEINFÜHRER, Henning, Das älteste erhaltene Leipziger Ratsbuch (1466–1489) und Vorläufer, in: Archiv für Diplomatik 44 (1998), 43–88.

STEINFÜHRER, Henning, Leipziger Bürgerurkunden des späten Mittelalters, in: Leipzig, Mitteldeutschland und Europa. Festgabe für Manfred Straube und Manfred Unger zum 70. Geburtstag, hrsg. v. Hartmut Zwahr, Uwe Schirmer und Henning Steinführer, Beucha 2000, 23–33.

STEINFÜHRER, Henning, Herzog Albrecht und die Städte. Zum Verständnis zwischen Städten und Stadtherren in Sachsen in der zweiten Hälfte des 15. Jahrhunderts, in: Herzog Albrecht der Beherzte (1443–1500). Ein sächsischer Fürst im Reich und in Europa, hrsg. v. André Thieme (Quellen und Materialien zur Geschichte der Wettiner 2), Köln/Weimar/Wien 2002, 213–231.

STEINFÜHRER, Henning, Urkunden- und Kanzleiwesen der sächsischen Städte im Spätmittelalter, in: Diplomatische Forschungen in Mitteldeutschland, hrsg. v. Tom Graber (Forschungen zur sächsischen Geschichte und Volkskunde 10), Leipzig 2005, 163–184.

STEINFÜHRER, Henning, Der Stadtschreiber und Syndikus Dr. Peter Freitag und die Anfänge der Leipziger Ratsbibliothek, in: Bücher, Drucker, Bibliotheken in Mitteldeutschland. Neue Forschungen zur Kommunikations- und Mediengeschichte um 1500, hrsg. v. Enno Bünz (Schriften zur Sächsischen Geschichte und Volkskunde 15), Leipzig 2006, 317–339.

STEINFÜHRER, Henning, Stadtverwaltung und Schriftlichkeit. Zur Entwicklung des administrativen Schriftwesens sächsischer Städte im späten Mittelalter, in: Kommunikation in mittelalterlichen Städten, hrsg. v. Jörg Oberste (Forum Mittelalter 3), Regensburg 2007, 11–20.

STEINFÜHRER, Henning, Stadt und Universität am Übergang vom Spätmittelalter zur Frühen Neuzeit, in: Universitätsgeschichte als Landesgeschichte. Die Universität Leipzig in ihren territorialgeschichtlichen Bezügen, hrsg. v. Detlef Döring (Beiträge zur Leipziger Universitäts- und Wissenschaftsgeschichte, Reihe A, Bd. 4), Leipzig 2008, 25–40.

STEINMÜLLER, Karl, Die Gesellschaft der Kaufleute in Leipzig im 15. und 16. Jahrhundert, in: Forschungen aus mitteldeutschen Archiven. Festschrift für Hellmut Kretzschmar zum 60. Geburtstag, Berlin 1953, 127–142.

STEWING, Frank-Joachim, Vier studentische Belegzettel aus der Frühzeit der Leipziger Universität, in: Neues Archiv für Sächsische Geschichte 80 (2009), 67–103.

STOPKA, Krzysztof, Les programmes d'études dans les universités médiévales, et dan l'université de Cracovie en particulier, in: L'université et la ville au Moyen Age et d'autres questions du passé universitaire, hrsg. v. Jerzy Wyrozumski (Publications du Centre International de la Culture, serie: science, N° 2), Krakau 1993, 99–114.

STROMER, Wolfgang v., Wirtschaftsgeschichte und Personengeschichte, in: Zeitschrift für Historische Forschung 2 (1975), 31–42.

STÜBEL, Bruno, Beitrag zur Sittengeschichte der Universität Leipzig im 15. Jahrhundert, in: Archiv für Sächsische Geschichte 4 (1878), 12–23.

STÜBEL, Bruno, Aus der Vergangenheit der Universität Leipzig, in: Neues Archiv für Sächsische Geschichte und Altertumskunde 14 (1893), 1–20.

TAYLOR, Michael, The Possibility of Cooperation, Cambrdige 1987.

TEWES, Götz-Rüdiger, Die Studentenburse des Magisters Nikolaus Mommer von Raemsdonck. Ein Konflikt zwischen Rat und Universität im spätmittelalterlichen Köln, in: Geschichte in Köln. Studentische Zeitschrift am Historischen Seminar 20 (1986), 31–66.

TEWES, Götz-Rüdiger, Stadt und Bursen: Das Beispiel Köln, in: Stadt und Universität, hrsg. v. Heinz Duchhardt (Städteforschung 33), Köln/Weimar/Wien 1993, 1–11.

THIEME, Horst, Die Anfänge des Leipziger Stadtgerichtes (1423–1547). Ein Beitrag zur Stadtgeschichtsforschung, erarbeitet an Hand unveröffentlichter Quellen aus dem Stadtarchiv Leipzig, in: Heimatkundliche Blätter 3 (1957), 251–254.

THÜMMEL, Hans-Wolf, Universität und Stadt Tübingen, in: Beiträge zur Geschichte der Universität Tübingen 1477–1977, hrsg. v. Hansmartin Decker-Hauff, Gerhard Fichtner und Klaus Schreiner, Tübingen 1977, 33–84.

TÖPFER, Thomas, Die Universitäten Leipzig und Wittenberg im Reformationsjahrhundert. Aspekte einer vergleichenden Universitätsgeschichte im territorialen Kontext, in: Universitätsgeschichte als Landesgeschichte. Die Universität Leipzig in ihren territorialgeschichtlichen Bezügen, hrsg. v. Detlef Döring (Beiträge zur Leipziger Universitäts- und Wissenschaftsgeschichte, Reihe A, Bd. 4), 41–83.

UBILEIN, Paul, Die Universität Wien im Mittelalter. Beiträge und Forschungen, hrsg. von Kurt Mühlberger und Karl Kadletz (Schriftenreihe des Universitätsarchivs Universität Wien 11), Wien 1999.

UBL, Karl, Die Stellung der Stadt Wien zur Universität im 14. Jahrhundert, in: Les universités et la ville au Moyen Âge. Cohabitation et tension, hrsg. v. Patrick Gilli, Jacques Verger und Daniel Le Blévec (Education and Society in the Middle Ages and Renaissance 30), Leiden/Boston 2007, 297–307.

UNGER, Manfred, Stadtgemeinde und Bürgerkämpfe (um 1165–1307), in: Neues Leipzigisches Geschicht-Buch, hrsg. v. Klaus Sohl, Leipzig 1990, 26–53.

VAVRA, Elisabeth, Art.: „Ernähung“, in: Enzyklopädie des Mittelalters, Bd. 2, hrsg. v. Martial Staub und Gert Melville, Darmstadt 2008, 292–298.

VERGER, Jacques, Grundlagen, in: Geschichte der Universität in Europa, Bd. 1: Mittelalter, hrsg. v. Walter Rüegg, München 1993, 49–80.

VERGER, Jacques, Les conflits „Town and Gown“ au Moyen Âge: Essai de typologie, in: Les universités et la ville au Moyen Âge. Cohabitation et tension, hrsg. v. Patrick Gilli, Jacques Verger und Daniel Le Blévec (Education and Society in the Middle Ages and Renaissance 30), Leiden/Boston 2007, 237–255.

VILLA, Claudia, Art.: „Terenz im Mittelalter und im Humanismus“, in: Lexikon des Mittelalters Bd. 8: Stadt (Byzantinisches Reich) bis Werl, München 1997, Sp. 549 f.

VOSS, Rudolph, Der Tanz und seine Geschichte. Eine kulturhistorisch-choreographische Studie, Erfurt o. D. (ND Leipzig 1977 als Bd. XXV, in: Documenta choreologica. Studienbibliothek zur Geschichte der Tanzkunst).

WEJWODA, Marek, Wenn ein politische Projekt Makulatur wird – Die Reform der Universität Leipzig im Jahre 1446 und das Schicksal der Originalausfertigung des Reformstatuts, in: Stadtgeschichte. Mitteilungen des Leipziger Geschichtsvereins 9 (2009), 19–41.

WRIEDT, Klaus, Personengeschichtliche Probleme universitärer Magisterkollegien, in: Zeitschrift für Historische Forschung 2 (1975), 19–30.

WRIEDT, Klaus, Das gelehrte Personal in der Verwaltung und Diplomatie der Hansestädte, in: Hansische Geschichtsblätter 96 (1978), 15–37.

WRIEDT, Klaus, Stadtrat – Bürgertum – Universität am Beispiel norddeutscher Hansestädte, in: Studien zum städtischen Bildungswesen des späten Mittelalters und der frühen Neuzeit, hrsg. v. Bernd Moeller u. a. (Abhandlungen der Akademie der Wissenschaften in Göttingen. Philologisch-Historische Klasse, Dritte Folge 137), Göttingen 1983, 499–523.

WRIEDT, Klaus, Bürgertum und Studium in Norddeutschland während des Spätmittelalters, in: Schulen und Studium im sozialen Wandel des hohen und späten Mittelalters, hrsg. v. Johannes Fried (Vorträge und Forschungen 30), Sigmaringen 1986, 487–525.

WRIEDT, Klaus, Studienförderung und Studienstiftungen in norddeutschen Städten (14.–16. Jahrhundert), in: Stadt und Universität, hrsg. v. Heinz Duchhardt (Städteforschung 33), Köln/Weimar/Wien 1993, 33–49.

WRIEDT, Klaus, Gelehrte in Gesellschaft, Kirche und Verwaltung norddeutscher Städte, in: Gelehrte im Reich, Zur Sozial- und Wirkungsgeschichte akademischer Eliten des 14. bis 16. Jahrhunderts, hrsg. v. Rainer Christoph Schwinges (Zeitschrift für Historische Forschung, Beiheft 18), Berlin 1996, S. 437–452.

WRIEDT, Klaus, Studium und Tätigkeitsfelder der Artisten im späten Mittelalter, in: Artisten und Philosophen. Wissenschafts- und Wirkungsgeschichte einer Fakultät vom 13. bis zum 19. Jahrhundert, hrsg. v. Rainer Christoph Schwinges (Veröffentlichungen der Gesellschaft für Universitäts- und Wissenschaftsgeschichte 1), Basel 1999, 9–24.

WRIEDT, Klaus, University Scholars in German Cities during the late Middle Ages: Employment, Recruitment, and Support, in: William J. Courtenay/Jürgen Miethke (Hgg.), Universities and Schooling in Medieval Society (Education and Society in the Middle Ages and Renaissance 10), Leiden/Bosten/Köln 2000, 49–64.

WRIEDT, Klaus, Universitätsbesucher und graduierte Amtsträger zwischen Nord- und Süddeutschland, in: ders., Schule und Universität. Bildungsverhältnisse in norddeutschen Städten des Spätmittelalters. Gesammelte Aufsätze, Leiden/Boston 2005, 169–180.

WUSTMANN, Gustav, Der Wirt von Auerbachs Keller, Dr. Heinrich Stromer von Auerbach. 1482–1542, mit sieben Briefen Stromers an Spalatin, Leipzig 1902.

WUSTMANN, Gustav, Geschichte der Stadt Leipzig. Bilder und Studien, Bd. 1 (mehr nicht erschienen), Leipzig 1905.

WUSTMANN, Gustav, Tanz im alten Leipzig, in: ders., Aus Leipzigs Vergangenheit. Gesammelte Aufsätze, 3. Reihe, Leipzig, 1909, 32–48.

WUSTMANN, Gustav, Frauenhäuser und freie Frauen, in: ders., Aus Leipzigs Vergangenheit. Gesammelte Aufsätze, 3. Reihe, Leipzig, 1909, 115–132.

WUSTMANN, Gustav, Gasthöfe, Wirte und Fremde, in: ders., Aus Leipzigs Vergangenheit. Gesammelte Aufsätze, 3. Reihe, Leipzig, 1909, 133–149.

WUSTMANN, Gustav, Die drei ältesten Apotheken und die Herbatio annua, in: ders., Aus Leipzigs Vergangenheit. Gesammelte Aufsätze, 3. Reihe, Leipzig, 1909, 194–221.

ZARNCKE, Friedrich, Causa Nicolai Winter. Ein Bagatellprocess bei der Universität Leipzig um die Mitte des 15. Jahrhunderts (= Abhandlungen der Philologisch-Historischen Classe der Königlich-Sächsischen Gesellschaft der Wissenschaften 12/1), Leipzig 1890.

Anhang

Anhang I: Abbildungen und Tabellen

Abb. 1: Theoretische Konstruktion städtisch-universitärer Beziehungen

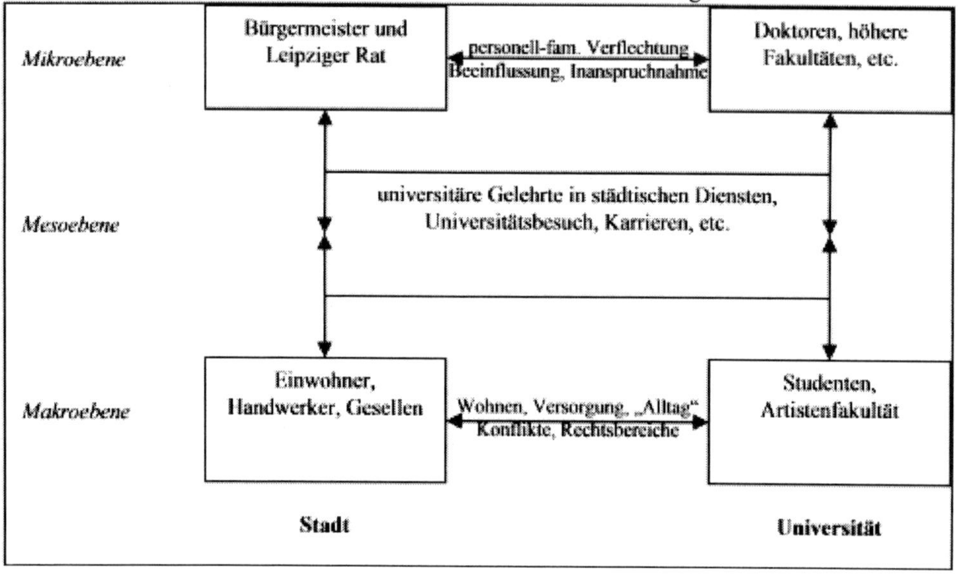

Abb. 2: Frequenz der Leipziger an der Universität im Vergleich zur Meißnischen Nation und zur gesamten Universität

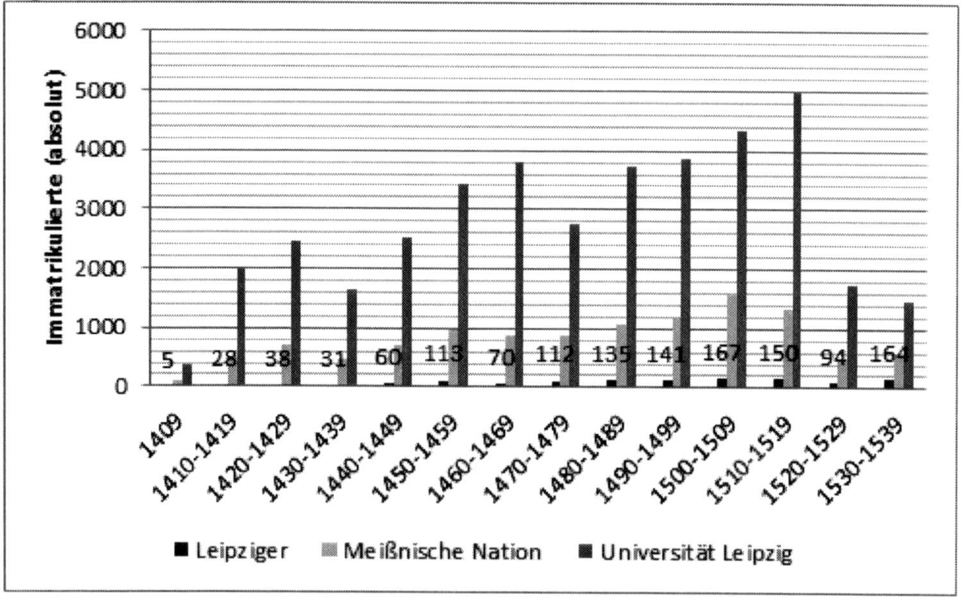

Abb. 3: Frequenz der Leipziger und der Angehörigen ratsfähiger Familien an der Universität Leipzig

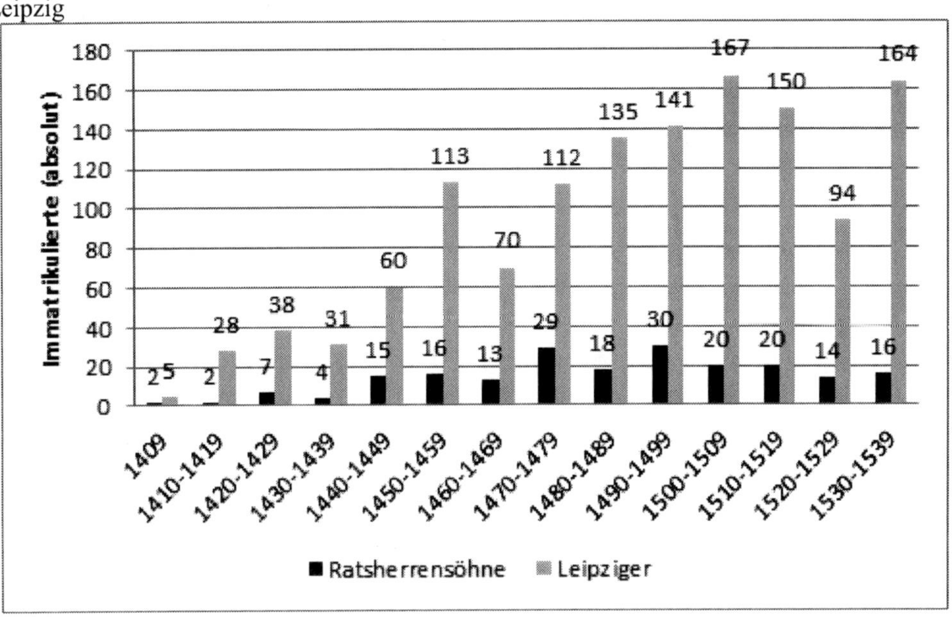

Abb. 4: Zuwachs der Immatrikulationszahlen der Leipziger im Vergleich zur Meißnischen Nation und der Universität insgesamt (in Prozent)

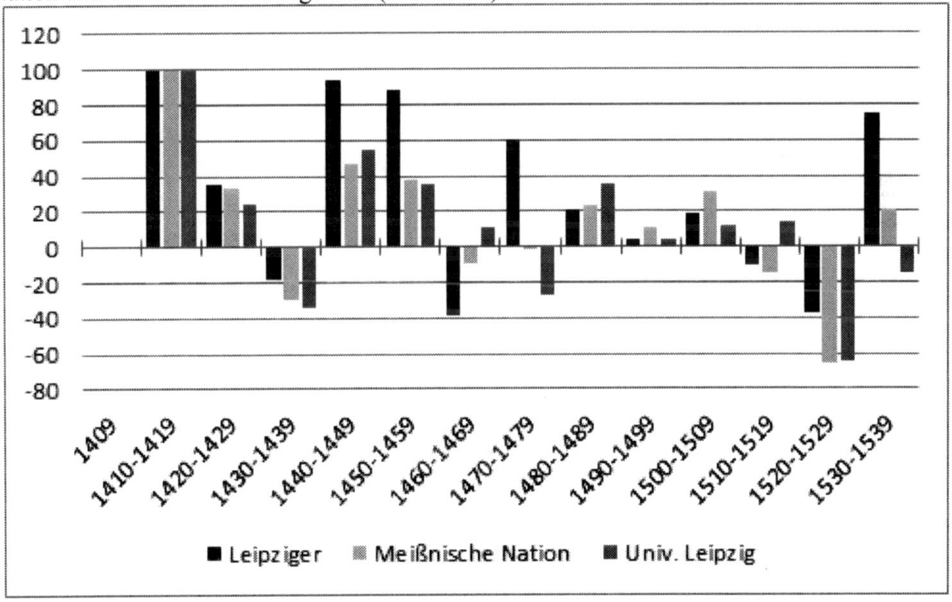

Abb. 5: Anteil der Angehörigen ratsfähiger Familien die aus Leipzig stammten an der Grundgesamtheit aller Leipziger

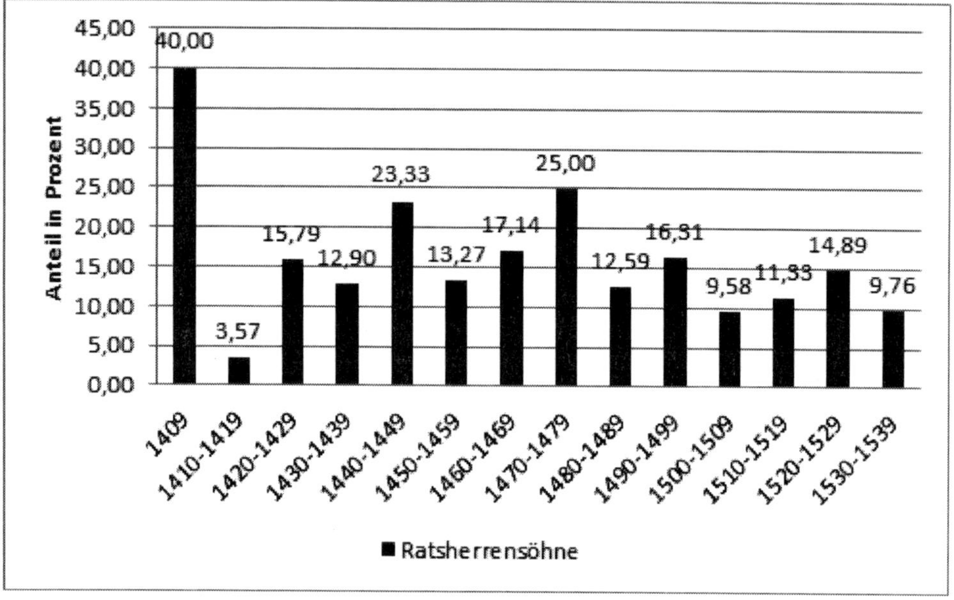

Abb. 6: Anzahl von Immatrikulierten (Angehörige ratsfähiger Familien und alle Leipziger), die (später) den Titel des Baccalarius Artium erwarben

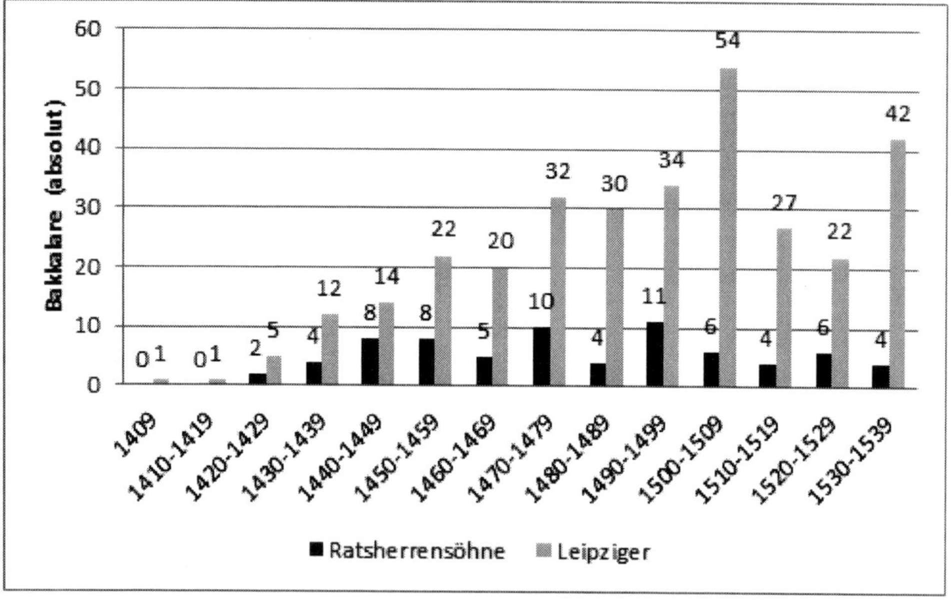

Abb. 7: Anteil der Bakkalaren an den Immatrikulierten (Angehörige ratsfähiger Familien und alle Leipziger) in Prozent

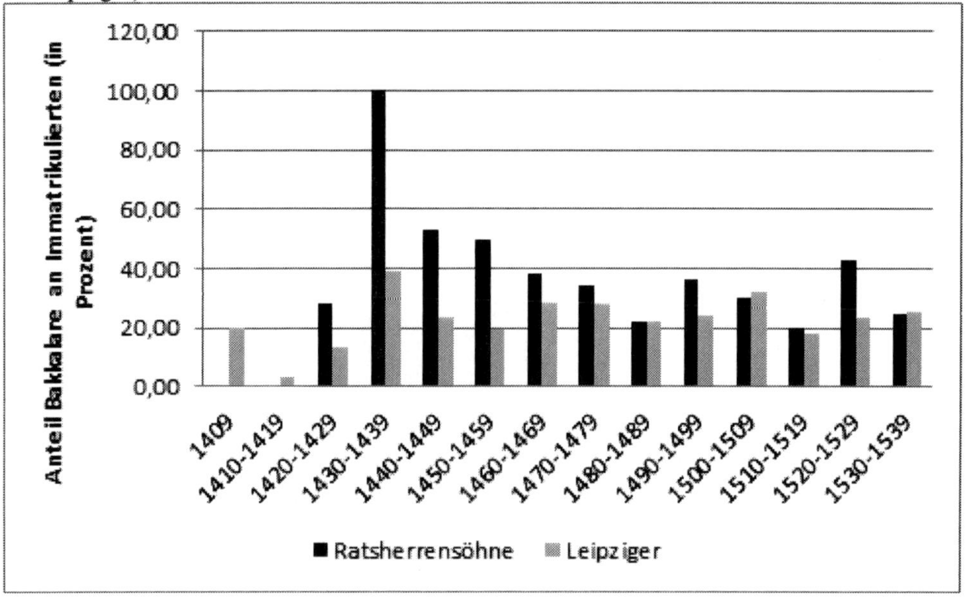

Abb. 8: Anzahl von Immatrikulierten (Angehörige ratsfähiger Familien und alle Leipziger), die (später) den Titel des Magister Artium erwarben

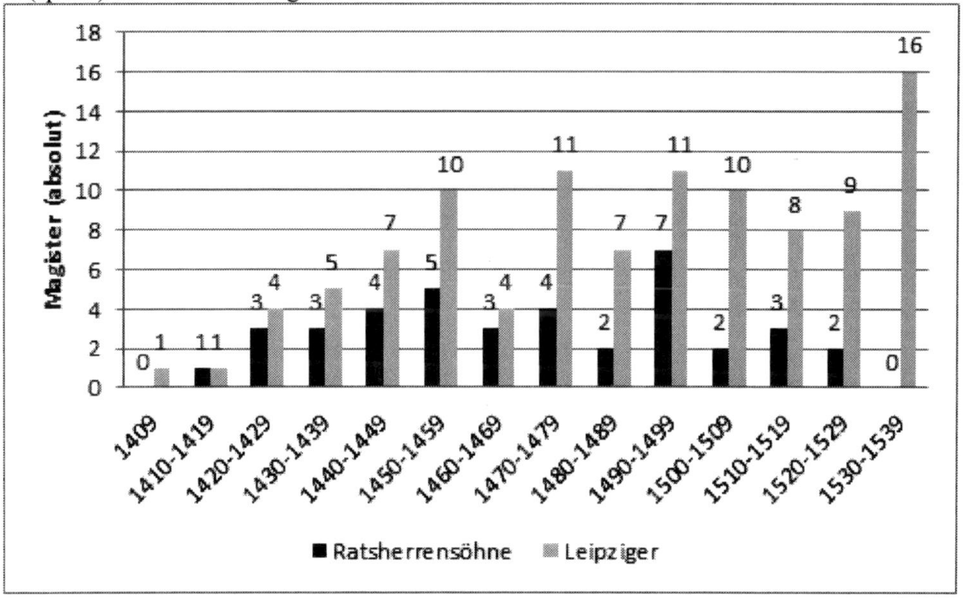

Abb. 9: Anteil der Magister an den Immatrikulierten (Angehörige ratsfähiger Familien und alle Leipziger) in Prozent

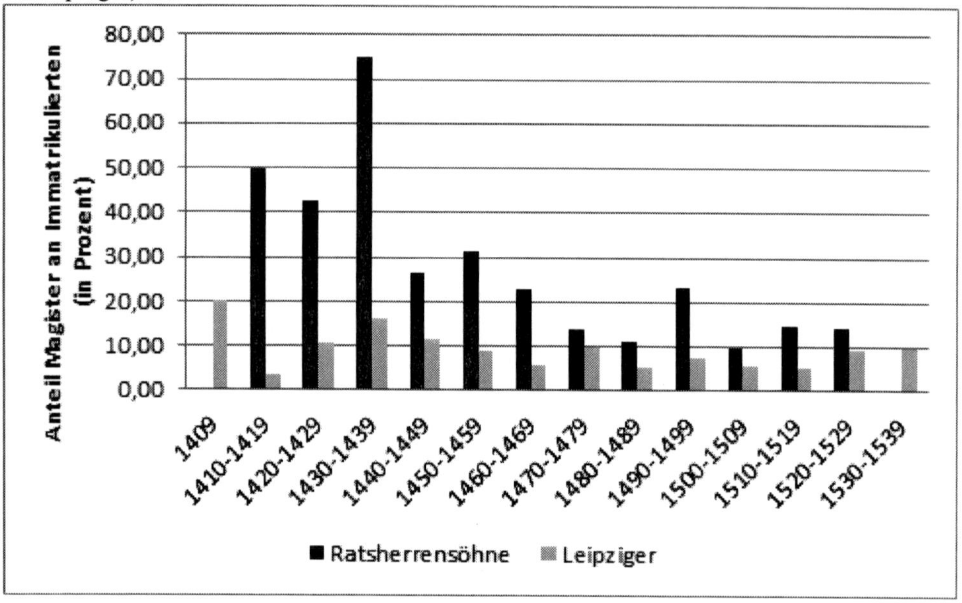

Abb. 10: Frequenz der Angehörigen ratsfähiger Familien 1409–1539

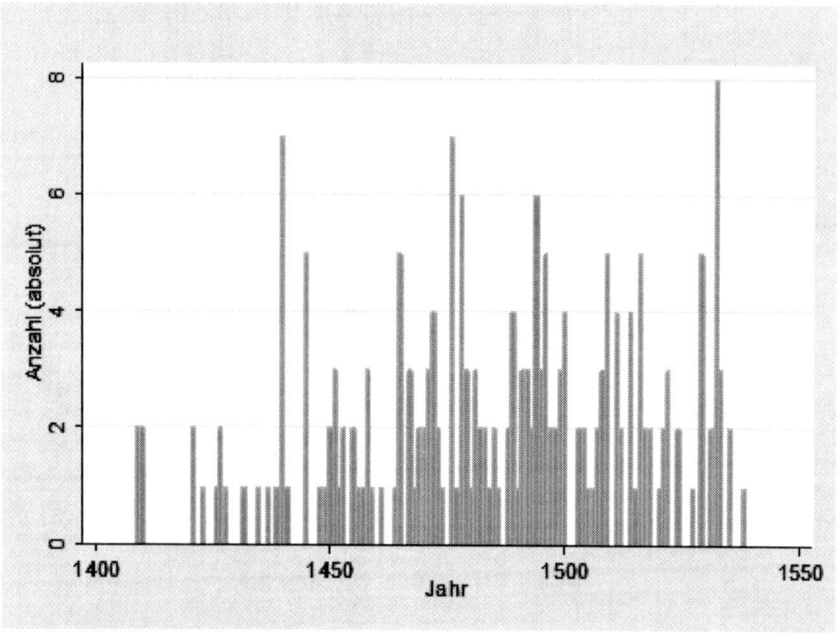

Abb. 11: Frequenz der Angehörigen ratsfähiger Familien 1440–1449

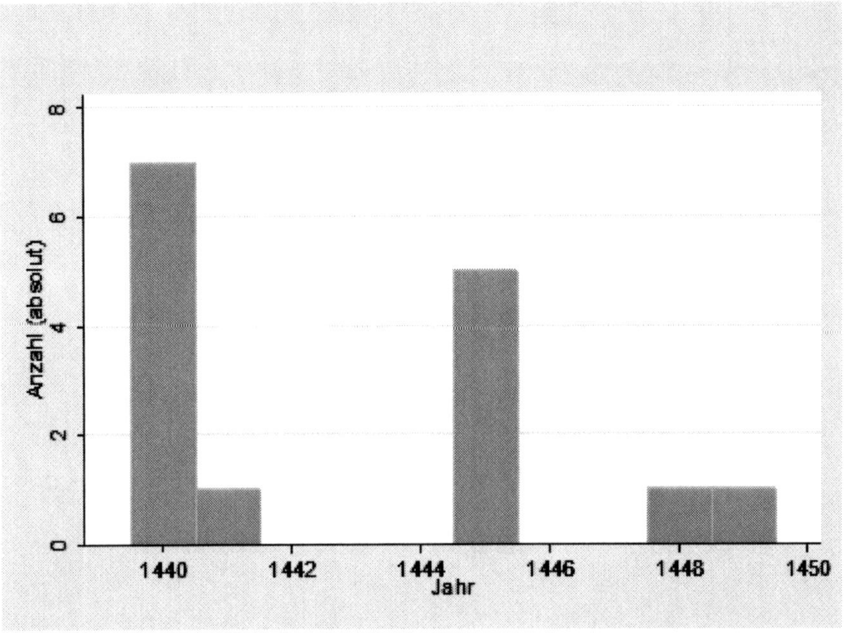

Abb. 12: Frequenz der Angehörigen ratsfähiger Familien 1460–1469

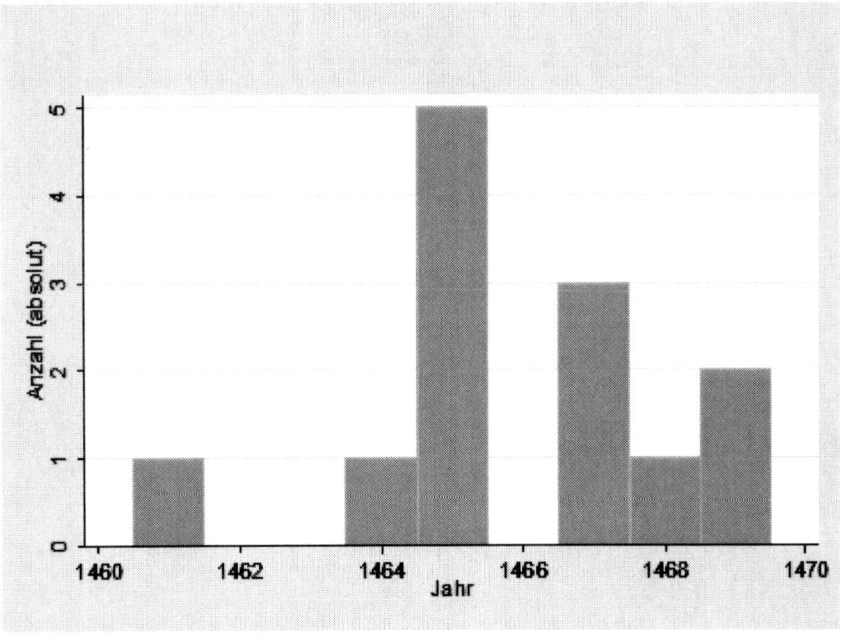

Abb. 13: Frequenz der Angehörigen ratsfähiger Familien 1530–1539

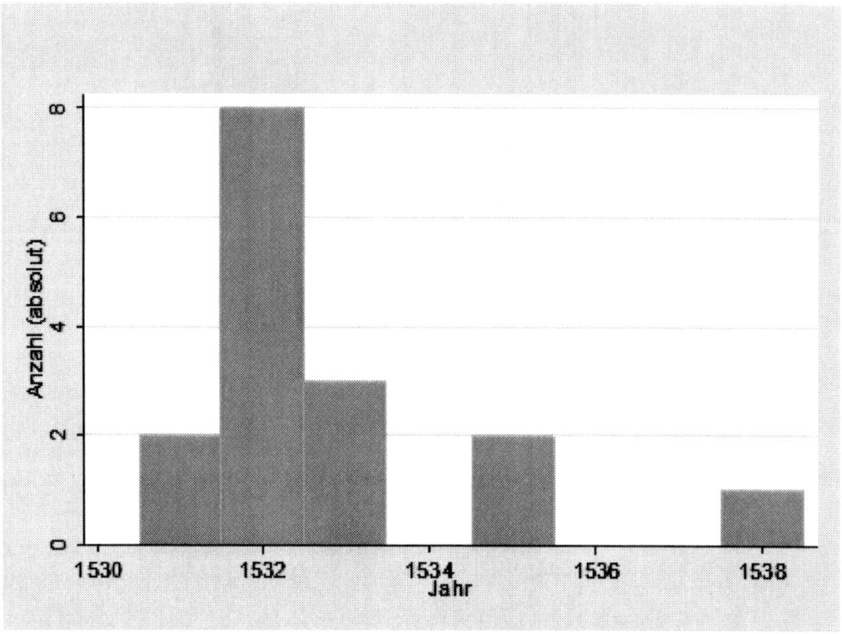

Abb. 14: Das „gelehrte Element“ im Leipziger Rat 1409–1539

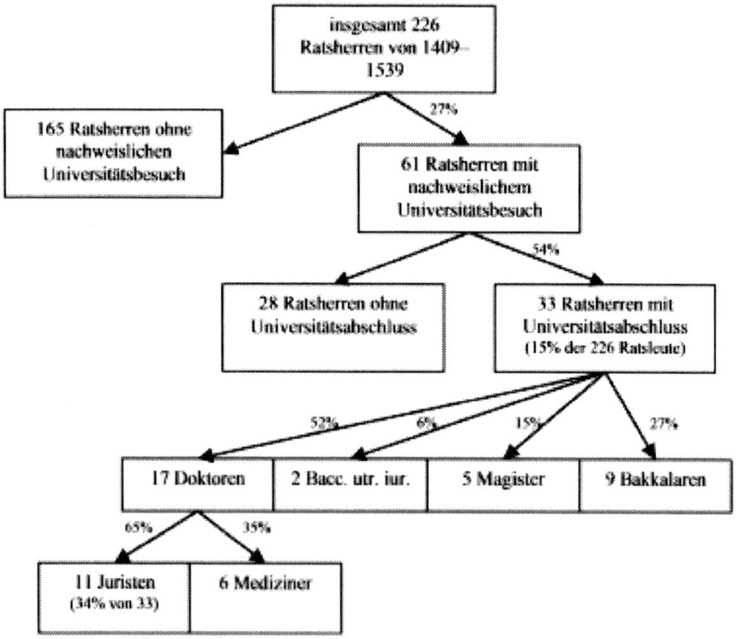

(Jeder vierte Leipziger Ratsherr hatte also eine Universität besucht, jeder 6.–7. besaß einen universitären Abschluss.)

Abb. 15: Promotionsnetzwerke: Leonhard Meseberg, Heinrich Scheibe, Egidius Morch d. Ä.

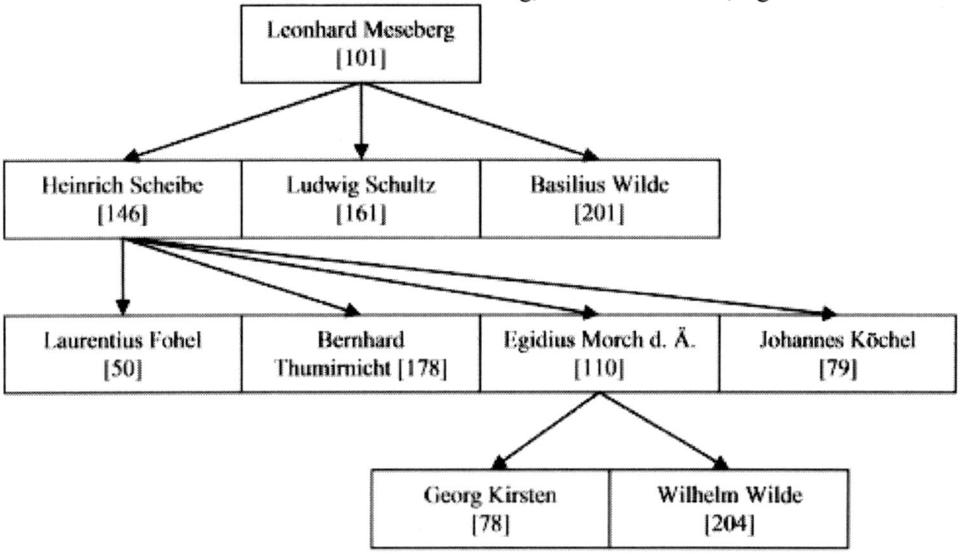

(Anm.: Die genaue Art der Promotion bzw. der Prüfung (also etwa Bakkalar, Magister, bacc. utr. iur. etc.) wurde aus Gründen der Übersicht nicht mit in die Abb.1 sowie Abb.2 unten übernommen, sie wurden aber im Personenkatalog verzeichnet.)

Abb. 16: Promotionsnetzwerke: Ludwig Fachs, Martin Lössel, Modestinus Pistoris

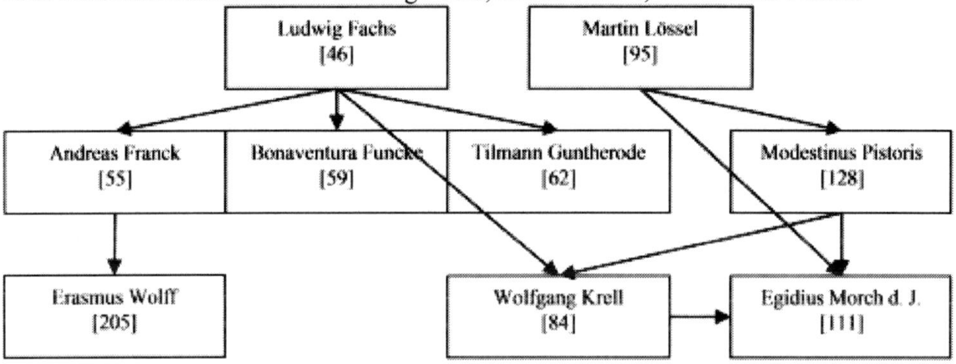

Tab. 1: Zahlungsverhalten der Leipziger und der Angehörigen ratsfähiger Familien

	Leipziger		**Angehörige ratsfähiger Familien**	
Zahlungsart	Anzahl	Prozent	Anzahl	Prozent
k.A.	12	0.92	1	0.49
pauper	97	7.42	2	0.97
teil	735	56.19	91	44.17
voll	461	35.24	110	53.40
mehr	3	0.23	2	0.97
Total	1,308	100.00	206	100.00

Anhang II: Personenkatalog der Angehörigen ratsfähiger Familien

Vorbemerkungen

Dieser im Laufe der Arbeit gewachsene Katalog, der 206 identifizierte Angehörige aus ratsfähigen Leipziger Familien verzeichnet, die sich von 1409 bis 1539 an der Universität Leipzig immatrikuliert hatten (siehe für die Auswahlkriterien den Abschnitt 1.3 zur Methode), erfüllt zwei Funktionen:

Erstens soll er dem Leser bei der Fülle an Namen, die in der Arbeit auftauchen, einen knappen Überblick zu Leben und Wirken der jeweiligen Person geben (soweit sich dies rekonstruieren ließ). Zweitens dient er zugleich als Verifizierungsinstrument der in der Arbeit angenommenen Verwandtschaftsverhältnisse, auf denen die Grundgesamtheit der „Angehörigen ratsfähiger Familien" sowie deren statistische Auswertung beruhen. Es gelten die bereits in der Arbeit verwendeten Abkürzungen für Quellen und Literatur, ADB steht für „Allgemeine Deutsche Biographie", NDB für „Neue Deutsche Biographie", RPG für „Repertorium Poenitentiariae Germanicum" (jeweils mit Band- und Seitenangabe).

Zum Aufbau: Gemeinsames Merkmal aller hier verzeichneten Personen ist ihr Besuch an der Universität Leipzig, dementsprechend ist bei jedem Eintrag Jahr und Semester der Immatrikulation (immat. = immatrikuliert; S=Sommer; W=Winter) verzeichnet, gegebenenfalls mit Herkunftsort und gleichzeitig immatrikulierten Verwandten. Es folgen die erworbenen akademischen Titel (gegebenenfalls mit Jahr und Semester), sowie weitere Angaben zu Leben (kirchliche Weihen, Bürgerrecht etc.) und Karriere (Ämter, Funktionen usw.). Soweit bekannt wurden auch Geburts- und Sterbedaten verzeichnet.

Um die starke Vernetzung der „Angehörigen ratsfähiger Familien" untereinander deutlich zu machen wurde erstens immer auf bekannte Verwandtschaftsverhältnisse verwiesen, zweitens wurde verzeichnet, wenn mehrere Personen im gleichen Semester immatrikuliert wurden („igS" = „im gleichen Semester") bzw. falls sie im gleichen Semester einen Abschluss erlangten. Drittens wurde festgehalten, ob eine Person an der Universität Prüfer (für bacc. art., mag. art. oder einen Abschluss einer höheren Fakultät) gewesen war, dies abgekürzt mit „prom." für „promotor" und der akademische Grad folgend. Auf Personen, die ebenfalls im Katalog verzeichnet sind, wird wie bisher mit der entsprechenden Ordnungszahl in eckigen Klammern verwiesen. Personen, die höchstwahrscheinlich freundschaftlich-familiäre Kontakte aufwiesen, aber aufgrund der Auswahlkriterien nicht im Katalog verzeichnet wurden, werden namentlich erwähnt mit weiterführenden Angaben, falls vorhanden.

Personenkatalog

1. **Bartholomeus Abt**, Magister, Oberstadtschreiber, Bürgermeister, † 1533
immat. S 1471, aus Zwickau (Ratsfamilie), bacc. art. S 1473 (ebenso Ludwig Schultz [161]), mag. art. W 1476, Vizekanzler 1488, Oberstadtschreiber von 1484 bis 1501, Bürgermeister von 1501 bis 1528, Vater des Christophorus Abt [2], igS: Daniel [171] u. Johannes [172] Staufmel
CDS II 16, 282 (M 31); CDS II 17, 236, 251, 257, 306, 605; Rat Nr. 1; NBL I, 6 f.; LB I/II, 108; LB III, 135; TB II, 163 (875 ß, item das forwerg 105 ß); RACHEL, 224 f.; SCHIECKEL, 76; SCHMITT, 363 f.

2. **Christophorus Abt**, Bakkalar
immat. W 1529, aus Leipzig, bacc. art. W 1532 (ebenso Ulrich Mordeisen [117]), Sohn des Bartholomeus Abt [1]; igS: Dominicus [176] u. Heinrich [177] Stromer, Modestinus Pistoris [128], Ulrich Mordeisen [117]
CDS II 16, 601 (M 3); CDS II 17, 623

3. **Johannes Bantzschmann**, Ratsmann † 1504?
immat. W 1440, aus Leipzig, mit seinem Bruder Peter [4], Sohn des Hans Bantzschmann d. Ä. (Rat Nr. 13), Bruder des Jacob Bantzschmann, Ratsmann von 1466 bis 1490, Baumeister und Waagemeister, ebenso Schöffe von 1472 bis 1477; igS: Livinius Förster [52], Heinrich Förster [53], Benedictus Molitoris [107], Georg Huter [72] und Ludwig Scheibe [145] (den er 1484 als Bürgermeister vertritt)
CDS II 16, 132 (M 8); Rat Nr. 14; HB, 51; TB I, 75; LB I, 122 (3000 fl; Niclaßstraß); LB II, 123 (3000fl; Reichstraße); CDS II 8, Nr. 392; CDS II 9, Nr. 258; RB II, Nr. 1233

4. **Peter Bantzschmann, d. Ä.** Ratsmann, † 1501?
immat. W 1440, aus Leipzig, mit seinem Bruder Johannes [3], Sohn des Hans Bantzschmann d. Ä. (Rat Nr. 13), Bruder des Jacob Bantzschmann, mglw. Vater des Peter Bantzschmann d. J. [6], Ratsmann von 1468 bis 1498, Biermeister und Richter, Kirchvater der Nikolaikirche mit Tilmann Guntherrode, Schwager des Leonhart Wolff, wurde 1467 mit anderen Bürgern wegen „Ungehorsams“ gegen den Rat verhaftet; igS: Livinius Förster [52], Heinrich Förster [53], Benedictus Molitoris [107], Georg Huter [72] und Ludwig Scheibe [145]
CDS II 16, 132 (M 9); Rat Nr. 15; HB, 61; TB I, 82, 85 (vor sein guter 40 gr.; pro tribus filiis 3 gr.; In der Reichstraße); CDS II 8, Nr. 392; CDS II 9, Nr. 258; RB I, Nr. 118; RB II, Nr. 1233, 1947; WUSTMANN, Quellen II, 40–43

5. **Sebald Bantzschmann**, Bakkalar
immat. W 1467, aus Leipzig, bacc. art. W 1476, Bürgerrecht am 27.04.1486, Schwager des Heinrich Schmiedeberg [154]; igS: Lukas Staufmehl [170], Ludwig Schultz [161]
CDS II 16, 266 (M 11); CDS II 17, 252; NBL I, 8; RB II, Nr. 1202, 1322, 1369, 1381, 1382, 1439, 1969, 2028

6. **Peter Bantzschmann, d. J.**
immat. W 1476, aus Leipzig, vmtl. Sohn des Petrus Bantzschmann d. Ä. [4], Bürgerrecht am 09.07.1500; igS: Laurentius [50] u. Daniel [51] Fohel, Johannes [148] u. Ludwig [149] Scheibe
CDS II 16, 305 (M 5); NBL I, 8; CDS II 9, Nr. 357; RB II, Nr. 2112

7. **Christophorus Bantzschmann**, Ratsmann
immat. W 1514; aus Leipzig, mit Michael [8], Bürgerrecht am 19.05.1530, 1537 und 1538 Ratsmann, Biermeister
CDS II 16, 538 (M 40); Rat Nr. 12; NBL II/2, 6; CDS II 9, Nr. 463; TB II, 180

8. **Michael Bantzschmann**
immat. W 1514, aus Leipzig, mit Christophorius [7]
CDS II 16, 538 (M 41); TB II, 180; HÄUSERBUCH, Nr. 708

9. **Johannes Bauer,** Ratsmann
immat. W. 1479, aus Leipzig, Sohn des Merten Bauer (Rat Nr. 19), Bürgerrecht am 03.02.1496; Ratsmann von 1499 bis 1521, Baumeister und Richter, Vorsteher des Franziskanerklosters und des Nonnenklosters St. Georg zu Leipzig; igS: Johannes Funck [58]
CDS II 16, 318 (M 5); Rat Nr. 18; NBL I, 8 f; HÄUSERBUCH, Nr. 248, 260

10. **Nicolaus Becherer**, Magister
immat. S 1423, keine Ortsangabe [aus Bautzen]; bacc. art. S 1429 (ebenso Nicolaus Pistoris [122]); mag. art. W 1440, curs. 1442, Zeuge 1439, immat. sich bereits 1413 in Erfurt
CDS II 16, 77 (M 25); CDS II 17, 5, 109, 125; Rat Nr. 21; HEIN/JUNGHANS, 80; CDS II 8, Nr. 200; RB I, Nr. 37, 52; MATR. ERFURT I, 99

11. **Benedictus Beringershain**, Bakkalar, Bürgermeister
immat. W 1478, aus Leipzig, mit Heinrich [12] und Policarpus [13], bacc. art. S 1485, Bürgerrecht am 03.02.1496; Ratsmann von 1496 bis 1506, Bürgermeister von 1509 bis 1524, Biermeister, Vorsteher des Nonnenklosters St. Georg zu Leipzig; igS: Gregor Förster [54]
CDS II 16, 315 (M 26); CDS II 17, 288; Rat Nr. 23; NBL I, 9; NBL II/1, 12; Häuserbuch, Nr. 109 (in 4. Ehe verheiratet mit Ursula Lintacher); LB I/II, 109; LB III, 136 (Benedictus Belgerßhayn 2100fl; Peterstraß), 137

12. **Heinrich Beringershain**, Ratsmann
immat. W 1478, aus Leipzig, mit Benedict [11] u. Policarpus [13], Ratsmann von 1504 bis 1532, Biermeister, Stiefvater des Nickel Nerlich; igS: Gregor Förster [54]
CDS II 16, 315 (M 27); Rat Nr. 24; CDS II 10, Nr. 94; LB II, 125; LB III, 143 (1300 fl; Grymmisch viertel, Bey dem gewanthaws); TB II, 177; RB II, Nr. 2366; NBL II/2, 1 f. (Nerlich, Nickel)

13. **Policarpus Beringershain**
immat. W 1478, aus Leipzig mit Benedict [11] u. Heinrich [12]; igS:, Gregor Förster [54]
CDS II 16, 315 (M 28); CDS II 10, Nr. 76; LB II, 125; RB II, Nr. 1369

14. **Vincencius Beutel**, Magister, Ratsmann
immat. W 1450, keine Ortsangabe, mit Philipp [15], bacc. art. S 1457 (ebenso Simon Bräutigam [25]), mag. art. W 1468, Ratsmann von 1486 bis 1505, Biermeister, Viertelsmeister im Hallischen Viertel, kaufte 1472 dem Unterstadtschreiber Caspar von Schkolen ein Haus ab, Vormund der Klara Hinkatzsch und Katharina Hainsperger
CDS II 16, 171 (M 16); CDS II 17, 169; Rat Nr. 29; NBL I, 9; HB, 62, TB I, 85; LB I/II, 123; RB I, Nr. 306, 811; RB II, Nr. 1841, 2078

15. **Philipp Beutel**
immat. W 1450, keine Ortsangabe, mit Vincencius [14]
CDS II 16, 171 (M 17)

16. **Johannes Blasbalg**
immat. W 1481, aus Leipzig; Sohn des Jacob Blasbalg (Rat Nr. 30; SCHIRMER, 153) und der Appolonia von Wiedebach, auch Simon Bräutigam [25] ist wohl ein Erbe des Jacob Blasblag; Bürgerrecht am 14.08.1495; igS: Jacob [183] und Gregor [184] Thümmel
CDS II 16, 327 (M 14); NBL I, 11; HÄUSERBUCH, Nr. 581; LB I/II, 123; LB III, 142; TB II, 175, 178; RB II, Nr. 1228, 1395; vgl. auch STIFTUNGSBUCH, Nr. 20, 66

17. **Wolfgang Blasbalg**
immat. S 1531, aus Leipzig, vmtl. Sohn oder Enkel des Jacob Blasblags und der Apollonia von Widebach, Tonsur am 21.09.1531
CDS II 16, 605 (M 24); CDS II 10, Nr. 136; MATR. MERSEBURG, 164

18. **Andreas Blecker**
immat. S 1483, aus Leipzig, Sohn des Steffan Blecker (Rat Nr. 31) (der Rektor Andreas Frießner von Wunsidel (S 1482) und der Apotheker Johann König (Rat Nr. 62) sind seine Vormünder), erhält 1492/93 vom Rat einen Kredit für sein Studium von 100 Gulden
CDS II 16, 338 (M 17); CDS II 10, Nr. 297; TB II, 167; RB I, Nr. 667; JHR 11 1492/93, fol. 231v

19. **Thomas Blesen**
immat. S 1476, aus Leipzig, mit seinem Bruder Heinrich [20], vmtl. Sohn des Nickel Blesen (Rat Nr. 32) und Mündel der Apolonia Staufmel
CDS II 16, 303 (M 20); RB I, Nr. 634

20. **Heinrich Blesen**
immat. S 1476, aus Leipzig, mit seinem Bruder Thomas [19], vmtl. Sohn des Nickel Blesen (Rat Nr. 32) und Mündel der Apolonia Staufmel
CDS II 16, 303 (M 21); RB I, Nr. 634

21. **Johannes Blumentrost**
immat. W 1531, aus Leipzig; wohl Sohn des Hans Blumentrost (Rat Nr. 33), Neffe des Merten Blumentrost
CDS II 16, 606 (M 15); CDS II 10, Nr. 297; vgl. NBL II/2, 12, auch NBL II/1, 16 f.; LB III, 139, TB II, 170, 172

22. **Sebastian Braun**, Bakkalar
immat. S 1480, aus Leipzig, bacc. art. W 1489, Sohn des Dr. Bernhardinus Braun (Rat Nr. 37) und Bruder des Romanus Braun [24]
CDS II 16, 321 (M 49) (Sebastianus filius doctoris Bernhardini Lipczck X gr); CDS II 17, 314; RB II, Nr. 2183

23. **Romanus Braun**
immat. W 1504, aus Leipzig, Sohn des Dr. Bernhardinus Braun (Rat Nr. 37) und Bruder des Sebastian Braun [22], immat. 1509 in Wittenberg, 03.04.1507 Tonsur/Akolyth, 23.12.1514 Subdiakon, 03.03.1515 Diakon, 24.03.1515 Presbyter, igS: Andreas Wanne [197]
CDS II 16, 464 (M 30); MATR. MERSEBURG, 80, 101, 103, 105; RB II, Nr. 2183; MATR. WITTENBERG I, 28

24. **Petrus Bräutigam**, Magister
immat. W 1451, aus Leipzig, mit Simon [25], bacc. art. S 1458 (ebenso Georg Breunsdorf [29] und Heinrich Moller [108]), mag. art. W 1461 (ebenso Valentinus Schmiedeberg [153]), igS: Heinrich Moller [108]
CDS II 16, 175 (M 16); CDS II 17, 171, 185

25. **Simon Bräutigam**, Bakkalar, Ratsmann
immat. W 1451, aus Leipzig, mit Petrus [24], bacc. art. S 1457 (ebenso Vincencius Beutel [14]), Ratsherr von 1492 bis 1511, Handelsmann, Ältermann d. Nikolaikirche, igS: Heinr. Moller [108]
CDS II 16, 175 (M 15); CDS II 17, 169; Rat Nr. 40; NBL I, 12; HÄUSERBUCH, Nr. 404, 405; TB I, 89; LB I/II, 124 (1499: 6000 fl./ 1502: 5500 fl; Am marckte); LB III, 143, 149; TB II, 176; SCHIRMER, 185

26. **Wolfgang Bräutigam**, Bakkalar, Ratsmann
immat. W 1489, aus Leipzig, mit Bruder Sigmund [27], bacc. art. S 1499 (bei Johannes Peylicke [120]), Tonsur am 13.10.1499, Ratsmann von 1524 bis 1540, Waagemeister; evtl. Neffe des Simon Bräutigam [25]?; igS: Heinrich Schmiedeberg [154], Wolfgang Eilenburg [42]
CDS II 16, 372 (M 2); CDS II 17, 368; Rat Nr. 41; MATR. MERSEBURG, 58; NBL II/1, 21; TB II, 176; CDS II 9, Nr. 418; STIFTUNGSBUCH, Nr. 47

27. **Sigmund Bräutigam**
immat. W 1489, aus Leipzig, mit Bruder Wolfgang [26], Bürgerrecht am 17.01.1516, er und sein Bruder Wolfgang [26] verwalten von 1534 bis 1541 eine Stiftung des Unterstadtschreibers Dr. utr. iur Petrus Freitag; igS: Heinrich Schmiedeberg [154], Wolfgang Eilenburg [42]
CDS II 16, 372 (M 3); NBL II/2, 14; HÄUSERBUCH, Nr. 381; TB II S. 176; CDS II 9, Nr. 463, 468; STIFTUNGSBUCH, Nr. 47

28. **Johannes Bräutigam**
immat. W 1492, Sohn des Simon Bräutigam [25]
CDS II 16, 395 (M 1); LANDSTEUERBUCH 1506, StadtAL Tit. XLII D 5b, fol. 49v

29. **Georg Breunsdorf**, Bakkalar, Ratsmann
immat. S. 1445, keine Ortsangabe; bacc. art. S 1458 (ebenso Petrus Bräutigam [24] und Heinrich Moller [108]), Ratsmann von 1474 bis 1502, Biermeister, Baumeister; Sohn des Hans Breunsdorf (Rat Nr. 39), vmtl. der Vater des Oberstadtschreibers Magister Georg Breunsdorf [33]; igS: Johannes Burborger [38], Konrad Funcke [57], Paul Pudernas [135], Johannes Thümmel [181]
CDS II 16, 153 (M 25); CDS II 17, 171; Rat Nr. 38; NBL I, 13; HB, 60; TB I, 86; LB I/II, 119, 125; LB II, 121; CDS II 8, Nr. 349, 502; CDS II 9, Nr. 303; CDS II 10, Nr. 77, 90, 357 (Anm.); RB II, Nr. 1843

30. **Martin Breunsdorf**
immat. S 1453, aus Leipzig, mit Eric [31], wohl Stiefvater der Katherina Lichtenhain (geb. Hinkatzsch) bzw. Steffan Lichtenhains und Stiefvater des Damian Hinkatzsch
CDS II 16, 184 (M 28), HÄUSERBUCH, Nr. 565; NBL I, 13; TB I, 85; RB I, Nr. 841; RB II, Nr. 951, 1087

31. **Eric Breunsdorf**
immat S 1453, aus Leipzig, mit Martin [30]
CDS II 16, 184 (M 29)

32. **Wolfgang Breunsdorf**
immat. W 1483, aus Leipzig, Bürgerrecht am 06.12.1510
CDS II 16, 338 (M 19); NBL II/1, 22; TB II, 177; HÄUSERBUCH, Nr. 526

33. **Georg Breunsdorf**, Magister, Oberstadtschreiber
immat. S 1488, aus Leipzig, mit Rudolph [34], bacc. art. W 1496 (ebenso Johannes Staufmehl [174]), mag. art. W 1501 (ebenso Heinrich Stromer [175]) (bacc. und mag. Prüfung bei Johann Peylicke [120]), wohl Sohn des Georg Breunsdorf [29], Bürgerrecht am 05.09.1503, Oberstadtschreiber von 1506 bis 1511, Akolyth 02.04.1495, Presbyter 20.12.1511, Inhaber des Bocksdorfschen Stipendiums von 1498 bis 1506
CDS II 16, 364 (M 41); CDS II 17, 355, 383; RACHEL, 224 f.; SCHIECKEL, 76; LB III, 140, 142; HÄUSERBUCH, Nr. 526; NBL II/1, 20; MATR. MERSEBURG, 49, 92; RB II, Nr. 1843; JHR 14 1498/99 fol. 228r; JHR 18 1505/1506 fol. 159v

34. **Rudolph Breunsdorf**
immat. S 1488, aus Leipzig, mit Georg [33], Bürgerrecht am 21.10.1507
CDS II 16, 364 (M 40); NBL II/1, 22; TB II, 171

35. **Jodocus Buffeler**
immat. W 1517, aus Leipzig, mit Wolfgang [36], 1530 immat. in Wittenberg, vmtl. verwandt mit dem Ratsmann Michael Buffeler (Rat Nr. 45)
CDS II 16, 559 (M 36); Matr. Wittenberg I, 138

36. **Wolfgang Buffeler**
immat. W 1517, aus Leipzig, mit Jodocus [35], Bürgerrecht am 17.02.1532, vmtl. verwandt (Sohn?) mit Michael Buffeler (Rat Nr. 45)
CDS II 16, 559 (M 37); NBL II/1, 23

37. **Johannes Burburger sen.**, Bakkalar
immat. S 1439, aus Leipzig, bacc. art. S 1450 (ebenso Georg Huter [72]), vmtl. verwandt mit dem Ratsmann Nickel Burburger (Rat Nr. 47)
CDS II 16, 126, (M 13), CDS II 17, 149

38. **Johannes Burburger iun.**, Magister, Rektor
immat. S 1445, aus Leipzig, bacc. art. S 1453, mag. art. S 1458, vmtl. verwandt mit dem Ratsmann Nickel Burburger (Rat Nr. 47), Rektor W 1483, war wohl über seine Schwester Katharina mit Claus Rennaw (Rat Nr. 280) verschwägert; igS: Georg Breunsdorf [29], Konrad Funck [57], Paul Pudernas [135], Johannes Thümmel [181]
CDS II 16, 153 (M 16); CDS II 17, 157, 173, 201, 207, 210 f., 220, 228 f., 231–234, 236, 240, 242, 245 f., 266, 268, 270 f., 276–280, 284; RB I, Nr. 545, 576

39. **Georg Eilenburg d. J.**, Bakkalar
immat. W 1448, aus Leipzig, bacc. art. W 1452, Sohn des Georg Eilenburg d. Ä., Bruder des Hans, Joachim [40] und Andreas [41] Eilenburg, Bürgerrecht wohl am 16.11.1486 (wie auch sein Bruder Hans), vmtl sind er und seine Brüder Neffen des Michael Eilenburg (Rat Nr. 76)
CDS II 16, 165 (M 17); CDS II 17, 156; NBL I, 33; HB, 49, TB I, 74; CDS II 8, Nr. 394

40. **Joachim Eilenburg**
immat W 1458, aus Leipzig, mit seinem Bruder Andreas [41], Sohn des Georg Eilenburg d. Ä., Bruder des Georg [39] und Hans Eilenburg, Onkel des Wolfgang Eilenburg [42]
CDS II 16, 216 (M 48); CDS II 8, Nr. 394; RB II, Nr. 1313; TB I, 76; LB III, 135

41. **Andreas Eilenburg**
immat W 1458, aus Leipzig, mit seinem Bruder Joachim [40], Sohn des Georg Eilenburg d. Ä., Bruder des Georg [39] und Hans Eilenburg
CDS II 16, 216 (M 49); CDS II 8, Nr. 394

42. **Wolfgang Eilenburg**
immat. W 1489, aus Leipzig, Neffe des Joachim Eilenburg [40], Bürgerrecht am 19.06.1500; igS: Wolfgang [26] u. Sigmund [27] Bräutigam, Heinrich Schmiedeberg [154]
CDS II 16, 372, (M 11); LB I/II, 115; NBL I, 33; RB II, Nr. 1313, 2239

43. **Eustachius Eilenburg**
immat. S 1491, aus Leipzig, verkaufte 1514 Land aus Gütern des Ratsmannes Peter Eilenburg (Rat Nr. 77); Bürgerrecht 1517 oder 1536?
CDS II 16, 385 (M 21); NBL II/1, 32; TB II, 166; CDS II 8, Nr. 276 (Anm.)

44. **Johannes Eutritzsch (alias Meise)**, Dr. theol. † 1491
immat. W 1432, aus Leipzig, bacc. art. W 1437, mag. art. W 1441, Vizekanzler 1449 und 1452; Dekan S 1454; lic. theol. 1455; Rektor W 1461, theol. prof. 1461, Kollegiat im Großen Fürstenkolleg von 1452 bis 1491, Syndikus des Rates, prom. bacc. und mag. für Georg Huter [72], Sohn des Nickel Eutritzsch (Rat Nr. 83 oder 84) und der Gertrut Eutritzsch, Bruder des Michael Eutritzsch [45], Inhaber der Ratskapelle von 1464 bis 1487
CDS II 16, 109 (M 23); CDS II 17, 7, 8, 10–14, 121, 127, 139, 141, 145, 147, 149, 151, 152, 154–156, 159, 160, 163; CDS II 9, Nr. 277, 280, 306; RB I, Nr. 893, 898; HB, 58; STIFTUNGSBUCH Nr. 8; ZARNCKE, Quellen, 751; BÜNZ, Ratskapelle, 44 f., 60; HEIN/JUNGHANS, 95; KUSCHE, Ego, 635–637, Nr. 94, 866

45. **Michael Eutritzsch**, Magister, frater
immat. S 1435, aus Leipzig, bacc. art. S 1441, mag. art. W 1443, Sohn des Nickel Eutritzsch (Rat Nr. 83 oder 84), Bruder des Dr. theol. Johannes Eutritzsch [44], nach dessen Tod auch als Verwalter der Eutritzschen Stiftung vorgesehen, Kartäusermönch in Hildesheim
CDS II 16, 115 (M 3); CDS II 17, 126, 132; CDS II 9, Nr. 277, 280, 306; RB I, Nr. 893; KUSCHE, Ego, 635

46. **Ludwig Fachs**, Dr. iur. utr., Bürgermeister, * 31.01.1497, † 06.04.1554
immat. 1512, aus Langensalza, Schüler des Dr. iur. Simon Pistoris [126], iur. utr. lic. 1520, iur. utr. dr. 1521, Vizekanzler 1536, Ordinarius 1542, prom. bacc. iur. für Tilmann Guntherode [62], prom. lic. iur. für Wolfgang Krell [84], prom. dr. iur. für Andreas Franck [55], Bonaventura Funcke [59], Syndikus, albertinischer Rat, Ratsmann von 1524 bis 1531, Bürgermeister von 1534 bis 1552, Bürgerrecht am 28.03.1523, Vater des Ludwig [47], Georg [48] u. Ernst [49], über seine Frau verwandt mit der Familie Thümmel, Schwiegervater des Modestinus Pistoris [128]
CDS II 16, 519 (M 73); CDS II 17, 38, 45, 48–59, 61–64; Rat Nr. 86; NBL II/1, 33, ADB Bd. 6, 528–530; HÄUSERBUCH, Nr. 555; TB II, 164; FRIEDBERG, 115, Nr. 14; SCHIRMER, 533 und passim.

47. **Ludwig Fachs d. J.**
immat. W 1533, aus Leipzig, mit seinen Brüdern Georg [48] und Ernst [49], Sohn des Bürgermeisters Dr. Ludwig Fachs [46], Tonsur am 04.02.1536
CDS II 16, 612 (M 8); MATR. MERSEBURG, 168

48. **Georg Fachs**
immat. W 1533, aus Leipzig, mit seinen Brüdern Ludwig [47] und Ernst [49], Sohn des Bürgermeisters Dr. Ludwig Fachs [46], Bürgerrecht am 09.07.1552 („fil. Consulis Fachsen")
CDS II 16, 612 (M 9); HÄUSERBUCH, Nr. 10b; NBL II/1, 33

49. **Ernst Fachs**
immat. W 1533, aus Leipzig, mit seinen Brüdern Ludwig [47] und Georg [48], Sohn des Bürgermeisters Dr. Ludwig Fachs [46], Bürgerrecht am 14.08.1553
CDS II 16, 612 (M 10); NBL II/1, 33

50. **Laurentius Fohel**, Magister
immat. W 1476, aus Leipzig, mit seinem Bruder Daniel [51], bacc. art. W 1482, mag. art. W 1485 (bei Heinrich Scheibe [150]), Sohn d. Peter Fohel (Rat Nr. 90); Bürgerrecht am 09.04.1489; Apotheker?; igS: Peter Bantzschmann [6], Johannes [148] und Ludwig [149] Scheibe
CDS II 16, 305 (M 28); CDS II 17, 280, 289, 294; NBL I, 20; JHR 13 1495/96, fol. 82[r]

51. **Daniel Fohel**, Ratsmann
immat. W 1476, aus Leipzig, mit seinem Bruder Laurentius [50], Sohn des Ratsmanns Peter Fohel (Rat Nr. 90), Ratsmann von 1495 bis 1509, Biermeister; igS: Peter Bantzschmann [6], Johannes [148] und Ludwig [149] Scheibe
CDS II 16, 305 (M 27); NBL I, 20; Rat Nr. 89; CDS II 10, Nr. 120 (Anm.); LB I/II, 123; LB III, 145; HÄUSERBUCH, Nr. 566

52. **Livinius Förster**, Bakkalar, Ratsmann
immat. W 1440, aus Leipzig, mit seinem Bruder Heinrich [53], bacc. art. S 1452, Sohn des Ratsherrn Heinrich Förster [Rat Nr. 93], Bruder des Gregor Förster d. Ä. und Vater des Gregor Förster d. J. [54], Ratsmann 1473 und 1476, Harnischmeister, Vormund der Kinder des Peter Lichtenhain, wurde 1467 mit anderen Bürgern wegen „Ungehorsams" gegen den Rat verhaftet; igS: Johannes [3] und Peter [4] Bantzschmann, Benedictus Moller [107], Georg Huter [72], Ludwig Scheibe [145]
CDS II 16, 132 (M 7); CDS II 17, 154; Rat Nr. 94; CDS II 8, Nr. 393 ; NBL I, 20; RB I, Nr. 118, 168; HB, 63; TB I, 90; LB III, 146; HÄUSERBUCH, Nr. 725; WUSTMANN, Quellen II, 40–43

53. **Heinrich Förster d. J.**
immat. W 1440, aus Leipzig, mit Georg Huter [72] und seinem Bruder Livinius [52]; Sohn des Ratsherrn Heinrich Förster (Rat Nr. 93), Bruder des Gregor Förster; igS: Johannes [3] und Peter [4] Bantzschmann, Benedictus Moller [107], Ludwig Scheibe [145]
CDS II 16, 132 (M 11); CDS II 8, Nr. 393

54. **Gregor Förster d. J.**, Bakkalar, Ratsmann † 1520
immat. W 1478, aus Leipzig, bacc. art. S 1488, Ratsmann von 1506 bis 1520, Harnischmeister, Biermeister, Waagemeister, Richter, Sohn des Livinius Förster [52], wohnte in der Katherinenstraße; igS: Benedict [11], Heinrich [12] und Policarpus [13] Beringershain
CDS II 16, 315 (M 29); CDS II 17, 303; Rat Nr. 92; NBL I, 20; LB I/II, 116; LB III, 139; HÄUSERBUCH, Nr. 218

55. **Andreas Franck** (Camitianus), Dr. utr. iur., Rektor, Ratsmann, Oberschöffenschreiber
immat. S 1511, aus Kamenz (Oberlausitz), bacc. art. S 1513, mag. art. W 1517, Rektor 1522, iur. utr. bacc. 1524, iur. utr. lic. 1525, iur. utr. dr. 1526 (bei Ludwig Fachs [46]), prom. bacc. iur. für Erasmus Wolff [205], Vizekanzler 1533 und 1541, Oberschöffenschreiber von 1524 bis 1534, Ratsmann von 1535 bis 1539, Bürgerrecht am 15.05.1526, vmtl. Vater des Andreas Franck iun. [56]; igS: Martin Lössel [95]
CDS II 16, 512 (M 17) (doctor [für gestrichenes magister], poeta, orator et theologus non mediocris, und unter der Columne Et postea ex theologo facus est iuris consultus); CDS II 17, 38, 48, 50, 54, 61, 485, 524, 528, 532, 538, 543, 552, 556, 568, 574, 577, 579, 670; Rat Nr. 95; NBL II/1, 37; TB II, 178; CDS II 10, Nr. 187; JHR 36 1524/25 fol. 126r (erste Erwähnung) und JHR 46 1534/35 fol. 126r (letzte Erwähnung als Oberschöffenschreiber); FRIEDBERG, 129, Nr. 87; CLEMEN

56. **Andreas Franck iun.**
immat. S 1538, aus Leipzig, vmtl. Sohn des. Dr. Andreas Franck [55], immat. 1549 in Frankfurt/Oder?
CDS II 16 , 626 (M 27) (Andreas Frangk iunior Lipsensis); MATR. FRANKFURT/ODER I, 112

57. **Konrad Funcke**, Ratsmann, † 1483
immat. S 1445, keine Ortsangabe, Ratsmann von 1466 bis 1481, Münzmeister, verheiratet mit Katharina Wiedemann, Vater des Andreas und Johannes [58] Funcke, Schwager des Tilman Guntherode d. Ä. (Rat Nr. 119), igS: Georg Breunsdorf [29], Johannes Burburger iun. [38], Paul Pudernas [135], Johannes Thümmel [181]
CDS II 16, 153, (M 13); Rat Nr. 102; RB I, Nr. 390, 423; RB II, Nr. 1111; NBL I, 21; HB, 55; TB I, 80, 81; HÄUSERBUCH, Nr. 259, 429, 462

58. **Johannes Funcke**
immat. W 1479, aus Leipzig, Sohn des Ratsmannes Konrad Funcke [57], Bruder des Andreas Funcke, Bürgerrecht am 18.06.1498
CDS II 16, 318 (M 11); LB I/II, 111;NBL I, 22; HÄUSERBUCH, Nr. 429, 462; RB II, Nr. 1111

59. **Bonaventura Funcke**, Dr. iur. utr.
immat. S 1516, aus Leipzig, bacc. art. W 1522, iur. utr. bacc 1528, iur. utr. lic. 1535, iur. utr. dr. 1535 (unter anderem bei Ludwig Fachs [46]), Tonsur am 04.08.1538, immat. im W 1530/31 in Ingolstadt zusammen mit Tilman Guntherode [62], aufgrund dieser gemeinsamen Immatrikulation und der gleichzeitigen Ratstätigkeit des Konrad Funcke [57] und Tilman Guntherode d. Ä. (Rat Nr. 119) und deren gemeinsamer Schwägerschaft durch die Ehe zwischen demselben und Anna Funcke, kann eine Verwandtschaft mit Konrad Funcke [57] angenommen werden; igS: Friedrich [188], Wolfgang [189] und Moritz Thümmel [189]
CDS II 16, 549 (M 25); CDS II 17, 38, 50, 57, 575; MATR. MERSEBURG, 168; MATR. INGOLSTADT I, Sp. 503, Z. 33; RB I, Nr. 390; FRIEDBERG, 130, Nr. 104

60. **Johannes Funcke**
immat. S 1516, aus Leipzig, siehe die Anmerkungen zu Bonaventura Funcke [59]; igS: Friedrich [188], Wolfgang [189] und Moritz Thümmel [189]
CDS II 16, 549 (M 26)

61. **Konrad Guntherode** (alias Kuchmeister)**,** Ratsmann, * 1476 † 1536
immat. S 1486, Sohn des Tilman Guntherode d. Ä. (Rat Nr. 119) und der Anna Funcke, Vater des Tilman Guntherode d. J. [62], Wein- und Tuchhändler, verheiratet mit Anna Alnpeck, Ratsmann von 1512 bis 1535, Biermeister, wohnte in der Salzgasse
CDS II 16, 353 (M 24), 750; Rat Nr. 118; TB II, 176, 180, 187; NBL I, 25 f.; NDB Bd. 7, 262; HÄUSERBUCH, Nr. 400

62. **Tilman Guntherode d. J.**, Dr. iur. utr., hessischer Kanzler, * 03.02.1512, † 03.12.1550
immat. W 1518, aus Leipzig, iur. utr. bacc. 1538 (bei Ludwig Fachs [46]), iur. utr. lic. 1538, iur. utr. dr. 1538, Sohn des Konrad Guntherode [61], immat. sich im W 1530/31 in Ingolstadt zusammen mit Bonaventura Funcke [59], verheiratet in erster Ehe mit Anna, Tochter des Dr. iur. Simon Pistoris [126] und in zweiter Ehe mit Clara Bantzschmann, Studium in Bourges, Bürgerrecht am 23.09.1540; 1545 Kanzler des Landgrafen Philipp von Hessen
CDS II 16, 566 (M 27); CDS II 17, 39, 59, 60; NDB Bd. 7, 262 f.; NBL II/1, 51; MATR. INGOLSTADT I, Sp. 503, Z. 34; FRIEDBERG, 131, Nr. 110

63. **Wolfgang Hennigk**, Bacc. iur. utr., Stadtschreiber, Ratsmann
immat. S 1503, aus Merseburg, iur. utr. bacc. 1519 (bei Heinrich Scheibe [146]), vmtl. Vater des Wolfgang Hennigk d. J. [64], Oberstadtschreiber von 1520 bis 1536, Ratsmann von 1536 bis 1539, igS: Caspar Lindemann [92], Inhaber der Ratskapelle von 1532 bis 1539
CDS II 16, 454 (M 61); CDS II 17, 43; Rat Nr. 130; RACHEL, 224 f.; SCHIECKEL, 76;TB II, 169; CDS II 10, Nr. 155; BÜNZ, Ratskapelle, 54 f., 60

64. **Wolfgang Hennigk d. J.**, Bakkalar
immat. W 1532, aus Leipzig, bacc. art. W 1537 (ebenso Dominicus Stromer [176]), Tonsur am 12.01.1536, vmtl. Sohn des Wolfgang Hennigk [63], 1548 immat. in Frankfurt/Oder?
CDS II 16, 610 (M 8); CDS II 17, 641; MATR. MERSEBURG, 168, WUSTMANN, Quellen II, 163, Nr. 28; MATR. FRANKFURT/ODER I, 105

65. **Bartholomeus Hummelshain, d. Ä.**, Ratsmann
immat. W 1449, aus Naumburg (Saale), Vater Bartholomeus [66], Hans [67] und Nicolaus [68] Hummelshain, Ratsmann von 1456 bis 1477, Biermeister, erhält am 18. Juli 1463 die päpstliche Erlaubnis sich einen anderen dauerhaften Beichtvater zu wählen
CDS II 16, 168, (M 17); Rat Nr. 136; NBL I, 32; RPG IV, Nr. 3853; HB, 56, 57; STEINMÜLLER, 136

66. **Bartholomeus Hummelshain d. J.** † vor 1519
immat. W 1465, aus Leipzig, mit seinen Brüdern Johannes [67] und Nicolaus [68], Sohn des Bartholomeus Hummelshain [65]; igS: Simon [123] und Albrecht [124] Pistoris
CDS II 16, 254 (M 17); TB II, 178; NDB Bd.12, 5; RB II, Nr. 1009

67. **Johannes Hummelshain d. Ä.**, Ratsmann
immat. W 1465, aus Leipzig, mit seinen Brüdern Bartholomeus [66] und Nicolaus [68], Sohn des Bartholomeus Hummelshain [65], Vater des Andreas Hummelshain [69], Schwiegervater des Dr. Heinrich Stromer von Auerbach [175], auch des Juristen Dr. Cristoff Kuppener (RB II, Nr. 2274; CDS II 11, Nr. 286; KUSCHE, Ego, 687–691, Nr. 126), Akolyth am 09.04.1474, Ratsmann von 1488 bis 1515, Biermeister; Handelsmann; igS: Simon [123] und Albrecht [124] Pistoris
CDS II 16, 254 (M 18); Rat Nr. 137; NBL I, 31; HÄUSERBUCH, Nr. 152, 690, 691, 692, 693, 694, 695; MATR. MERSEBURG, 8; TB I, 74; LB I/II, 107; LB III, 135, 144; RB I, Nr. 414; SCHIRMER, 127; WUSTMANN, Auerbachs Keller, 28 f.

68. **Nicolaus Hummelshain d. Ä.**
immat. W 1465, aus Leipzig, mit seinen Brüdern Bartholomeus [66] und Johannes [67], Sohn des Bartholomeus [65], Vater des Nicolaus [71]; igS: Simon [123] und Albrecht [124] Pistoris
CDS II 16, 254 (M 18); CDS II 8, Nr. 513; RB II, Nr. 1009; HÄUSERBUCH, Nr. 563

69. **Andreas Hummelshain**, Bakkalar
immat. S 1496, aus Leipzig, mit Johannes [70] und Nicolaus [71], bacc. art. W 1503, Bürgerrecht am 20.11.1522, Schwager des Heinrich Stromer von Auerbach [175]; igS: Simon Pistoris [126]
CDS II 16, 414 (M 31); CDS II 17, 400; TB II, 163, 164; NBL II/1, 64; WUSTMANN, Auerbachs Keller, 28f.

70. **Johannes Hummelshain d. J.**
immat. S 1496, aus Leipzig, mit Andreas [69] und Nicolaus [71]; igS: Simon Pistoris [126]
CDS II 16, 414 (M 30)

71. **Nicolaus Hummelshain d. J.**
immat. S 1496, aus Leipzig, mit Andreas [69] und Johannes [70], Sohn des Nicolaus Hummelshain d. Ä. [68], Bürgerrecht am 05.11.1512; igS: Simon Pistoris [126]
CDS II 16, 414, (M 32); RB II, Nr. 1009; NBL II/1, 65 f.

72. **Georg Huter**, Magister, Ratsmann † nach 1492
immat. W 1440, aus Leipzig, mit Heinrich Förster [53], bacc. art. S 1450 (ebenso Johannes Burburger [37]), mag. art. W 1454 (bacc. und mag. bei Joh. Eutritzsch [44]), Dekan 1464, Vizekanzler 1464, Ratsmann von 1479 bis 1491, Baumeister, Apotheker; igS: Johannes [3] und Peter [4] Bantzschmann, Livinius Förster [52], Benedictus Moller [107], Ludwig Scheibe [145]
CDS II 16, 132 (M 12); CDS II 17, 149, 160, 179, 182, 188, 189, 193; Rat Nr. 139; NBL I, 33; TB I, 77

73. **Johannes Huter**, Magister
immat. S 1524, aus Leipzig, mit Christoph [74], bacc. art. S 1531, mag. art. W 1536, Sohn des Ratsmannes und Apothekers Hans Huter (Rat Nr. 142, dieser war Vetter des Mag. Georg Huter [72] und verstarb 1552 mit angeblich 114 Jahren), immat. sich 1535 in Ingolstadt (filius aromatarii) und 1542/43 an der Universität Wien, Bürgerrecht am 16.05.1552
CDS II 16, 590 (M 12); CDS II 17, 617, 638; NBL II/1, 66; HÄUSERBUCH Nr. 149; RB II, Nr. 1139, 1591, 2042, 2363; MATR. INGOLSTADT I, Sp. 527, Z. 19; MATR. WIEN IV, 69, Z. 7

74. **Christoph Huter**
immat. S 1524, aus Leipzig, mit Johannes [73]
CDS II 16, 590 (M 11)

75. **Martin Kaiser**, Bakkalar
immat. W 1472, aus Leipzig, bacc. art. W 1479, Subdiakon am 06.04.1482, wird häufiger in Erbschaftssachen des Ratsmannes Paul Kaiser (Rat Nr. 152) genannt, ebenso in Sachen des Dr. Johannes Eutritzsch [44]; igS: Johannes Mogenhofer [106]
CDS II 16, 288 (M 20); CDS II 17, 266; CDS II 10, Nr. 264; RB II, Nr. 1150, 1766; MATR. MERSEBURG, 18; vgl. NBL I, 35

76. **Bartholomeus Kirsten**
immat. W 1474, aus Leipzig, Bruder d. Mattes und Onkel des Ratsmannes Wolf Kirsten [77]?
CDS II 16, 296 (M 13); RB II, Nr. 2098; vgl. evtl. NBL II/1, 73

77. **Wolf Kirsten**, Ratsmann † 1548
immat. W 1491, aus Leipzig, Ratsmann von 1517 bis 1545, Biermeister, Tuchmacher, Bürgerrecht am 20.09.1509, Sohn des Mattes Kirsten, vmtl. Bruder des Georg Kirsten [78]; igS: Konrad Meseberg [104]
CDS II 16, 386 (M 8); CDS II 9, Nr. 460; RB II, Nr. 1674, 2098; TB II, 171; NBL II/1, 73

78. **Georg Kirsten**, Bakkalar
immat. S 1507, aus Leipzig, bacc. art. S 1509 (bei Egidius Morch [110]), vmtl. Bruder des Wolf Kirsten [77])
CDS II 16, 480 (M 33); CDS II 17, 449; RB II, Nr. 2098

79. **Johannes Köchel**, Dr. iur. utr., Oberstadtschreiber, Ratsmann, Kanzler
immat. S 1494, aus Görlitz, bacc. art. S 1496, mag. art. W 1498, iur. utr. lic. 1523, iur. utr. dr. 1523 (u. a. bei Heinrich Scheibe [150]), 03.04.1507 Subdiakon, 30.03.1510 Diakon, Oberstadtschreiber 1505/1506, Ordinarius der Juristenfakultät 1523/24, Ratsmann 1525, Syndikus des Rates von 1523 bis 1526, albertinischer Kanzler von 1513 bis 1525; igS: Johannes [87] und Marcus [88] Leimbach, Georg Schutz [162], Johannes Staufmehl [174]
CDS II 16, 405 (M 64); CDS II 17, 38, 47, 48, 49, 352, 365, 402, 409, 589, 596; Rat Nr. 156; FRIEDBERG, 115, Nr. 12; RACHEL, 224 f.; SCHIECKEL, 76; SCHIRMER, 230; LB III, 144; MATR. MERSEBURG, 80, 88

80. **Johannes König**, Bakkalar
immat. S 1468, aus Leipzig, bacc. art. S 1475, dürfte ein Sohn des Ratsmannes und Apothekers Hans König (Rat Nr. 162) sein, Bürgerrecht am 05.11.1512, Schwager d. Lucas Staufmehl [170]
CDS II 16, 271 (M 29); CDS II 17, 245; NBL II/1, 81; TB II, 180; RB II, Nr. 1305

81. **Burckhard König,** Bakkalar
immat. S 1478, aus Leipzig, bacc. art. S 1487, immat. W 1479 in Köln, dürfte ein Sohn des Burckhard Königs und damit ein Neffe des Ratmannes Hans König (Rat Nr. 162) sein, Betreiber der Bursa Regis; igS: Bernhard Thumirnicht [178]
CDS II 16, 313 (M 14); CDS II 17, 297; Matr. Köln II, 307

82. **Georg Krass**
immat. S 1485, aus Leipzig, entweder der Sohn oder der Enkel des Ratsmannes Hans Krass (Rat Nr. 62), er war 1502 Verweser des Altars „der heilligen XII botten Philippi vnd Jacobi vnd sancti Gangolfi" in St. Nikolai
CDS II 16, 348 (M 45); CDS II 9, Nr. 358, 363; CDS II 10, Nr. 78

83. **Blasius Krell**, Bakkalar
immat. S 1532, aus Leipzig, mit seinem Bruder Wolfgang [84], Johannes [85] und Paul [87] Krell, bacc. art. W 1534 (zusammen mit seinem Bruder Wolfgang [84]), Tonsur am 23. 05. 1534, vmtl. verwandt (Sohn?) mit Cuntz Krell (Rat Nr. 166), igS: Egidius [111] und Andreas [112] Morch, Moritz Preußer [133]
CDS II 16, 608 (M 22), CDS II 17, 632; MATR. MERSEBURG, 167; StadtAL Eistu Schuldv Nr. 71 (1549) ("dem hochgelarten, unsern auch lieben getrewen Ern Wolffen der rechten licentiato und Blasien Kreln, gebrüdern")

84. **Wolfgang Krell**, Dr. iur. utr., Ratsmann
immat. S 1532, aus Leipzig, mit seinem Bruder Blasius [83], Johannes [85] und Paul [86] Krell, bacc. art. W 1534 (mit seinem Bruder Blasius [83]), iur. utr. bacc 1544, iur. utr. lic. 1549 (bei Ludwig Fachs [46]), iur. utr. dr. 1550 (bei Modenstinus Pistoris [128]); prom. lic. iur. für Egidius Morch d. J. [111], Tonsur am 23.05.1534, Oberschöffenmeister, Ratsmann, vermutlich verwandt (Sohn?) mit Cuntz Krell (Rat Nr. 166), Vater des Nikolaus Krell (sächs. Kanzler, hingerichtet am 09.10.1601), vermutlich verheiratet mit Katharina, Tochter des Dr. iur. Simon Pistoris [126]; igS: Egidius [111] und Andreas [112] Morch, Moritz Preußer [133]
CDS II 16, 608 (M 23); CDS II 17, 39, 62–66, 632, 737–738; MATR. MERSEBURG, 167; StadtAL Eistu Schuldv Nr. 71; NDB Bd. 3, 407; FRIEDBERG, 132, Nr. 120

85. **Johannes Krell**
immat. S 1532, aus Leipzig, mit Blasius [83], Wolfgang [84] und Paul [85] Krell, vgl. Blasius und Wolfgang Krell; igS: Egidius [111] und Andreas [112] Morch, Moritz Preußer [133]
CDS II 16, 608 (M 24)

86. **Paul Krell**
immat. S 1532, aus Leipzig, mit Blasius [83], Wolfgang [84] und Johannes [85] Krell, vgl. Blasius und Wolfgang Krell; igS: Egidius [111] und Andreas [112] Morch, Moritz Preußer [133]
CDS II 16, 608 (M 25)

87. **Johannes Leimbach**
immat. S 1494, aus Leipzig, mit seinem Bruder Markus [88], Sohn des Ratsmannes und sächsischen Landrentenmeisters Hans von Leimbach (Rat Nr. 174; SCHIRMER, 282), beginnt im April 1502 ein Juristenstudium in Köln (zusammen mit seinem Bruder Markus), immatr. 1502 aber bereits in Erfurt (als „prepositus Wurtzensis"); igS: Johannes Köchel [79], Georg Schutz [162], Johannes Staufmehl [174]
CDS II 16, 405 (M 44); MATR. KÖLN II, 526; MATR. ERFURT I, 226; vgl. STIFTUNGSBUCH, Nr. 26

88. **Markus Leimbach**
immatr. S 1494, aus Leipzig, mit seinem Bruder Johannes [87], Sohn des Ratsmannes und sächsischen Landrentenmeisters Hans von Leimbach (Rat Nr. 174; SCHIRMER, 282), 1502 in Köln mit seinem Bruder Johannes, immat. 1502 in Wittenberg; igS: Johannes Köchel [79], Georg Schutz [162], Johannes Staufmehl [174]
CDS II 16, 405 (M 45); MATR. KÖLN II, 526; MATR. WITTENBERG I, 4

89. **Bartholomeus Lichtenhain**, Bakkalar, Ratsmann, † 1536
immat W 1493, bacc. art. W 1502 (bei Johannes von Breitenbach), Akolyth 05.04.1503, Bürgerrecht 17.01.1516; Ratsmann von 1523 bis 1534, Biermeister, Richter; igS: Michael Meurer [105]
CDS II 16, 401 (M 57); CDS II 17, 392; NBL II/1, 86; HÄUSERBUCH Nr. 551; MATR. MERSEBURG, 72; TB II, 175

90. **Andreas Lichtenhain**
immat. W 1512, aus Leipzig, Bürgerrecht am 22.11.1537
CDS II 16, 523 (M 28); HÄUSERBUCH Nr. 551; NBL II/1, 86

91. **Johann Lindemann**, Dr iur. utr., Oberstadtschreiber, Bürgermeister, † 1519
immat. S 1490, aus Eisleben, bacc. art. S 1494, mag. art. W 1496, iur. utr. bacc., iur. utr. lic. (gegen 1508), iur. utr. dr. 1509; Oberstadtschreiber von 1501 bis 1504; Schöffenschreiber von 1505 bis 1507; Ordinarius der Juristenfakultät von 1509 bis 1519, als solcher auch Syndikus des Rates von 1509 bis 1519; Bürgermeister 1514 und 1517; Bruder des Caspar Lindemann [92]
CDS II 16, 381, (M 44), 382 (S 31); CDS II 17, 38, 40–43, 343, 354, 367, 454, 467; Rat Nr. 177; SCHIECKEL, 76; NDB Bd. 15, 549; JHR 19 1507/08 fol. 134^{v} (erste Erwähnung) und JHR 30 1518/1519 fol. 125^{v} (letzte Erwähnung als Ratssyndikus); FRIEDBERG, 115, Nr. 10; RACHEL, 224 f.; KRAMM, Studien, 422; BÜNZ, Ratskapelle, 51

92. **Caspar Lindemann**, Dr. med., † 1536
immat. S 1503, aus Eisleben, bacc. art. S 1505 (ebenso Simon Pistoris [126] und Bartholomeus Schobel [155]), mag. art. W 1507, dr. med. 1527/1528, Bruder des Dr. iur. Johann Lindemann [91], immat. 1533 in Wittenberg, dort Professor der Medizin, Leibarzt der sächs. Kurfürsten, Vater des Lorenz [93] und Friedrich [94] Lindemann, Heinrich Thümmel (Rat Nr. 360) war sein Schwiegervater, igS: Wolfgang Hennigk [63]
CDS II 16, 451 (S 35); CDS II 17, 75, 415, 434, 441, 445; JHR 27 1515/16 fol. 139^{r} (Bruder des Dr. Johannes Lindemann); JHR 47 1535/36, fol.143^{v} (Heinrich Thümmel); MATR. WITTENBERG I, 148, 153, 276 (Clarissimus Vir Caspar Lyndeman Lypsensis, Medicinae Doctor et Professor, Medicus Illustrissimi Principis nostri Joannis Electoris etc.); HÄUSERBUCH Nr. 29; NDB Bd. 15, 549; TB II, 166; SCHIRMER, 359

93. **Lorenz Lindemann**, Dr. iur. utr., kurfürstlicher Rat
immat. W 1535, aus Leipzig, mit seinem Bruder Friedrich [94], Sohn des Dr. med. Caspar Lindemann [92], immat. W 1533 in Wittenberg mit seinem Bruder Friedrich, Rat des Kurfürst August von Sachsen, 1547 immat. in Frankfurt/Oder, 1552 Rektor in Wittenberg, Ordinarius
CDS II 16, 618 (M 12) (I.U.D. ordinarius Wittenburgensis et D. Augusti electoris Saxonie consiliarius); MATR. WITTENBERG I, 148, 276, 277 (Laurentius [Anm.: „J.U.D. Consil. Elect. Saxon.“] Lyndeman filij D. Doctoris; [1552:] electus est Rector academiae Viutebergen: Vir Clarissimus Laurentius Lindeman Doctor vtriusque Juris, filius viri Clarissimi Caspari Lindeman Doctoris artis Medicae); MATR. FRANKFURT/ODER I, 102 (Laurentius Lindemann Lipsensis, magister doctoris iuris et professor Witebergensis)

94. **Friedrich Lindemann**
immat. W 1535, aus Leipzig, mit seinem Bruder Lorenz [93], Sohn des Dr. med. Caspar Lindemann [92], immat. W 1533 in Wittenberg zusammen mit seinem Bruder Lorenz [93]
CDS II 16, 618 (M 14); MATR. WITTENBERG I, 148

95. **Martin Lössel**, Dr. iur. utr., Ratsmann † 1556
immat. S 1511, aus Jawor (Polen), bacc. art. S 1512, mag. art. W 1516; iur. utr. dr. ass. 1528; rec. in fac. iur. 1538, prom. bacc. iur. für Egidius Morch d. J. [111], prom. lic. iur. für Modestinus Pistoris [128], Ratsmann 1534 und 1537, das Bürgerrecht wird ihm am 02.06.1530 geschenkt, Schöffe?; igS: Andreas Franck [55]
CDS II 16, 509 (P 7); CDS II 17, 38, 60, 61, 63, 474, 516, 559, 564, 568, 574, 575, 605; TB II, 163; NBL II/1, 88; FRIEDBERG, 129, Nr. 89

96. **Egidius Lotter**
immat. W 1509, aus Leipzig, mit seinem Bruder Melchior [97], Sohn des Ratsmannes Melchior Lotter d. Ä. (Rat Nr. 186) und Bruder des Michael Lotter [98], Bürgerrecht am 29.01.1523, wohnte in der Haynstraße, nach 1529 nach Plauen verzogen; igS: Caspar Reichenbach [139], Matheus [198] und Benedict [199] Wiedemann
CDS II 16, 499 (M 22); TB II, 169; NBL II/1, 89

97. **Melchior Lotter d. J.**, * um 1490, † nach 1544
immat. W 1509, aus Leipzig, mit seinem Bruder Egidius [96], Sohn des Melchior Lotter d. Ä. (Rat Nr. 186) und Bruder des Michael Lotter [98], Drucker, bereits ab 1519 in Wittenberg, immatrikuliert er sich dort 1520 an der Universität; igS: Caspar Reichenbach [139], Matheus [198] und Benedict [199] Wiedemann
CDS II 16, 499 (M 23); MATR. WITTENBERG I, 94; NDB Bd. 15, 246 f.; ADB Bd. 19, 275–277

98. **Michael Lotter**, † 1554 oder 1555
immat. S 1518, aus Leipzig, Sohn des Melchior Lotter d. Ä. (Rat Nr. 186), Bruder des Egidius [96] und Melchior [97], wie sein Vater und sein Bruder Drucker (in Wittenberg und Magdeburg)
CDS II 16, 562 (M 7); NDB Bd. 11, 655; NDB Bd. 15, 246 f.; ADB Bd. 19, 273–278

99. **Johannes Marschalk**, Ratsmann
immat. W 1410, keine Ort, Ratsmann 1452, Waagemeister 1459, igS: Nicolaus Schultz [159]
CDS II 16, 34 (M 29); Rat Nr. 193; CDS II 8, Nr. 240, 287, 288, 383 (Anm.)

100. **Jacob Meseberg** (alias Stendal), Dr. med., Bürgermeister, † 1463
immat. S 1421, aus Stendal, mag. art. W 1423 (bei Nicolaus Schultz [159]), bacc. med., dr. med. 1431, Vizekanzler 1430, Dekan S 1431, Rektor W 1430, Kollegiat im Großen Fürstenkolleg (1435 bis vor 1459), Ratsmann von 1441 bis 1447, Bürgermeister von 1450 bis 1462, Schöffe von 1442 bis 1463, Arzt im Georgenhospital, Vater des Leonhard [101], Johannes [102] und Heinrich [104] Meseberg; igS: Johannes Seidenheffter [164]
CDS II 16, 68 (S 14); CDS II 17, 69, 106, 101, 111, 112; Rat Nr. 198; CDS II 8, Nr. 269; NBL I, 33, 44 f.; HÄUSERBUCH, Nr. 256, 592; ZARNCKE, Quellen, 750; KUSCHE, Ego, 574–576, Nr. 57, 865

101. **Leonhard Meseberg,** Dr. decr., Rektor, Syndikus? † 04.09.1512
immat. S 1455, aus Leipzig, mit seinem Bruder Johannes [102], bacc. art. W 1460; mag. art. S 1464 (ebenso Martin Reichenbach [138]), decr. bacc. iur. can. lic. (um 1479), decr. dr., Rektor W 1473, Kollegiat im Kleinen Fürstenkolleg von 1466 bos 1512), prom. bacc. und mag. für Basilius Wilde [201], prom. mag. für Ludwig Schultz [161] und Heinrich Scheibe [150], Sohn des Dr. med. Jacob Meseberg [100], Bruder des Heinrich Meseberg [103], seine Schwester war vermutlich mit dem Ratsmann Hans Krass (Rat Nr. 62) verheiratet, Inhaber der Ratskapelle von 1487 bis 1512
CDS II 16, 195 (M 50); CDS II 17, 37, 39, 179, 195, 229, 231–233, 235, 241, 245–251, 255, 258, 260, 264, 266, 268 f., 280, 285, 293, 365, 368, 374, 384 f., 399, 454; CDS II 8, Nr. 269, 368; CDS II 9, Nr. 354; CDS II 10, Nr. 78, Friedberg, 124, Nr. 29; ZARNCKE, Quellen, 765, BÜNZ, Ratskapelle, 50 f., 60; KUSCHE, Ego, 576, 707–709, Nr. 137, 855

102. **Johannes Meseberg**
immat. S 1455, aus Leipzig, mit seinem Bruder Leonhard [101], Bruder des Heinrich [103] und Sohn des Jacob Meseberg [100]
CDS II 16, 195 (M 49); CDS II 8, Nr. 269, 368; CDS II 9, Nr. 354

103. **Heinrich Meseberg**, Ratsmann, † nach 1494
immat. W 1469, aus Leipzig, Ratsmann 1491, Sohn des Dr. med. Jacob Meseberg [100] und Bruder des Leonhard [101] und Johannes [102], Vater des Konrad Meseberg [104], Schwager des Daniel Staufmehl [171], Bürgerrecht am 16.11.1486; igS: Nicolaus Moller [109]
CDS II 16, 276 (M 22); Rat Nr. 197; CDS II 8, Nr. 269, 368; CDS II 9, Nr. 354; NBL I, 44 f.; RB I, Nr. 804

104. **Konrad Meseberg**
immat. W 1491, aus Leipzig, Handelsmann, Sohn des Heinrich [103]; igS: Wolf Kirsten [77]
CDS II 16, 386 (M 12); NBL I, 45; HÄUSERBUCH, Nr. 287; LB I/II, ; LB III, 139

105. **Michael Meurer d. J.**
immat. W 1493, aus Leipzig, Bürgerrecht am 24.04.1505, wohl der Sohn des Michael Meurer und damit vermutlich Enkel des Ratsmannes Dr. med. Johann Meurer (Rat Nr. 199; KUSCHE, Ego, 637 f., Nr. 95); igS: Bartholomeus Lichtenhain [89]
CDS II 16, 401 (M 73); CDS II 10, Nr. 280; RB I, Nr. 892; TB I, 81; LB I/II, 118; LB III, 140; NBL II/1, 93

106. **Johannes Mogenhofer**, Dr. iur. utr.
immat. W 1472, aus Leipzig, iur. utr. bacc., iur. utr. dr., Subdiakon am 18.04.1495, er ist vmtl. der Sohn des Hans Mogenhofer und damit Enkel des Ratsmannes Heinrich Mogenhofer (Rat Nr. 205), zudem der Neffe und Vormund der Barbara, der Witwe des Dr. Bernhardinus Braun (Rat Nr. 37); igS: Martin Kaiser [75]
CDS II 16, 287 (M 9); CDS II 17, 37, 40; CDS II 8, 453; RB I, Nr. 310; RB II, Nr. 2107, 2183; TB I, 87; NBL I, 46; MATR. MERSEBURG, 48; FRIEDBERG, 125, Nr. 34

107. **Benedictus Moller**, Ratsmann
immat. W 1440, aus Leipzig, Ratsmann von 1453 bis 1488, Baumeister, Schöffe, zusammen mit Dr. Johannes Wilde [200] Vormund des nachgelassenen Sohnes Dr. Valentinus Schmiedebergs [153], verwaltet einen Zins des Hans Moller (Rat Nr. 207), mglw. dessen Bruder oder Sohn, igS: Johannes [3] u. Peter [4] Bantzschmann, Livinius [52] u. Heinrich [53] Förster, Georg Huter [72], Ludwig Scheibe [145]
CDS II 16, 132 (M 2); Rat Nr. 206; RB II, Nr. 1161, 1224; HB, 55, 57; TB I, 80, 81

108. **Heinrich Moller d. J.**, Bakkalar, Ratsmann
immat. W 1451, aus Leipzig, bacc. art. S 1458 (ebenso Peter Bräutigam [24] und Georg Breunsdorf [29]), Handelsmann, Ratsmann von 1484 bis 1502, Harnischmeister, Biermeister, wohl Vater des Nicolaus Moller [109]; igS: Peter [24] und Simon [25] Bräutigam
CDS II 16, 175 (M 26); CDS II 17, 171; Rat Nr. 209; TB I, 77, 79; LB I/II, 109; LB III, 136; NBL I, 47; HÄUSERBUCH, Nr. 147, 380

109. **Nicolaus Moller d. J.**, Ratsmann
immat. W 1469, aus Leipzig, Bürgerrecht am 25.01.1487, Sohn des Heinrich Moller [108], Handelsmann, Ratsmann von 1494 bis 1515, Waagemeister; igS: Heinrich Meseberg [103]
CDS II 16, 276 (M 24); Rat Nr. 212; NBL I, 47; HÄUSERBUCH, Nr. 356; RB II, Nr. 1229; TB I, 80, 85; LB I, 129; LB I/II, 114, 116, 117, 134; LB III, 137, 138, 139, 140, 150

110. **Egidius Morch**, Magister, Bacc. iur. utr., Oberstadtschreiber, Bürgermeister † 1544
immat. S 1498, aus Werdau (bei Zwickau), bacc. art. W 1499, mag. art. W 1503; ass. ad cons. fac. W 1507, Dekan S 1510, iur. utr. bacc. 1519 (bei Heinrich Scheibe [150]), prom. bacc. für Georg Kirsten [78] und Wilhelm Wilde [204], Kollegiat im Kleinen Fürstenkolleg von 1508 bis 1519/20, Oberstadtschreiber von 1511 bis 1519, Bürgerrecht am 28.11.1520, Bürgermeister von 1520 bis 1544, vermutlich Vater des Egidius Morch d. J. [111] und Andreas Morch [112], Inhaber der Ratskapelle von 1512 bis 1520
CDS II 16, 424 (M 50); CDS II 17, 43, 372, 399, 407, 409, 415, 417 f., 420 f., 430, 432, 434 f., 438–441, 443 f., 446 f., 448 f., 453 f., 466, 605, 628; Rat Nr. 216; RACHEL, 224 f.; SCHIECKEL, 76; TB II, 175, 183; NBL II/1, 97; HÄUSERBUCH, Nr. 565; ZARNCKE, Quellen, 765; BÜNZ, Ratskapelle, 51 f., 60; KUSCHE, Ego, 485–487, Nr. 1, 851

111. **Egidius Morch d. J.**, Dr. iur. utr., Rektor
immat. S 1532, aus Leipzig, mit seinem Bruder Andreas [112], iur. utr. bacc. 1553 (bei Martin Lössel [95]), iur. utr. lic. 1553 (bei Wolfgang Krell [84]), iur. utr. dr. 1554 (bei Modestinus Pistoris [128]), Rektor W 1555, vermutlich Sohn des Bürgermeisters Mag. Egidius Morch [110]; igS: Blasius [83], Wolfgang [84], Johannes [85] und Paul [86] Krell, Moritz Preußer [133]
CDS II 16, 608 (M 45); CDS II 17, 39, 63–65; FRIEDBERG, 132, Nr. 128, ebd. 8 (Anm. 2) der Abdruck eines Anschlags im Rahmen seiner Promotion zum bacc. utr. iur.

112. **Andreas Morch**, Dr. iur. utr., Rektor
immat. S 1532, aus Leipzig, mit seinem Bruder Egidius [111], iur. utr. bacc. 1559, iur. utr. lic. 1559, iur. utr. dr. am 14.02.1560, Rektor W 1561, Prüfer an der Juristenfakultät 1561, 1562, 1566, 1573; vermutlich Sohn des Bürgermeisters Mag. Egidius Morch [110]; igS: Blasius [83], Wolfgang [84], Johannes [85] und Paul [86] Krell, Moritz Preußer [133]
CDS II 16, 608 (M 46); CDS II 17, 65, 66; Friedberg, 133, Nr. 132

113. **Ulrich Mordeisen d. Ä.** † 1541
immat. S 1500, aus Hof (Bayern), Kaufmann, Lederhändler, Bürgerrecht am 04.02.1512, Sohn des Ratsmannes Lorentz Mordeisen aus Hof (Rat Nr. 217), vmtl. Vater des Laurentius [116] und Ulrich Mordeisen d. J. [117]; igS: Ulrich [203] und Wilhelm [204] Wilde
CDS II 16, 434 (B 28); CDS II 10, 248 f.; TB II, 180 (Ulrich Mordeysen 1225 ß; Grymmisch gasse); NBL II/1, 97; NDB Bd. 18, 90; ADB Bd. 22, 216–218; vgl. STIFTUNGSBUCH Nr. 31, 34, 37

114. **Caspar Mordeisen,** frater
immat. S 1514, aus Leipzig, Dominikaner, Subdiakon am 20.12.1511, Presbyter am 03.03.1515, er wird 1543 in Erbsachen des Ulrich Mordeisen [113] genannt; igS: Hieronymus Walther [196]
CDS II 16, 535 (M 89); CDS II 10, 248; MATR. MERSEBURG, 92, 104

115. **Christoph Mordeisen**
immat. S 1522, aus Leipzig, mit Laurentius [116], wird im Türkensteuerbuch von 1529 unter den Erben des Ratsmannes Lorenz Mordeisen (Rat Nr. 217) genannt; igS: Johannes Rauscher [136]
CDS II 16, 584 (M 65); TÜRKENSTEUERBUCH 1529, StadtAL Tit. XLII G Nr. 1a, fol. 29r

116. **Laurentius Mordeisen**
immat. S 1522, aus Leipzig, mit Christoph [116], vmtl. der Bruder des Ulrich Mordeisen d. J. [117]; igS: Johannes Rauscher [136]
CDS II 16, 584 (M 66); ADB Bd. 22, 216–218

117. **Ulrich Mordeisen d. J.**, Dr. iur. utr., kfstl. Rat und Kanzler, *13.07.1519, †05.06.1572
immat. W 1529, aus Leipzig, bacc. art. W 1532 (ebenso Christoph Abt [2]), dr. utr. iur., Ordinarius der Juristen, immatr. W 1535 in Wittenberg, dort 1545 Rektor; Kanzler bzw. Rat unter Hzg./Kfst. Moritz und Kfst. August von Sachsen, Sohn des Ulrich Mordeisen d. Ä. [113], verheiratet in erster Ehe 1544 mit Margarethe, Tochter des Ratsmannes Heinrich Scherl (Rat Nr. 303), in zweiter Ehe 1570 mit Magdalena, der Witwe des Modestinus Pistoris [128]; igS: Christoph Abt [2], Modestinus Pistoris [128], Dominicus [176] und Heinrich [177] Stromer
CDS II 16, 601 (M 4) (I.U.D., facultatis nostrae iuridicae ordinarius, illustrissimorum ducum atque electorum Saxoniae Mauritii atque Augusti fratrum germanorum cancellarius); CDS II 17, 623, 743; NDB Bd. 18, 90 f.; ADB Bd. 22, 216–218; MATR. WITTENBERG I, 156, 223; FRIEDBERG, 116, Nr. 15

118. **Christoph Osterland**
immat. S 1515, aus Leipzig, Bürgerrecht am 10.03.1525, höchstwahrscheinlich Sohn des Ratsmannes Sebastian Osterland (Rat Nr. 236), wohnte in der Katherinenstraße
CDS II 16, 543 (M 60); TB II, 170 (Christoff Osterlandt 2600 fl; Katherinenstr.); NBL II/2, 4

119. **Johannes Otto**
immat. W 1495, aus Leipzig, vmtl. verwandt mit dem Benedictus Otto (Rat Nr. 237), wohnte wie dieser in der Reichstraße/Katherinenstraße; igS: Johannes [179] und Simon [180] Thumirnicht
CDS II 16, 410 (M 12); CDS II 10, Nr. 151; TB II, 176

120. **Johannes Peylicke** (alias Zeitz), Dr. utr. iur, Ratsmann, † 08.09.1522
immat. W 1484, aus Zeitz, bacc. art. S 1486, mag. art. W 1490, iur. utr. bacc., iur. utr. lic., ass. ad cons. fac. art. W 1497; Rektor W 1497; Dekan S 1500; iur. utr. dr. 1506, prom. bacc. für Wolfgang Bräutigam [26], Simon Pistoris [126] und Ulrich Wilde [203], prom. bacc. und mag. für Georg Breunsdorf [33], Bürgerrecht am 18.01.1509, Ratsmann von 1512 bis 1521, Sohn des Zeitzer Bürgermeisters Bartholomeus Peylicke, verheiratet mit Katherina Zabelstein, vermutlich Vater des Wolfgang [121] und Johannes Peylicke d. J.
CDS II 16, 344 (M 35); CDS II 17, 38, 40–46, 292, 321, 333–335, 341–344, 355, 359, 361, 363–365, 367–369, 371–375, 377–378, 380–381, 383–389, 391–402, 406, 410–412, 414–417, 419; Rat Nr. 255; LB III, 142; TB II, 175; NBL II/2, 9; HÄUSERBUCH, Nr. 559, 576–577; ADB Bd. 25, 324 f.; FRIEDBERG, 127, Nr. 64

121. **Wolfgang Peylicke**, Bakkalar, † 1584?
immat. S 1520, aus Leipzig, bacc. art. W 1526, Bürgerrecht am 25.02.1530, Hausverwalter der Fürstenschule zu Grimma?
CDS II 16, 573 (M 50); CDS II 17, 604; TB II, 170; NBL II/2, 9; vgl. HÄUSERBUCH, Nr. 559

122. **Nicolaus Pistoris**, Dr. med., Bürgermeister † 1471
immat. W 1426, aus Leipzig, bacc. art. S 1429 (ebenso Nicolaus Becherer [10]); mag. art. wohl W 1433; med. bacc. nach 1433, dr. med. 1448 (unter Dr. Jakob Meseberg [100]), Dekan S 1446, Kollegiat im Großen Fürstenkolleg von 1464/66 bis 1471, Ratsmann von 1453 bis 1457, Bürgermeister von 1464 bis 1470, Schöffe, Arzt im Georgenhospital, Vater des Dr. Simon Pistoris sen. [123] und des Albrecht Pistoris [124]
CDS II 16, 90 (M 23); CDS II 17, 69, 70, 109, 115, 126, 133–135, 137, 141; Rat Nr. 259; HB, 51; ADB Bd. 26, 186; HÄUSERBUCH, Nr. 266; KUSCHE, Ego, 758 f., Nr. 167, 869

123. **Simon Pistoris sen.**, Dr. med., Ratsmann, * 1453 † 1523
immat. S 1465, aus Leipzig, mit seinem Bruder Albrecht [124], bacc. art. S 1469, mag. art. W 1472, ad cons. fac. art. ass. S 1478, Vizekanzler 1479, med. bacc. 1479, med. dr., ad fac. med. ass. 1487, als med. fac. dec. erwähnt 1512 und W 1518, Kollegiat im Großen Fürstenkolleg von 1508 bis 1523, prom. bacc. für Heinrich Scheibe [146], Bürgerrecht am 26.03.1489,

Ratsmann von 1494 bis 1522, Schöffe, Leibarzt des Kfst v. Brandenburg, Sohn des Dr. med. Nicolaus Pistoris [122], Vater des Dr. iur Simon Pistoris iun. [126] und des Christoph Pistoris [127], er erhält 1483, noch als Magister, vom Stadtrat einen Kredit zur Förderung seien Studiums von 60 fl; 1521 auf dem Reichstag zu Worms

CDS II 16, 253 (M 42); CDS II 17, 71–73, 217, 232, 244, 256–257, 259, 261–262, 264–266, 391, 399, 532, 550–551; Rat Nr. 261; NBL I, 52; ADB Bd. 26, 186; KUSCHE, Ego, 803–804, Nr. 193, 870; HÄUSERBUCH, Nr. 266, 730, 793; LB I/II, 126, LB II, 135; LB III, 144, 146; ZARNCKE, Quellen, 751; JHR 7 1483/1484 fol.112^{v} und fol.122^{v}; JHR 33 1521/22 fol.137^{v}

124. **Albrecht Pistoris**, Ratsmann, † 1508
immat. S 1465, aus Leipzig, mit seinem Bruder Simon Pistoris [123], Handelsmann, Ratsmann von 1505 bis 1508, Sohn des Dr. Nicolaus Pistoris [122]

CDS II 16, 253 (M 43); HÄUSERBUCH, Nr. 266, 267; LB I/II, 116; LB III, 139

125. **Nicolaus Pistoris**, Ratsmann, † 1567
immat. W 1485, aus Leipzig, Bürgerrecht am 30.05.1513, Ratsmann von 1518 bis 1567, Baumeister, Richter, Handelsmann

CDS II 16, 349 (M 74); Rat Nr. 260; CDS II 9, 410; NBL II/2,11 f.; TB II, 170

126. **Simon Pistoris iun.**, Dr. iur. utr., Ordinarius, Kanzler, * 28.10.1489, † 03.12.1562
immat. S 1496, aus Leipzig, bacc. art. S 1505 (ebenso Caspar Lindemann [92] und Bartholomeus Schobel [155]) (bei Johannes Peylicke [120], immat. S 1507 mit seinem Bruder Christoph [127] in Wittenberg, von 1510 bis 1512 Rechtsstudium in Italien (Pavia), iur. utr. bacc. zwischen 1509 und 1511, iur. utr. dr. 1515, von 1519 bis 1524 Ordinarius der Juristenfakultät, ab 1523 Kanzler unter Herzog Georg sowie Herzog Moritz, 1549 Rückzug auf seine Güter zu Seuslitz, Sohn des Dr. med Simon Pistoris [123], Bruder des Jacob Pistoris, verh. mit Clara Bantzschmann, Vater des Modestinus [128] und des Hartmann Pistoris, Schwiegervater des Tilman Guntherode [62] und des Wolfgang Krell [84]; igS: Andreas [69], Johannes [70] und Nicolaus [71] Hummelshain

CDS II 16, 414 (M 27); CDS II 17, 38, 41, 42, 43, 48, 415, 532; RB II, Nr. 2243; TB II, 178; NBL II/2, 11; HÄUSERBUCH Nr. 730; NDB Bd. 3, 407; NDB Bd. 7, 262; ADB Bd. 26,186–189; MATR. WITTENBERG I, 23; FRIEDBERG, 115, Nr. 11

127. **Christoph Pistoris**, Dr. med.
immat. W 1498, aus Leipzig, immat. S 1507 mit seinem Bruder Simon [126] in Wittenberg, bacc. art. S 1508, mag. art. W 1512, promoviert zum Dr. med in Bologna, ass. ad fac. med. 1518, Bruder des Jacob, Sohn des Dr. med. Simon Pistoris [123]

CDS II 16, 428 (M 44); CDS II 17, 73, 75, 438, 477, 532, 533; MATR. WITTENBERG I, 23; RB II, Nr. 2243

128. **Modestinus Pistoris**, Dr. iur. utr., Bürgermeister, * 09.12.1516, †15.09.1565
immat. W 1529, aus Leipzig, bacc. art. S 1532, iur. utr. bacc. 1535, von 1536 bis 1541 Studium in Pavia und Padua, 1541 Rückkehr nach Leipzig, iur. utr. lic. 1541 (bei Martin Lössel [95]), iur. utr. dr.; prom. dr. utr. iur. für Egidius Morch d. J. [111] und Wolfgang Krell [84], Bürgerrecht am

28.02.1544, 1547 Ratsherr, 1563 Bürgermeister. Er ist der älteste Sohn des Dr. iur. Simon Pistoris [126], heiratete die Tochter des Ordinarius und Bürgermeisters Dr. Ludwig Fachs [46]; igS: Christoph Abt [2], Dominicus [176] und Heinrich [177] Stromer, Ulrich Mordeisen [117]

CDS II 16, 601 (M 11); CDS II 17, 39, 56, 60–64, 602; NBL II/2, 11; NDB Bd. 18, 90; ADB Bd. 26, 189 f.; FRIEDBERG, 116, Nr. 15

129. **Johannes Preußer**, Dr. iur., Oberstadtschreiber?, Ratsmann † 1501
immat. W 1457, aus Leipzig, bacc. art. S 1464, Legist, Bruder des Konrad Preußer [129], Ratsmann von 1479 bis 1500, Schöffe, Amtmann zu Leipzig von 1483 bis 1486, heiratete in die Familie des Balthasar Schultz (siehe Ludwig Schultz [161])

CDS II 16, 208 (M 4); CDS II 17, 193; Rat Nr. 271; RB I, Nr. 592, 593; TB I, 75; LB I/II, 109; LB II, 134; LB III, 136; NBL I, 13; RACHEL, 224 f.; SCHIRMER, 202 f.; SCHMITT, 363

130. **Konrad Preußer**, Ratsmann
immat. S 1461, aus Leipzig, Bruder des Johannes Preußer [129], Bürgerrecht am 18.10.1479, Ratsmann von 1492 bis 1499, Biermeister, Schwiegersohn des Brgm. Jacob Thümmel (Rat Nr. 361), Wein- und Tuchhändler

CDS II 16, 229 (M 37); Rat Nr. 267; NBL I, 13, 22; HÄUSERBUCH Nr. 441; TB I, 80; LB I/II, 112; LB III, 137, 149; TB II, 167; SCHIRMER, 127, 185

131. **Wolfgang Preußer**, Ratsmann
immat. S 1505, aus Leipzig, Bürgerrecht am 08.02.1532, Ratsmann 1538, verwandt mit Joseph Preußer [132] und Moritz Preußer [133]

CDS II 16, 468 (M 26); Rat Nr. 272; CDS II 8, Nr. 196, S. 145 (Anm.); NBL II/1, 20

132. **Jospeh Preußer**, Magister
immat. W 1507, aus Leipzig, bacc. art. S 1518, mag. art. W 1521 (ebenso Friedrich Thümmel [188]), verwandt mit Wolfgang Preußer [131] und Moritz Preußer [133]

CDS II 16, 482 (M 50); CDS II 17, 529, 564; CDS II 8, 145, Nr. 196 (Anm.)

133. **Moritz Preußer**, Bakkalar
immat. S 1532, aus Leipzig, bacc. art. S 1537, immat. 1538/39 in Ingolstadt und 1543 in Wittenberg, verwandt mit Wolfgang [131] und Joseph [132] Preußer; igS: Blasius [83], Wolfgang [84], Johannes [85] und Paul [86] Krell, Egidius [111] und Andreas [112] Morch

CDS II 16, 607 (M 9); CDS II 17, 641; CDS II 8, Nr. 196, S. 145 (Anm.); MATR. INGOLSTADT I, Sp. 552, Z. 39; MATR. WITTENBERG I, 205

134. **Lorenz Pudernas**, Ratsmann
immat. W 1409, aus Leipzig, Ratsmann 1452, er ist der Onkel des Augsten Pudernas (siehe Paul Pudernas [135]), wohnte in der Katherinenstraße; igS: Fabian Waltheim [194]
CDS II 16, 27, (M 68); CDS II 9, Nr. 211; RB I, Nr. 296; NBL I, 51

135. **Paul Pudernas**
immat. S 1445, keine Ortsangabe, er ist der Bruder des Sebald Pudernas und Erbe des Augsten Pudernas; igS: Georg Breunsdorf [29], Johannes Burburger [38], Konrad Funcke [57], Johannes Thümmel [181]
CDS II 16, 153 (M 31); HB, 53; TB I, 77; RB II, Nr. 1496, 1958

136. **Johannes Rauscher**
immat. S 1522, aus Leipzig, Sohn des Ratsmannes Ulrich Rauscher (Rat Nr. 278), Bürgerrecht am 25.02.1538, wohl Bruder des Hieronymus Rauscher [137]; igS: Christoph [115] u. Laurentius [116] Mordeisen
CDS II 16, 584 (M 64); NBL II/2, 17 („filius senatoris")

137. **Hieronymus Rauscher**, Bürgermeister?
immat. S 1527, aus Leipzig, wohl Sohn des Ratsmannes Ulrich Rauscher (Rat Nr. 278) und Bruder des Johannes Rauscher [136], immat. S 1531 in Wittenberg, Handelsmann
CDS II 16, 596 (M 3); HÄUSERBUCH, Nr. 400, 423; MATR. WITTENBERG I, 142; vgl. WUSTMANN, Quellen II, 81–87 (Bürgermeister 1574–1576?)

138. **Martin Reichenbach**, Magister
immat. W 1456, aus Leipzig, bacc. art. S 1460, mag. art. S 1464 (ebenso Leonhard Meseberg [101]), vmtl. verwandt mit Peter Reichenbach (Rat Nr. 279), Vater des Hans Reichenbach
CDS II 16, 204 (M 37); CDS II 17, 178, 193; NBL I, 55; RB I, Nr. 135; HB, 49

139. **Caspar Reichenbach**
immat. W 1509, aus Leipzig, vmtl. Sohn des Caspar Reichenbach und verwandt mit dem Ratsmann Peter Reichenbach (Rat Nr. 279), am 22.12.1509 Tonsur/Akolyth; igS: Egidius [96] und Melchior [97] Lotter, Matheus [198] und Benedict [199] Wiedemann
CDS II 16, 499 (M 19); HÄUSERBUCH, Nr. 192, 413; MATR. MERSEBURG, 86; NBL I, 55

140. **Nicolaus Rennaw**
immat. S 1470, aus Leipzig, mit seinem Bruder Bernhard [141], Sohn des Peter Rennaw und verwandt mit dem Ratsmann Claus Rennaw (Rat Nr. 280), Bruder des Peter und Bartel Rennaw
CDS II 16, 278 (M 26); CDS II 8, Nr. 496; RB I, Nr. 545, 576

141. **Bernhard Rennaw**
immat. S 1470, aus Leipzig, mit seinem Bruder Nicolaus [141], Sohn des Peter Rennaw und verwandt mit dem Ratsmann Claus Rennaw (Rat Nr. 280), Bruder des Peter und Bartel Rennaw, 1493 kaufte er widerrechtlich die "Trawpitz bursa" von Mathias Zabelstein
CDS II 16, 278 (M 27); CDS II 8, Nr. 496; RB I, Nr. 545, 576; RB II, Nr. 1344; TB I, 86

142. **Andreas Rynner**
immat. W 1482, aus Leipzig, mit seinem Bruder Johannes [143], vmtl. Sohn des Waageschreibers Nickel Rynner (von 1485 bis 1518) (höchstwahrscheinlich nicht Nr. 140), vmtl. verwandt mit dem Ratsmann Heinrich Rynner (Rat Nr. 294)
CDS II 16, 335 (M 41); NBL I, 58 f.

143. **Johannes Rynner**
immat. W 1482, aus Leipzig, mit seinem Bruder Andreas [142], Bürgerrecht am 11.06.1498, vmtl. Handelsmann, vmtl. Sohn des Waageschreibers Nickel Rynner (von 1485 bis 1518) (höchstwahrscheinlich nicht Nr. 140), vmtl. verwandt mit Heinrich Rynner (Rat Nr. 294)
CDS II 16, 335 (M 42); LB II, 110 (Hanns Rynner 1200 fl; Burgstr.); LB III, 143; NBL I, 58 f.

144. **Johannes Scheibe**, Dr. decr., Oberstadtschreiber, Ordinarius, Kanzler, † 1479
immat. S 1437, aus Leipzig, bacc. art. W 1439, mag. art. W 1442, 1452 als bacc. dr. genannt, decr. dr., von 1449 bis 1464 Oberstadtschreiber, Ordinarius der Juristenfaultät von 1464 bis 1470, Prokurator, Syndikus des Leipziger Rates, Kanzler des sächs. Kurfürsten, Vater des Dr. Heinrich [150] und des Johannes Scheibe [147]?, vmtl. verwandt mit Ludwig Scheibe [145]
CDS II 16, 121 (M 4); CDS II 17, 37, 124, 130; CDS II 8, Nr. 280, 282, 283 450; RB I, Nr. 192; LB I/II, 107; LB III, 135; SCHIECKEL, 76; SCHMITT, 361; RACHEL, 224 f.; FRIEDBERG, 114, Nr. 6

145. **Ludwig Scheibe d. Ä**, Bakkalar, Bürgermeister, † 1499
immat. W 1440, aus Leipzig, bacc. art. W 1445, Ratsmann von 1466 bis 1469, Bürgermeister von 1472 bis 1499, Biermeister, Waagemeister, Schöffe, Handelsmann, wohl Vater des Heinrich [146], Johannes [147], Ludwig [149] (auch des Johannes [148]?), er erhält 1494 ein Darlehen vom Rat über 80 fl zur Förderung des Studiums seines Sohnes Heinrich [150], wohl in Italien, welches später mit den Einnahmen der Bocksdorfschen Stiftung verrechnet wird, die derselbe Heinrich innehat, der Ordinarius Dr. Johannes Scheibe [144] tritt bei diesen Schuldsachen für ihn als Fürsprecher auf; igS: Johannes [3] und Peter [4] Bantzschmann, Livinius Förster [52], Georg Huter [72], Benedictus Moller [107]
CDS II 16, 132 (M 30); CDS II 17, 137; Rat Nr. 301; HÄUSERBUCH Nr. 148; NBL I, 60; JHR 12 1494/95 fol. 234r; WUSTMANN, Quellen II, 147–149; RB II, Nr. 2299; HB, 53; TB I, 77; LB I, 112 (Burgermeister Scheib 1200 fl.; Am Markt)

146. **Heinrich Scheibe iun.**, Dr. iur. utr. † 1536
immat. S 1472, aus Leipzig, mit seinem Bruder Johannes [147], bacc. art. W 1477 (ebenso Daniel [171] und Johannes [172] Staufmehl) (bei Simon Pistoris [123]), mag. art. W 1482 (bei Leonhard Meseberg [101]), iur. utr. lic., iur. utr. dr. um 1504, iunior genannt, prom. mag. für Laurentius Fohel [50] und Bernhard Thumirnicht [178], prom. bacc iur. für den Oberstadtschreiber Egidius Morch [110], prom. lic. und dr. iur. can. für Johannes Köchel [79], er ist der Sohn des Brgm. Ludwig Scheibe d. Ä. [145] und Bruder des Johannes [147] und Ludwig Scheibe d. J. [149] (auch Johannes Scheibe [148]?), er erhält ab 1488 bis 1498 das Bocksdorfsche Stipendium, benutzt auch die in dieser Stiftung enthaltenen Bücher. Mit eben jener Stiftung wird ab 1494 ein Darlehen verrechnet, welches ihm zur Förderung seines Studiums, wohl in Italien, ausgereicht wurde (siehe dazu Nr. 145) (Da er in Sachen des Stipendiums und des Studienkredits nie als „Doktor" bezeichnet wurde, kann er demnach nicht vor 1490 dr. utr. iur. geworden und somit kann Heinrich Scheibe sen. [150] nicht der Inhaber der Stiftung gewesen sein. Damit muss Heinrich Scheibe iun. aber auch ein Sohn des Bürgermeisters Ludwig Scheibe gewesen sein!), schlägt relativ spät eine geistliche Laufbahn ein: 22.09.1515 Akolyth, 22.12.1515 Subdiakon, 17.05.1516 Diakon, 20.09.1516 Presbyter, Inhaber der Ratskapelle von 1522 bis 1536
CDS II 16, 286 (M 37); CDS II 17, 38, 43, 44, 47, 50–57, 256, 280, 289, 294, 299; MATR. MERSEBURG, 108, 110, 115, 117; RB II, Nr. 2299; JHR 9 1488/89 fol. 243v (Stipendium); JHR 14 1497/98 fol. 106r (letzte Erwähnung als Stipendiat); JHR 12 1494/95, fol. 234r (Studienkredit); WUSTMANN, Quellen II, 147–149; STIFTUNGSBUCH Nr. 62; FRIEDBERG, 126, Nr. 58; BÜNZ, Ratskapelle, 53 f., 60

147. **Johannes Scheibe**
immat. S 1472, aus Leipzig, mit seinem Bruder Heinrich [146]; er dürfte ein Sohn des Bürgermeisters Ludwig Scheibe d. Ä. [145] sein
CDS II 16, 286 (M 38); RB II, Nr. 2299

148. **Johannes Scheibe**
immat. W 1476, aus Leipzig, mit Ludwig [149], Sohn des Bürgermeisters Ludwig Scheibe [145]?, wohnte 1502 in dessen Haus, damit evtl. Bruder des Dr. Heinrich Scheibe [146], Bürgerrecht am 04.11.1502; igS: Peter Bantzschmann [6], Laurentius [50] und Daniel [51] Fohel
CDS II 16, 305 (M 29); NBL II/2, 29; LB II, 112 (Hanß Scheybe 700 fl, Am Markt)

149. **Ludwig Scheibe d. J.**
immat. W 1476, aus Leipzig, mit Johannes [148], er ist der Sohn des Bürgermeisters Ludwig Scheibe d. Ä. [145], Bruder des Dr. Heinrich Scheibe [146] und Johannes Scheibe [147]; igS: Peter Bantzschmann [6], Laurentius [50] und Daniel [51] Fohel
CDS II 16, 305 (M 30); RB II, Nr. 2299

150. **Heinrich Scheibe, sen.**, Dr. iur. utr., Ratsmann, * 1460 † 1524
immat. S 1477, aus Leipzig, iur. utr. dr. (vor 1490), prom. bacc. iur. für Wolfgang Hennigk [63], Sohn des Brgm. Ludwig Scheibe [145] oder des Ordinarius Johannes Scheibe [144]? (Unklarheit besteht, da er bei STEINFÜHRER als Sohn des Bürgermeisters Ludwig Scheibe [145] aufgeführt

ist, FRIEDBERG bezeichnet ihn aber als Sohn des Ordinarius Dr. Johannes Scheibe [144]); Beisitzer im Schöffenstuhl; Bürgerrecht am 28. oder 31.12.1500; Ratsmann von 1508 bis 1523, er ist der Vater des Johannes [151] und Paul [152] Scheibe

CDS II 16, 310 (M 83) („utriusque iuris doctor obiit anno 1524"); CDS II 17, 37, 42–47; Rat Nr. 300; HÄUSERBUCH Nr. 148; NBL I, 60; TB II, 163; RB I, Nr. 806, 934; RB II, Nr. 2299; FRIEDBERG, 125, Nr. 38; STIFTUNGSBUCH, Nr. 62

151. **Johannes Scheibe**, Bacc. iur. utr.
immat. W 1511, aus Leipzig, mit seinem Bruder Paul [152], iur. utr. bacc. 1521 (bei Dr. utr. iur. Petrus Freitag), Sohn des Heinrich Scheibe [150]

CDS II 16, 514 (M 36) (Iohannes Scheyben fratres [filii doctoris Scheybe de Libczick]); CDS II 17, 45 (dns. Heynricum Scheyben seniorem, cuius filius dns. Iohannes Scheybe)

152. **Paul Scheibe**
immat. W 1511, aus Leipzig, mit seinem Bruder Johannes [151], Sohn des Dr. Heinrich Scheibe [150], Bürgerrecht am 12.05.1533

CDS II 16, 514 (M 37); NBL II/2, 30

153. **Valentinus Schmiedeberg (alias Becke)**, Dr. med., Ratsmann, † 1490
immat. S 1458, aus Schmiedeberg, bacc. art. S 1459, mag. art. W 1461 (ebenso Petrus Bräutigam [24]), dr. med. ass. 1465, rec. ad cons. fac. 1468, Dekan der Medizinerfakultät 1484, leg. bacc., Kollegiat im Großen Fürstenkolleg von 1471 bis 1490), Betreiber einer Burse auf der Ritterstraße (bis 1489?), Ratsmann von 1470 bis 1489, Vater des Heinrich Schmiedeberg [154]

CDS II 16, 213 (S 12); CDS II 17, 40, 71, 72, 175, 185; Rat Nr. 304; NBL I, 65; HB, 49, 59; TB I, 87, 91; HÄUSERBUCH, Nr. 670; ZARNCKE, Quellen, 751; STIFTUNGSBUCH, Nr. 50; KUSCHE, Ego, 825 f., Nr. 203, 870.

154. **Heinrich Schmiedeberg**, Dr. iur.
immat. W 1489, aus Leipzig, immat. 1494 in Ingolstadt, dr. iur. um 1508, Tonsur am 20.11.1509, Sohn des Dr. Valentin Schmiedeberg [153], Bürgermeister Johannes Wilde [200] fungiert als sein Vormund, er richtet 1517 eine Stiftung für einen Arzt im Georgenhospital ein, die vorzugsweise aus seiner Familie zu besetzen sei, ansonsten mit Bürgersöhnen; igS: Wolfgang [26] und Sigmund [27] Bräutigam, Wolfgang Eilenburg [42]

CDS II 16, 372 (M 21); CDS II 17, 38; RB II, Nr. 1381, 1439; MATR. INGOLSTADT I, Sp. 233, Z. 11; MATR. MERSEBURG, 86; RB II, Nr. 1161; STIFTUNGSBUCH, Nr. 50; FRIEDBERG, 127, Nr. 66

155. **Bartholomeus Schobel**, Magister
immat. S 1499, aus Leipzig, bacc. art. S 1505 (ebenso Caspar Lindemann [92] und Simon Pistoris [126]), mag. art. W 1511, immat. 1508 in Frankfurt/Oder, Presbyter am 26.03.1513, dürfte der Bruder des Hieronymus Schobel [157] und verwandt mit Thomas Schobel (Rat Nr. 306) sein

CDS II 16, 430 (M 32); CDS II 17, 416, 468; MATR. FRANKFURT/ODER I, 23; MATR. MERSEBURG, 94; JHR 38 1526/27 fol. 143r

156. **Thomas Schobel**
immat. W 1499, aus Leipzig, mit Hieronymus Schobel [157], dürfte verwandt mit dem Ratsherrn Thomas Schobel (Rat Nr. 306) sein
CDS II 16, 432 (M 26)

157. **Hieronymus Schobel**
immat. W 1499, aus Leipzig, mit Thomas Schobel [156], verwandt mit Thomas Schobel (Rat Nr. 306) sein, wohnte wohl im gleichen Haus, vmtl. Bruder des Mag. Bartholomeus Schobel [155]
CDS II 16, 432 (M 27); TB II, 170; JHR 38 1526/27 fol. 143r

158. **Johannes Schober**, Magister, Oberstadtschreiber, Bürgermeister † 1480/81
immat. W 1441, aus Leipzig, bacc. art. S 1447, mag. art. W 1451, Oberstadtschreiber von 1464 bis 1471, Ratsmann 1472, Bürgermeister von 1474 bis 1480, Schöffe; Sohn des Ratsmannes Peter Schober (Rat Nr. 309), hatte wohl ab 1476 bis 1480 die Bocksdorfsche Stiftung inne
CDS II 16, 136 (M 6); CDS II 17, 142, 153; Rat Nr. 308; NBL I, 61; HB, 50; RACHEL, 224 f.; SCHIECKEL, 76; SCHMITT, 361 f.; JHR 3 1476/77 fol. 241r (erste Erwähnung); JHR 5 1480/81 fol. 227r (letzte Erwähnung als Stipendiat)

159. **Nicolaus Schultz**, Dr. med., Ratsmann
immat. W 1410, aus Frankfurt/Oder, mag. art. W 1416, Dekan S 1423, Rektor S 1424, med. dr. 1431, Kollegiat im Kleinen Fürstenkolleg (nach 1417 bis vor 1445), prom. mag. für Jacob Meseberg [100], Ratsmann 1435, Schöffe, auch Apotheker (kaufte wohl 1435 die Löwenapotheke), Inhaber der Burse „Zum Einhorn", erhält 1427 vom Thomaskloster lebenslänglich drei Häuser und einen Garten in der Burgstraße; Vater des Balthasar Schultz, damit vermutlich Großvater des Johannes [160] und Ludwig [161] Schultz; igS: Johannes Marschalk [99]
CDS II 16, 34 (S 4); CDS II 17, 69, 97, 99, 101–103, 105, 107; CDS II 9, Nr. 201; HÄUSERBUCH, Nr. 152, 628; WUSTMANN, Apotheken, 194 f.; ZARNCKE, Quellen, 764; KUSCHE, Ego, 760 f., Nr. 168, 856

160. **Johannes Schultz**
immat. S 1459, aus Leipzig, er ist wohl ein Sohn des Balthasar Schultz d. Ä. und Bruder des Balthasar Schultz d. J. und Ludwig Schultz [161]
CDS II 16, 219 (M 23); RB I, Nr. 3, 111, 342, 438; RB II, Nr. 1197, 1539; STEINFÜHRER, Schriftlichkeit, 11

161. **Ludwig Schultz**, Dr. iur. leg.
immat. W 1467, aus Leipzig, bacc. art. S 1473 (ebenso Bartholomeus Abt [1]), mag. art. W 1476 (ebenso Bartholomeus Abt) (bei Leonhard Meseberg [101]), leg. dr., er ist ein Sohn des Balthasar Schultz d. Ä., damit Enkel des Dr. Nicolaus Schultz [159], Bruder des Balthasar d. J. und des Johannes Schultz [160], er erhält einen Jahrzins vom Thomaskloster für einen Weingarten, Diakon am 06.04.1493; igS: Sebald Bantzschmann [5] und Lucas Staufmehl [170]
CDS II 16, 266 (M 19), 743; CDS II 17, 37, 234, 251; RB I, Nr. 717, 723, 734, 737; MATR. MERSEBURG, 43; HÄUSERBUCH Nr. 633; JHR 4 1477/78 fol. 79r („Baltzar Schultzen sone zu seiner promotion magisterij [...]"); FRIEDBERG, 125, Nr. 44

162. **Georg Schütz**
immat. S 1494, aus Nürnberg, Bruder des Marcus Schütz (Rat Nr. 319) und des Sebastian [163]; igS: Johannes Köchel [79], Johannes [87] u. Marcus [88] Leimbach, Johannes Staufmehl [174]
CDS II 16 403 (B 17); CDS II 10, Nr. 310, S. 221, 248

163. **Sebastian Schütz**
immat. W 1500, aus Nürnberg, Bruder des Ratsmannes Marcus Schütz (Rat Nr. 319) und des Georg Schütz [162]
CDS II 16, 437 (B 4); CDS II 10, Nr. 310, S. 221, 248

164. **Johannes Seidenhefter**, Stadtschreiber, Bürgermeister, † 1452
immat. S 1421, aus Leipzig, Stadtschreiber von 1434 bis 1448, Bürgermeister von 1449 bis 1452, Schöffe, Bruder des Lukas, Konrad [165] und Hans Seidenhefter; igS: Jacob Meseberg [100]
CDS II 16, 68 (M 1); Rat Nr. 320, RACHEL, 224 f.; SCHIECKEL, 76; SCHMITT, 359 f.; CDS II 8, Nr. 165, 219

165. **Konrad Seidenhefter**
immat. W 1427, aus Leipzig, Bruder des Johannes [165]; igS: Matheus Sommerfeld [167]
CDS II 16, 94 (M 48); CDS II 8, Nr. 219

166. **Andreas Sommer**
immat. S 1473, aus Leipzig, Enkel des Ratsmannes Jacob Sommer (Rat Nr. 328), Ludwig Scheibe [145] ist sein Vormund; igS: Antonius Stange [168]
CDS II 16, 290 (M 23); RB I, Nr. 359, 362, 522; vgl. auch RPG Bd. V, Nr. 1676 (demnach habe ein Andreas Sommer, Laie aus der Diözese Merseburg, einen Priester gestoßen, *qui postmodum plene convaluit*)

167. **Mattes Sommerfeld**, Ratsmann
immat. W 1427, aus Leipzig, Ratsmann, Harnischmeister; igS: Konrad Seidenhefter [165]
CDS II 16, 93 (M 2); RB I, Nr. 143, 150 (Schenk?), 629, 858–861; HB, 59; NBL I, 66

168. **Antonius Stange**, † vor 1490
immat. S 1473, aus Leipzig, Sohn des Ratsmannes Heinrich Stange (Rat Nr. 334) und Vater des Wolfgang Stange [169], Bürgerrecht am 13.04.1486; igS: Andreas Sommer [166]
CDS II 16, 290 (M 39); RB II, Nr. 1105, 2181; NBL I, 67

169. **Wolfgang Stange**
immat. S 1506, aus Leipzig, Sohn des Antonius Stange [168]
CDS II 16, 473 (M 55); RB II, Nr. 2181

170. **Lucas Staufmehl**
immat. W 1467, aus Leipzig, Sohn des Nickel Staufmehl und wahrscheinlich verwandt mit dem Ratsmann Cuntz Staufmehl (Rat Nr. 336), Bürgerrecht am 16.11.1486, Schwager des Johannes König [80] und Halbbruder des Johannes Staufmehl [174], wird gemeinsam mit Daniel Staufmehl [171] und Dr. Johannes Staufmehl [172] in Erbschaftssachen erwähnt; igS: Sebald Bantzschmann [5] und Ludwig Schultz [161]
CDS II 16, 266 (M 3); NBL I, 68; RB II, Nr. 1194, 1208, 1305, 1652; vgl. STIFTUNGSBUCH Nr. 18

171. **Daniel Staufmehl**, Bakkalar, Geleitsmann
immat. S 1471, aus Leipzig, mit seinem Bruder Johannes [172], bacc. art. W 1477 (ebenso Johannes Staufmehl und Heinrich Scheibe [146]), er und sein Bruder Johannes erhalten vom Rat ein Geschenk zu ihrem Bakkalaureat, Bürgerrecht am 01.03.1487, 1518 und 1520 als Geleitsmann zu Leipzig erwähnt, Bruder des Marcus und Matheus [173], Schwiegersohn des Andreas Rynner (nicht! Nr. 142), Schwager d. Heinrich Meseberg [103]; igS: Bartholomeus Abt [1]
CDS II 16, 282 (M 46); CDS II 17, 256; NBL I, 68; CDS II 9, Nr. 400, 405; RB I, Nr. 804; RB II, Nr. 1206, 1277, 1486, 1542, 1652; JHR 4 1478/79, fol. 213v

172. **Johannes Staufmehl**, Dr. iur. utr.
immat. S 1471, aus Leipzig, mit seinem Bruder Daniel [171], bacc. art. W 1477 (ebenso Daniel Staufmehl und Heinrich Scheibe [146]), sowohl er als auch sein Bruder Daniel erhalten vom Rat ein Geschenk zu ihrem Bakkalaureat, iur. utr. dr.; igS: Bartholomeus Abt [1]
CDS II 16, 282 (M 47); CDS II 17, 37, 256; RB I, Nr. 730, 741, 804; RB II, Nr. 1652, 2299; JHR 4 1478/79, fol. 213v; FRIEDBERG, 125, Nr. 36

173. **Matheus Staufmehl**
immat. S 1492, aus Leipzig, sein Bruder Daniel Staufmehl [171] fungiert als sein Vormund
CDS II 16, 391 (M 30); RB II, Nr. 1206

174. **Johannes Staufmehl**, Bakkalar
immat. S 1494, aus Leipzig, bacc. art. W 1496 (ebenso Georg Breunsdorf [33]), wird im Winter 1499 relegiert, im Sommer 1500 folgt die Exklusion, sein Halbbruder Lucas Staufmehl [170] fungiert als sein Vormund, erhält vermutlich das Bürgerrecht am 20.05.1538; igS: Johannes Köchel [79], Johannes [87] und Marcus [88] Leimbach, Georg Schutz [162]
CDS II 16, 405 (M 29), 741, 742, 744; CDS II 17, 355; NBL II/2, 47; RB II, Nr. 1652

175. **Heinrich Stromer** (genannt Auerbach), Dr. med., Ratsmann, kfstl. Leibarzt, * 1482, † 25.11.1542
immat. S 1497, aus Auerbach (Bayern), bacc. art. W 1498, mag. art. W 1501 (ebenso Georg Breunsdorf [33]), med. bacc., med. dr., Dekan von 1525 bis 1545, Rektor S 1508, Kollegiat im Großen Fürstenkolleg von 1516 bis 1542), Bürgerrecht am 12.02.1520, Ratsmann von 1520 bis

1541, auch Weinhändler und Besitzer eines Weinberges bei Jena, Inhaber des später berühmten Hofes, auch bekannt als „Auerbachs Keller". Diesen besaßen vorher Lucas Waltheim, Dr. med. Nikolaus Schultz [159], dessen Sohn Balthasar Schultz, Bartholomeus Hummelshain [65], dessen Sohn Johannes Hummelshain [67], ab 1519 bis 1553 dann besagter Heinrich Stromer und dessen Erben; Johannes Hummelshain [67] ist sein Schwiegervater, Andreas Hummelshain [69] sein Schwager, er heiratete dessen Schwester Anna Hummelshain, er ist der Vater des Dominicus [176] und Heinrich Stromer d. J. [177], Leibarzt des Kfst. Joachim v. Brandenburg, des Kfst. und Ebf. Albrecht v. Mainz, des Kfst. Friedrich und des Hzg. Georg v. Sachsen

CDS II 16, 419 (M 26); CDS II 17, 73–78, 366, 384, 386, 388, 396, 399, 400, 402, 406, 407, 409, 411, 414, 416–418, 421, 429, 433, 435, 436, 439, 440, 442, 443, 452, 477; CDS II 9, Nr. 418; CDS II 10, Nr. 168 (Anm.); TB II, 163 (Doctor Heinrich Stromer 5200 fl; facit 1820 ß; Peters vierteil), 164; HÄUSERBUCH Nr. 152; NDB Bd. 12, 5; ADB Bd. 1, 638; ZARNCKE, Quellen, 751; WUSTMANN, Auerbachs Keller; KUSCHE, Ego, 549 f., Nr. 43; SCHUBERT, Essen, 191 f.

176. **Dominicus Stromer**, Magister

immat. W 1529, aus Leipzig, mit seinem Bruder Heinrich [177]; bacc. art. W 1537 (ebenso Wolfgang Hennigk [64]), mag. art. W 1542, Sohn des Dr. med. Heinrich Stromer [175]

CDS II 16, 601 (M 1); CDS II 17, 642, 670; WUSTMANN, Auerbachs Keller, 79

177. **Heinrich Stromer d. J.**

immat. W 1529, aus Leipzig, mit seinem Bruder Dominicus [176], Sohn des Dr. med. Heinrich Stromer [175]

CDS II 16, 601 (M 2); WUSTMANN, Auerbachs Keller, 79

178. **Bernhard Thumirnicht**, Magister, Rektor

immat. S 1478, aus Leipzig, bacc. art. S 1483, mag. art. W 1486 (bei Heinrich Scheibe [150]), Rektor W 1495, Akolyth am 21.04.1481, Subdiakon am 22.12.1492, Sohn des Ratsmannes Simon Thumirnicht (Rat Nr. 365); igS: Burckhard König [81]

CDS II 16, 313 (M 23); CDS II 17, 282, 294; RB II, Nr. 1281, 1405; MATR. MERSEBURG, 16, 41

179. **Johannes Thumirnicht**

immat. W 1495, aus Leipzig, mit Simon Thumirnicht d. J. [180], Rektor in diesem Semester ist Bernhard Thumirnicht [178], vmtl. ein Onkel oder ein älterer Bruder; igS: Johannes Otto [119]

CDS II 16, 410 (M 3)

180. **Simon Thumirnicht d. J.**

immat. W 1495, aus Leipzig, mit Johannes Thumirnicht [179], Rektor in diesem Semester ist Bernhard Thumirnicht [178], vmtl. ein Onkel oder ein älterer Bruder, Bürgerrecht am 11.07.1527; igS: Johannes Otto [119]

CDS II 16, 410 (M 4); NBL II/2, 54; vgl. auch RB II, Nr. 1880 (Simon Bräutigam [25] als Vormund der nachgelassenen Kinder des Simon Thumirnicht d. Ä.)

181. **Johannes Thümmel**, Magister, Rektor
immat. S 1445, aus Leipzig, bacc. art. W 1448, mag. art. W 1453, Rektor W 1481, Vetter des Heinrich, Jakob [183], Gregor [184] und Moritz Thümmel, evtl. ist er ein Sohn des Ratsmannes und Bürgermeisters Hans Thümmel (Rat Nr. 258); igS: Georg Breunsdorf [29], Johannes Burborger [38], Konrad Funcke [57], Paul Pudernas [135]
CDS II 16, 153 (M 15); CDS II 17, 146, 158, 203; CDS II 9, Nr. 352 (Anm.); RB II, Nr. 1050, 1923

182. **Georg Thümmel**, Ratsmann
immat. W 1452, aus Leipzig, Bürgerrecht am 14.10.1479, Ratsmann von 1480 bis 1484, Harnischmeister, anders als STEINFÜHRER annimmt ist er wohl eher der Bruder des Jacob Thümmel d. Ä. (Rat Nr. 361) und damit wohl Onkel des Jacob d. J. [183], Gregor [184], Heinrich (Rat Nr. 360) und Moritz Thümmel
CDS II 16, 180 (M 9); Rat Nr. 363; CDS II 8, Nr. 379, 489; CDS II 9, Nr. 303, 308; HB, 50; TB I, 74; NBL I, 73

183. **Jacob Thümmel d. J.**, Ratsmann, † vor 1530
immat. W 1481, aus Leipzig, mit seinem Bruder Gregor [184], Rektor in diesem Semester ist vermutlich sein Onkel Mag. Johannes Thümmel [181], erhält das Bürgerrecht am 21.01.1502, Ratsmann von 1506 bis 1520, es dürfte sich bei ihm, anders als STEINFÜHRER annimmt, um den Sohn des Jacob Thümmel d. Ä. (Rat Nr. 361) handeln, Georg Thümmel [182] ist wohl sein Onkel, der Ratsmann Heinrich Thümmel (Rat Nr. 360) eventuell sein Bruder, Vater des Moritz Thümmel [190]; igS: Johannes Blasbalg [16]
CDS II 16, 327 (M 2); Rat Nr. 362; CDS II 9, Nr. 352 (Anm.); RB II, Nr. 1915; HÄUSERBUCH Nr. 166; NBL II/2, 53; LB II, 108; LB III, 135, 146; JHR 42 1530/31 fol. 146v

184. **Gregor Thümmel**
immat. W 1481, aus Leipzig, mit seinem Bruder Jacob [183], Rektor in diesem Semester ist vermutlich sein Onkel Mag. Johannes Thümmel [181], vgl. die Anm. zu Jacob Thümmel [183]; igS: Johannes Blasbalg [16]
CDS II 16, 327 (M 3); CDS II 9, Nr. 352 (Anm.); RB II, Nr. 1915

185. **Oloforus Thümmel**
immat. S 1508, aus Leipzig, mit Heinrich [186] und seinem Bruder Christoph [187]
CDS II 16, 487 (M 31); CDS II 10, Nr. 134 (Anm.), 196 (Anm.)

186. **Heinrich Thümmel**
immat. S 1508, aus Leipzig, mit Oloforus [185] und Christoph [187]
CDS II 16, 487 (M 32)

187. **Christoph Thümmel**, Ratsmann
immat. S 1508, aus Leipzig, mit seinem Bruder Oloforus [185] und Heinrich [186], Tonsur 22.12.1520, Bürgerrecht 06.07.1536, Ratsmann 1537, Sohn d. Heinrich Thümmel (Rat Nr. 360)
CDS II 16, 487 (M 33); Rat Nr. 357; CDS II 9, Nr. 460; CDS II 10, Nr. 134 (Anm.); NBL II/2, 54; MATR. MERSEBURG, 142; JHR 47 1535/36, fol. 24v

188. **Friedrich Thümmel**, Magister
immat. S 1516, aus Leipzig, mit Wolfgang [189] und Moritz [190], bacc. art. W 1519, mag. art. W 1521 (ebenso Joseph Preußer [132]); Tonsur am 22.12.1515; igS: Bonaventura [59] und Johannes [60] Funcke
CDS II 16, 549 (M 15); CDS II 17, 545, 564; MATR. MERSEBURG, 110

189. **Wolfgang Thümmel**
immat. S 1516, aus Leipzig, mit Friedrich [188] und Moritz [190]
CDS II 16, 549 (M 16)

190. **Moritz Thümmel**, Ratsmann
immat. S 1516, aus Leipzig, mit Friedrich [188] und Wolfgang [189], wohl Sohn des Jacob Thümmel d. J. [183], Bürgerrecht am 15.02.1538, als Ratsmann 1559 genannt
CDS II 16, 549 (M 17); NBL II/2, 53; HÄUSERBUCH Nr. 535 (Ratsherr Moritz Thümmel 1559); JHR 42 1530/31 fol. 146v („Item der Rath hat auch Mortz Thommele, Jacob Thommels selig sone uff underhandeln Doctori Ludewigs fachsen [...]“)

191. **Johann Tollart**, Ratsmann
immat. W 1492, aus Aachen, Bürgerrecht am 24.07.1494 (Fidejussor ist Konrad Preußer [130]); immat. vermutl. 1500 in Erfurt, Ratsmann 1503, Handelsmann, Bruder des Heinrich [192]
CDS II 16, 394 (B 81); Rat Nr. 366; NBL I, 72; HÄUSERBUCH, Nr. 259; MATR. ERFURT II, 214; LB I/II, 116; LB III, 139 (Johan Tolhartin 1000 fl; Haynstr.); SCHIRMER, 155 (Anm. 70), 185; STEINMÜLLER, 136

192. **Heinrich Tollart**
immat. W 1496, aus Aachen, Kaufmann, Bruder des Johann Tollart [191]
CDS II 16, 416 (B 65); STEINMÜLLER, 136

193. **Urban Ulrich**, Ratsmann
immat. S 1479, aus Leipzig, Bürgerrecht am 04.11.1502, Handelsmann, Ratsmann von 1513 bis 1533, Biermeister, Waagemeister, wohl Sohn des Lorentz Urban
CDS II 16, 318 (M 18); Rat Nr. 372; NBL II/2, 27 f.; CDS II 10, Nr. 132; TB II, 176 (Urban Ulrich, idem ein erbe hinter Lichtenheain, 560 ß, item das heußlein im geßlein 87 1/2 ß, item eyn scheun vorm Hellischen thor 14 ß. In summa, er hats alles vor 700 ß angeschlagen); HÄUSERBUCH, Nr. 405; LANDSTEUERBUCH 1506, StadtAL Tit. XLII D 5b, fol. 49v

194. **Fabian Waltheim**
immat. W 1409, keine Ortsangabe, immat. S 1406 in Erfurt, er und Johannes Waltheim [195] sind die Erben des Ratsmannes Lucas Waltheim (Rat Nr. 380); igS: Laurentius Pudernas [134]
CDS II 16, 27 (M 74); CDS II 8, Nr. 193; HÄUSERBUCH, Nr. 628; MATR. ERFURT I, 76 (Fabeanus Waltheim de Lipczk dt VIII gr)

195. **Johannes Waltheim**
immat. W 1428, keine Ortsangabe, wie Fabian [194] Erbe des Lucas Waltheim (Rat Nr. 380)
CDS II 16, 98 (M 2); CDS II 8, Nr. 193, 206, 223

196. **Hieronimus Walther d. J.**
immat. S 1514, aus Leipzig, Bürgerrecht am 19.05.1530, dürfte der Sohn des Ratsmannes und Faktors der Welser Hieronimus Walther d. Ä. (Rat Nr. 381) sein; igS: Caspar Mordeisen [114]
CDS II 16, 534 (M 56); NBL II/2, 62; TB II, 167, 168, 169, 172; vgl. auch RB II, Nr. 2237, 2289

197. **Andreas Wanne**, Ratsmann, Bürgermeister † 1556
immat. W 1504, aus Leipzig, am 21.12.1510 Akolyth, Bürgerrecht am 13.06.1533, Ratsmann von 1535 bis 1545, Bürgermeister von 1548 bis 1554, Biermeister, Baumeister, Richter, Handelsmann; igS: Romanus Braun [23]
CDS II 16, 464 (M 39); Rat Nr. 383; MATR. MERSEBURG, 89; NBL II/2, 62; TB II, 163, 180

198. **Matheus Wiedemann**, Bacc. iur. utr.
immat. W 1509, aus Leipzig, mit Benedict [199]; bacc. art. S 1515, iur. utr. bacc 1520, immat. 1506 mit Benedict [199] und Vitus Wiedemann sowie Georg von Breitenbach (dem späteren Ordinarius der Juristen?) in Frankfurt/Oder; Tonsur am 28.06.1520; igS: Egidius [96] und Melchior [97] Lotter, Caspar Reichenbach [139]
CDS II 16, 498 (M 7); CDS II 17, 44, 502; MATR. FRANKFURT/ODER I, 4; MATR. MERSEBURG, 142

199. **Benedict Wiedemann**
immat. W 1509, aus Leipzig, mit Matheus [198], immat. 1506 zusammen mit Matheus [198] und Vitus Wiedemann (dieser wohnte später in seiner Nähe) sowie Georg von Breitenbach in Frankfurt/Oder, er ist der Bruder des Bürgermeisters Wolf Wiedemann (Rat Nr. 391); igS: Egidius [96] und Melchior [97] Lotter, Caspar Reichenbach [139]
CDS II 16, 498 (M 6); TB II, 175, 176; TÜRKENSTEUERBUCH 1529 StadtAL Tit. XLII G Nr. 1a, fol. 93^{r} (Benedix Wideman [...] weyl er mit sein bruder dem Burg[meiste]r W[olf] wide[man]n nit vortrage [...]); JHR 50 1538/39, fol. 177^{r}

200. **Johannes Wilde**, Dr. iur. can., Oberstadtschreiber, Bürgermeister, † 1506
immat. S 1464, aus Triptis, bacc. art. S 1465, mag. art. W 1467, iur. can. lic., iur. can. dr., Vizekanzler 1475 und 1490; Bürgerrecht am 31.01.1478, Oberstadtschreiber, Schöffenschreiber von

1474 bis 1483, von 1480 bis 1487 Inhaber der Bocksdorfschen Stiftung, Ratsmann 1481, Bürgermeister von 1483 bis 1506, albertinischer Rat, Vater des Urban [203] und Wilhelm [204], vmtl. verwandt mit Basilius [201], Schwiegervater des Ulrich Lintacher (Rat Nr. 180), Vormund des Heinrich Schmiedeberg [154], stiftet einen Altar für die Hl. Katharina in der Nikolaikirche

CDS II 16, 245 (M 12); CDS II 17, 37, 39, 198, 208, 212, 214, 219, 226, 247, 321, 329, 379 und ebd. XC–XCI; Rat Nr. 392; NBL I, 77; RACHEL, 224 f.; SCHIECKEL, 76; SCHMITT, 362 f.; HÄUSERBUCH, Nr. 792, 793; LB I/II, 126; LB III, 144; RB I, Nr. 805, 934; RB II, Nr. 1161; JHR 5 1480/81 fol. 229r (erste Erwähnung); JHR 9 1487/88 fol. 108v (letzte Erwähnung als Stipendiat); STIFTUNGSBUCH Nr. 35; RATAJSZCZAK, 113; FRIEDBERG, 124, Nr. 33

201. **Basilius Wilde**, Magister

immat. W 1494, aus Leipzig, bacc. art. S 1500 (bei Leonhard Meseberg [101]), mag. art. W 1503 (ebenfalls bei Leonhard Meseberg), Tonsur am 07.08.1496 (gemeinsam mit Johannes Wilde [202] („germani")), vmtl. verwandt mit Bürgermeister Johannes Wilde [200] (Sohn?), er erhält jedenfalls zu seiner Magisterpromotion vom Rat ein Geschenk, im selben Jahr ist genannter Johannes Wilde Bürgermeister; Dechant zu Zeitz

CDS II 16, 407 (M 3); CDS II 17, 374, 399, 510; MATR. MERSEBURG, 51; JHR 17 1503/1504 fol.115r; JHR 43 1531/32, fol. 137r; TÜRKENSTEUERBUCH 1529, StadtAL Tit. XLII G Nr. 1a, fol. 179v

202. **Johannes Wilde**

immat. W 1497, aus Leipzig, am 07.08.1496 Tonsur (gemeinsam mit Basilius Wilde [201] („germani")), vmtl. verwandt mit dem Bürgermeister Johannes Wilde [200]

CDS II 16, 421 (M 15); MATR. MERSEBURG, 51

203. **Ulrich Wilde**, Bakkalar

immat. S 1500, aus Leipzig, mit seinem Bruder Wilhelm [204], bacc. art. W 1504 (bei Johannes Peylicke [120]), am 21.12.1499 Akolyth, Sohn des Brgm. Johannes Wilde [200], er und sein Bruder Wilhelm tilgen 1507 eine Schuld von 400 Gulden, welche Dr. Johannes Wilde [200] für fromme Stiftungen angelegt hat, namentlich laut seines Testaments für den Altar und das geistlichen Lehen der Hl. Katherina in der Nikolaikirche; igS: Ulrich Mordeisen [113]

CDS II 16, 435 (M 31); CDS II 17, 410; MATR. MERSEBURG, 59; StadtAL Eistu Schuldv Nr. 20; STIFTUNGSBUCH, Nr. 35

204. **Wilhelm Wilde**, Bakkalar

immat. S 1500, aus Leipzig, mit seinem Bruder Ulrich [203]; bacc. art. W 1505 (bei Egidius Morch [110]), am 03.08.1505 Tonsur, Sohn des Bürgermeisters Johannes Wilde [200], siehe die Anm. bei Ulrich Wilde [203]; igS: Ulrich Mordeisen [113]

CDS II 16, 435 (M 30); CDS II 17, 420; MATR. MERSEBURG, 78; CDS II 10, Nr. 144, 187; TB II, 188; StadtAL Eistu Schuldv Nr. 20; STIFTUNGSBUCH, Nr. 35

205. **Erasmus Wolff**, Bacc. iur. utr.
immatr. W 1521, aus Leipzig, mit seinem Bruder Heinrich [206], immat. S 1531 in Wittenberg, iur. utr. bacc. 1537 (bei Andreas Franck [55]); er ist der Bruder des Claus Wolff (Rat Nr. 394)
CDS II 16, 581 (M 13); CDS II 17, 58; MATR. WITTENBERG I, 142; StadtAL Eistu Schuldv Nr. 39, 60; SCHIRMER, 156 (Anm. 72)

206. **Heinrich Wolff**
immatr. W 1521, aus Leipzig, mit seinem Bruder Erasmus [205], auch er ist der Bruder des Ratsmannes Claus Wolff (Rat Nr. 394)
CDS II 16, 581 (M 14); StadtAL Eistu Schuldv Nr. 60

UNIVERSITÄT LEIPZIG
Beate Kusche
„Ego collegiatus“ – Die Magisterkollegien an der Universität Leipzig von 1409 bis zur Einführung der Reformation 1539
Eine struktur- und personengeschichtliche Untersuchung
1. Teilband
Beiträge zur Leipziger Universitäts- und Wissenschaftsgeschichte

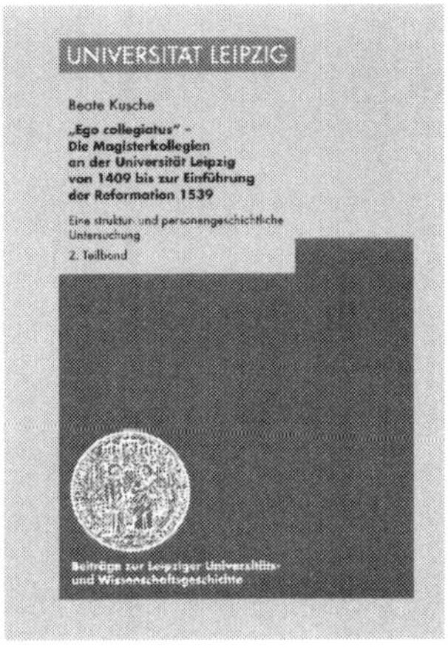
UNIVERSITÄT LEIPZIG
Beate Kusche
„Ego collegiatus“ – Die Magisterkollegien an der Universität Leipzig von 1409 bis zur Einführung der Reformation 1539
Eine struktur- und personengeschichtliche Untersuchung
2. Teilband
Beiträge zur Leipziger Universitäts- und Wissenschaftsgeschichte